# 憲法考試權

## 國家職權與
## 人民基本權保障

五南圖書出版公司 印行　　吳瑞蘭 著

# 自序

　　80年高考人事行政及格後分發行政院人事行政局服務，一路從事人事法制或實務轉眼近三十年，其間進修人力資源管理及法律課程並取得學位，然於109年參與考試院90週年院史編纂工作時，困惑於心中幾個疑問，希望能探究清楚明白。

　　第一個問題是，若以前因後果來看，國家權力與人民權利誰是因？誰為果？或者二者互為因果呢？民國初年考試書寫規定於清晨五時集合以毛筆為之，應考試資格以中華民國男子為限，而今考試已採用電腦作答，女性應考試服公職比例甚高，百餘年間人民應考試權轉變不可謂不大，然若國家考試權力為人民應考試權利之後果，難不應隨人民權利內涵不同而隨之修正嗎？莫非它是前因，所以，國家考試權必須堅守獨立於行政權之外且專屬中央，而無法改變？

　　第二個問題是，若以真實與表象來看，行政院與考試院兩院協商的文字與互動，何是真？何為假？考試權是否獨立或與行政權保持一定距離，或許經常困擾著政府人事機構許多人事人員，由於考試院是人事行政最高機關，行政院人事行政總處（原行政院人事行政局）也是人事主管機關，個人曾服務於行政院人事行政局，承辦過綜合性人事法制及公務人員待遇、差勤、訓練等個別人事業務，也服務於考試院及其所屬部會相關人事業務，知之二者各有所本而不得不有不同立場，其間多次的兩院協商，文字表象好像達成共識，但真實互動始終因制度性矛盾，而糾結難解？

　　第三個問題是，若要寫一本「憲法考試權」的書，我能寫些什麼不同

內容？會不同於先進前輩嗎？能解開自己的問題，或者提供什麼建議意見嗎？起心動念卻又盤懸猶豫許久。

綜觀憲法考試權於民國前後憲政體制曾經出現二權約法，而後爭議於三權或五權分立，至今成立修憲委員會草擬五權回歸三權，憲政價值向來本是動態選擇過程，無是非對錯，只有適配與否。而研究憲法考試權者多由孫中山先生思想或人事行政角度著眼，惟若僅觀察憲法第83條及憲法增修條文第6條考試院組織職權恐有其侷限，如能併同觀察憲法第18條人民應考試服公職權或當更能領略其中深意。撰寫本書希望能由歷史視角、大法官解釋、國家職權與人民基本權保障等四個面向分別探究憲法考試權，以更完整具體地認識憲法考試權的實質內涵，同時理解在國家權力與人民權利保障漸次演化過程中各種公務員法制度規範。

二年前因緣轉調考試院服務，重新進入校園研讀法律，得以不同視角近距離觀察憲法考試權。書寫本書除期對於考試權論述能略盡棉薄之力外，同時對我而言，確實另具有一份特殊的意義與價值。

吳瑞蘭　謹識

109年9月

# 目錄

# 憲法考試權

　　人類自有歷史以來，「權力」向為法政學者最為關心的議題。早期古希臘的亞里斯多德（Aristotle）研究理想城邦政體時，企圖建構一種最好而又可能實現的體制，由於人性天生自利，所以不論是富或貧者掌權，都可能掙脫法律的束縛或凌駕法律而走向極端體制，因此，亞里斯多德主張折衷混合政體是一種相對穩定的體制，政體應「法治」大於「人治」，其權力分為審議權、行政權、司法權三權，此為權力分立思想概念的先驅。[1] 時至中世紀的馬基維利（Niccolo B. Machiavelli）同樣主張混合穩定的政府體制，但其立論係基於權力間的衝突制衡。[2] 17世紀英國洛克（John Locke）主張立法權與行政權二權，為落實「主權在民」，應以立法權為政治體制的核心。[3] 18世紀孟德斯鳩（Charles de Montesquieu）則

---

1　亞里斯多德認為一位優良的立法家在建立一套政體時，如果審議、行政及司法權都組織得合理時，全部政體亦會組織得很合理，其中審議機構不同形式將構成不同的政體組織如民主制、混合制、寡頭制、貴族制。參閱亞里斯多德著，淦克超譯（1987），《亞里斯多德的政治學》，臺北：水牛出版，頁173-181。

2　馬基維利認為明智的殘酷是真正的仁慈，君主要嚴而有度，令人畏懼要比受人愛戴更安全；而良好的制度就是設立議會讓權貴發言，但另設一裁判機構去制裁有錢人。參閱馬基維利著，閻克文譯（1998），《君王論》，臺北：臺灣商務，頁82-86及95-96。

3　洛克《政府論》第二篇第十三章〈論國家權力之從屬關係〉認為，如果政府存在則立法權為統治權，能對他人立法者其位必在他人之上，所以立法權必須是最高，社會上任何人的其他權力均導源於立法權且隸屬於立法權，所以行政權的授與也是來自立法權，因此行政權隸屬於立法權並對立法權負責。參閱洛克著，李永久譯（1969），《政府論》，臺北：帕米爾，頁174-179。

改採行政權、立法權、司法權三權同位分權而制衡的政府體制。[4]19世紀末國父孫中山先生基於孟德斯鳩三權加入考試、監察二權而為五權分立政府體制，五權同位分權而制衡。[5]由上可知，追求最好而可能實現的政府體制，不論中外古今，均為法政學者關注且努力探求的議題，由上有洛克主張的二權、孟德斯鳩三權、國父孫中山先生五權等不同的權力分立，亦有洛克立法權優於行政權、馬基維利權力衝突、國父孫中山先生相互合作的制衡基礎，於我國憲法行政、立法、司法、考試、監察五權之間權力行使是否有五權高低之別？其權力制衡基礎為何？又如何確保權力分立原則不受破壞？

又現代「權力分立」為法治國家建構憲法所遵循的主要原則，我國採五權分立憲法，權力分立原則目的有二：一為追求效率，一為避免專權暴政，保障人民自由。前者在不同的政府部門間進行分工，可提高政府效率；後者權力分立結果，政府權力分散，專權機會減少，人民自由因而獲得保障。二者存有相當程度衝突或緊張，理論上，分權設計愈複雜，權力間摩擦機會增加，發生專權危險愈低，但政府效率亦相對減低，發生政治僵局機率則相對增加。就我國而言，五權憲法下各權力間關係複雜程度，更應注意效率與防止專權如何調和的問題。[6]部分學者認為國家考試權為

---

4　孟德斯鳩《論法的精神》第十一章〈政治自由與政治制度的關係〉認為政治自由對於公民而言，係指一種平和而安定的心理狀態，只有建立一種政府，在此政府治理之下公民不會因另一公民而感到恐懼時，才享有此自由。而此種政府權力劃分為立法、行政、司法三權，並且由不同機關或人員行使。參閱孟德斯鳩著，彭盛譯（2003），《論法的精神》，臺北：華立文化，頁147-150。

5　民國前6年11月15日（農曆9月29日）孫中山先生首次提出「考試權」主張，依秦孝儀主編《國父全集》所載，孫中山先生在東京與該魯學尼（G. Gershuni）等談話提及「設立考試權糾察權以補救三權分立的弊病」，孫中山先生主張：「希望在中國實施的共和政治，是除立法、司法、行政三權外還有考選權和糾察權的五權分立的共和政治。」參閱秦孝儀主編（1989），《國父全集》第二冊，臺北：近代中國，頁413-414。

6　湯德宗（2005），《權力分立新論卷二違憲審查與動態平衡》，臺北：元照，頁308-310。

憲法明文規定的國家權力之一，憲法增修條文肯認「考試保留」事項的存在，特別是在考試權與立法權互動時，不能以立法權與行政權互動模式強行套用。[7] 然108年5月2日考試院舉行〈修法，不容傷及憲政體制〉記者會：「如果立法院執意強行三讀通過部分立法委員所提考試院組織法第8條修正條文，將考試委員的憲定職權由決策權變更爲研究及建議權，這有嚴重違憲之虞。」[8] 同年12月立法院仍三讀通過，經於109年1月8日總統公布修正考試院組織法縮減考試委員任期與人數，並限縮其組織規模。[9] 基此，考試院組織法修正案衍生經修法產生的憲政爭議，其指涉可能違憲爭議爲立法院係由立法委員自行提出組織法修正案，以修法方式縮減考試委員人數是否會影響其行使憲定職權，由於五權分立體制之中任何二權間關係複雜程度甚高，且各權設置亦各有其目的，如以立法權主動修改憲法機關組織或職權，是否合憲？五權分立之各憲法機關是否有其不容侵犯的核心領域呢？其中考試權是否如學者言在五權分立架構下除享有憲法保留及法律保留外，且享有考試保留原則呢？

　　行政法學原則：「行政機關對懲戒法規之執行享有優先權」（das Vorrecht der Verwaltungsbehoerde zur Verfolgung und Androhung von

---

7　陳淳文曾提出我國憲法不僅肯認行政保留，尚包括司法保留與考試保留之見解。參閱陳淳文（2002），〈行政保留之比較研究─以半總統制之行政命令權爲中心〉，《中研院法學期刊》，第10期，頁71。另請參閱李俊良（2003），〈論我國大法官解釋中「保留」領域的劃分基準─擺盪於民主原則與專業統治之間〉，《憲政時代》，第39卷第2期，頁113-169；董保城（2010），〈從大法官法律保留之解釋論國家考試權〉，《國家菁英》，第6卷第4期，頁134。

8　資料來源：https://www.exam.gov.tw/News_Content.aspx?n=3438&s=23530（最後瀏覽日：109年8月9日），會中考試院「也懇請蔡總統體察、重視任何以修憲以外方式，變動五權憲政體制運作及可能衍生的權力失衡現象，更希望立法院能夠本著五權分治、平等相維、互相尊重的原則及精神，審慎行使憲定的職掌」。

9　83年7月1日之考試院組織法第3條原規定：「考試院考試委員之名額，定爲十九人。」第5條：「（第1項）考試院院長、副院長及考試委員之任期爲六年。」109年1月8日修正後之考試院組織法第3條規定：「（第1項）考試院考試委員之名額，定爲七人至九人。（第2項）考試院院長、副院長及考試委員之任期爲四年。」

Disziplinarrecht），[10] 在司法院大法官對於人民經應考試後的服公職權雖已由傳統特別權力關係演進至公法上職務關係，但凡服公職者仍負有高度服從義務，行政機關且享有寬廣的人事裁量空間。然79年10月5日司法院釋字第266號解釋鄭健才大法官不同意見書曾提及，我國因有考試權介入行政權，外國對於特別權力關係之論點，用之於我國無異「使牛食肉，使虎食草」而主張所謂的中國式特別權力關係。此一見解於我國人民應考試後的服公職權有否適用之可能性？抑或服公職者之所屬行政機關因具有人事管理裁量空間，而無須法律授權得享有「行政保留」呢？

### 範圍期待vs研究限制

　　五權分立制為我國獨創，如有上開爭議，如何解釋，有學者認為如由權力分立角度，應探究憲法本意。而文義、歷史與體系等解釋因素具有解釋上之優越地位，其中國家組織、權限及程序規範的解釋，憲法立憲目的及討論過程，尤具有決定性的意義。[11] 自此研究憲法考試權議題，有關立憲歷史背景自有其探究的重要性。而事實上我國權力分立的分權設計方式，造成五權憲法各權力間關係至為複雜，[12] 憲法考試權，依職權性質又有分屬憲法保留、法律保留、考試保留、行政保留者。據此，本書期待有三。第一，擬由文義、歷史與體系等視角檢視憲法考試權，並期梳理大法官解釋內容，探求我國五權憲法的權力分立動態平衡。第二，藉由權力分立與制衡基礎的探究，瞭解我國憲政核心價值選擇。第三，由人民基本權保障角度觀察國家考試職權之權力運作。

　　事實上，有關考試權研究多有以人事行政理論觀點分析，[13] 另亦有

---

10 轉引自司法院釋字第491號解釋吳庚大法官協同意見。

11 參考Christian Starck教授於1995年來臺演講「憲法解釋」內容，轉引自黃錦堂（2010），〈權力分立之憲法解釋─兼評釋字第520、585、613、645號解釋〉，《法令月刊》，第61卷第9期，頁10。

12 湯德宗（2005），《權力分立新論卷二違憲審查與動態平衡》，臺北：元照，頁308。

13 例如人事行政理論觀點分析者，如徐有守（1999），《考試權的危機─考銓制度的腐

以孫中山先生思想分析，[14] 但相對較少以憲法或法律角度分析者。[15] 本書原則上以憲法理論層面檢視國家考試權與人民應考試服公職權，對於人事行政理論及孫中山先生思想僅略論之。此外有關國家考試權或人民應考試服公職權之政府實際運作或量化資料蒐集整理，則不納入本書範圍。

　　至於本書研究限制主要亦有三。第一，研究資料來源限制：本研究方法收集相關法令規章、文獻紀錄、專家論著、研究報告、政府機關出版品及網路公開資訊，進行綜合性研析。其中在政府公報來源方面主要以國家圖書館政府公報資訊網公開之政府公報（元年1月29日至元年4月5日）、臨時公報（北京共和政府，元年2月18日至元年4月26日）、政府公報（元年5月1日至17年6月13日）、軍政府公報（6年9月17日至7年5月14日）、海陸軍大元帥大本營公報（11年1月30日至14年5月20日）、國民政府公報（14年7月1日至37年5月19日）、總統府公報（37年5月20日至今）、考試院公報（70年7月20日至今）。對於涉及考試院大陸時間資料則輔以專家論著參考。但由於大陸時期考試院資料檔案未能隨政府遷臺而移轉，於政府公報網無法取得。

　　第二，各國制度參考限制：蒐集各國在國家考試權與人民應考試服公職權相關資料，例如德國聯邦人事委員會、美國聯邦人事管理局及其他相關委員會、日本人事院等相互比較分析，以為他山之石，藉以供參研究，但由於五權憲法為我國獨創，於各國三權體制參照時將有無法全然相符甚或扞格之處。再者各國制度受限於制度文化或歷史背景，研究議題若於相互參照時，仍侷限於形式法規或法院裁判內容，無法深入探究其真實。

　　第三，內容複雜取捨限制：公務人員關係或制度內容依憲法本文包括考試、任用、銓敘、考績、級俸、陞遷、保障、褒獎、撫卹、退休、養老

蝕與改進》，臺北：臺灣商務；蔡良文（2001），《人事行政學》，臺北：五南。
[14] 例如孫中山先生思想分析者，如王泳（1977），《五權憲法論》，臺北：國立臺灣師範大學國父思想教學研究會。
[15] 例如憲法或法律角度分析者，如董保城（2015），《考試權之理論與實務》，臺北：元照。

等事項複雜多元，涵蓋層面寬廣，受限研究焦點係以憲法考試權整體角度探究，未能針對個別公務人員制度內容細究分析，僅爲擇要論述一二。

## 重要名詞界說

有鑑於憲法考試權之國家職權與人民基本權保障，同時涉及國家考試權、人民應考試服公職權及各種不同層級之保留，包括「憲法保留」、「法律保留」、「考試保留」、「行政保留」等，各用語因不同學說見解有異，擬先針對此概念作一界說，俾利後續探究討論。

### （一）國家考試權

國家考試權爲考試院組織職權，明定於憲法第83條，爲國家最高考試機關，依該條規定掌理考試、任用、銓敘、考績、級俸、陞遷、保障、褒獎、撫卹、退休、養老等事項，究其憲法文義係掌理完整之廣義考試權包括考選權、銓敘權、保障權，通說爲「人事行政權」；經由81年修憲程序於憲法增修條文第6條第1項限縮職權規定，職掌對象限於「公務人員」之銓敘、保障、撫卹、退休事項，但其中任免、考績、級俸、陞遷、褒獎等僅限於法制事項，並刪除「養老」事項。本書界定之國家考試權爲考試院在憲法上的組織職權，職掌範圍由原憲法第83條調整爲增修條文第6條第1項規定內容。

### （二）人民應考試服公職權

憲法第18條人民應考試服公職權，依司法院釋字第546號解釋，應考試權係指具備一定資格之人民有報考國家所舉辦之公務人員任用資格考試暨專門職業及技術人員執業資格考試之權利；服公職權係指人民享有擔任依法進用或選舉產生之各種公職，貢獻能力服務公眾之權利。茲因憲法考試權掌理之服公職權，尚未涵蓋選舉產生之公職，是以，憲法考試權之人民服公職基本權僅指人民依法進用服務公眾之權利。

## （三）不同層級保留原則說

　　「保留」如由憲法上概念觀察，係依據憲法將某一事項保留予特定的憲法權力機關，而爲「專屬的事務管轄權」，具有三個特色：1.必須是以「憲法上之觀點」而爲觀察；2.將該事項之「事務管轄權」劃歸爲特定憲法部門所享有；3.該事務管轄權，並非來自於其他權力機關的授權，而是憲法所原生賦予者，換言之，「保留」是含有權力分立議題中處於核心地位的「權限劃分」的意涵。[16]

　　「憲法保留」依據司法院釋字第443號解釋，係指制憲者或修憲者將特定事項在憲法中予以規範，而該憲法規範中除宣示憲政原則外，且有符合一定要件的要求，禁止中央全國各機關，違反該明文規定事項，如憲法第8條規定，憲政權力機關若對特定人士實施超過二十四小時之人身自由限制，應事前得到法官同意。「法律保留」主要係指將某些事項保留予法律所規範，而由於法律乃是立法權所專門享有之規範制定形式，而此法律在某一事項類型具有某種優先於其他國家權力機關之地位，且具有憲法上位階之依據，所以法律保留亦可理解爲依據憲法上的觀點，認定某些事項應保留予立法權所專屬享有。「考試保留」定義爲依據憲法上的觀點，認定某些事項應保留予考試權所掌握，且考試權對該事項具有專屬管轄權，明定於憲法增修條文第6條第1項考試院組織職權事項，[17] 又如應考試權之應考試資格者專業素養判斷爲考試權之核心領域屬之。[18] 至於「行政保留」在性質與定位較爲複雜，認爲凡涉及法律實施細節、行政組織組成，或人事事項等決定，由行政機關內部規章予以規範，排斥法律保留原則適用，對於憲法考試權而言，係指應考試後服公職權之有關人事行政相關規章非由法律規定，而係由考試權組織（係指考試院所屬之銓敘部、公

---

[16] 李俊良（2003），〈論我國大法官解釋中「保留」領域的劃分基準—擺盪於民主原則與專業統治之間〉，《憲政時代》，第39卷第2期，頁120。

[17] 董保城（2010），〈從大法官法律保留之解釋論憲法考試權〉，《國家菁英》，第6卷第4期，頁133-135。

[18] 參見司法院釋字第682號解釋林子儀大法官協同意見書。

務人員保障暨培訓委員會或受監督行使職權之行政院人事行政總處）予以
規範或由各機關逕依職權執行。

## 章節架構安排

　　本書除引言及結語外，分為五章，各章說明如下：

　　第一章以歷史視角分析，修憲歷程中的人事法制，其歷史分期依照
「五權憲法」發展基礎，分為五權憲法初始立論（民國前6年至17年）、
行憲前國民政府訓政時期（17年至36年）、行憲後考試院完整職掌考試權
（36年至56年）、動員戡亂時期調整考試權組織（56年至81年）、增修條
文限縮考試院職權（81年迄今）等五時期論述，期以瞭解國家考試權與人
民應考試服公職權之各期核心及實質變遷影響。

　　第二章以大法官解釋角度分析，依司法院大法官所作解釋類型分為憲
法保留（憲法機關地位平等、組織職權與憲定職位、獨立行使職權、公開
競爭考試）、法律保留（人民基本權限制、考試院依法考選銓定、考試委
員依法律行使職權、考試院組織）、考試保留（考試內容及程序規定、考
試成績評定判斷、考試及格標準決定）、行政保留（公法上財產請求權、
晉敘陞遷權、休假請求權、兼職及退休再任範圍限制規定）等四種保留原
則論述，期以瞭解國家考試權與人民應考試服公職權之憲法解釋。

　　第三章以國家職權角度分析，國家考試權之分立制衡與組織定位，首
先由歷史視角與釋憲動態平衡觀點參考理論學說從考試權分立、考試權組
織、考試權行使等三個面向分析。在考試權分立方面，依權力分立與制衡
基礎理論說明憲法機關忠誠義務，並以此探究國家考試權分立與其核心領
域；在考試權組織方面，依組織結構與制度設計相關理論及獨立性機關概
念，探究國家考試權獨立與所屬機關設置；在考試權行使方面，說明考試
權決策程序與其獨立運作，繼而分析考試院與所屬機關間權力行使關係，
並蒐集各國相關考試權組織與決策作成程序，包括德國聯邦人事委員會、
美國聯邦人事管理局、日本人事院作為比較研究。

　　第四章以人民基本權保障角度分析，人民應考試權之組織與程序保障

功能，參考理論學說分析人民應考試權核心價值及其在憲法上人民基本權之意義，並分別探究公務人員任用資格考試與服公職權，及專門職業與技術人員執業資格考試與工作權之間基本權競合關係，再者依組織保障功能說明典試組織設置、典試委員資格、迴避規定、典試委員會職權，程序保障功能說明應考資格限制及其應有限制、考試評分判斷餘地、考試資訊閱覽禁制界限、應考人行政訴訟權。

第五章以人民基本權保障角度分析，人民服公職權之組織與程序保障功能，仍先依據理論學說分析服公職權核心價值，並分別說明服公職權與其他憲法上人民基本權之競合關係，及其衍生基本權內涵。再者依組織保障功能說明機關內部及外部保障組織設置、內外部組織成員專兼任資格、迴避規定、外部組織之公務人員保障暨培訓委員會職權；程序保障功能說明公務人員保障法保障對象及除外範圍界限、機關長官判斷或裁量餘地、不利人事資料閱覽禁制界限、保障事件審議類型差別待遇、複合身分公務人員行政訴訟權。

最後藉由梳理修憲歷程、大法官解釋、國家考試權分立制衡與組織定位、人民應考試服公職權組織與程序保障功能，歸結憲法考試權價值，並擬以此針對制度規範及後續研究提供建議意見。

# CHAPTER

# 1

## 歷史視角：修憲歷程中的人事法制

　　五權憲法「考試權」初始自孫中山先生於民國前6年11月提出獨創立論迄今，[1] 國家考試權與人民應考試服公職權在中華民國憲法制定前後及增修條文歷程，歷經孫中山先生之首創理想提出、元年臨時約法、3年約法、歷次憲法草案、頒行憲法、動員戡亂時期凍結權限、憲法增修條文等重要憲法階段，見證變動時局之權力起落更迭。在38年中華民國播遷來臺前，由於政局混亂，所以中華民國現代史分期有所不同。如依張玉法《中國現代史》分為五個階段，[2] 第一階段（元年至5年）係具有結社自由和活躍政黨運動，有限制選舉與代議政治，並以袁世凱為中心；第二階段（5年至17年）軍閥政治時期，軍閥特性缺乏國家觀念，維護個人私利，但對於學術自由甚少干涉；第三階段（17年至26年）國民政府展布建國理想時期，為中華民國之訓政時期，草擬憲法，選舉國民大會代表；第四階段（26年至34年）八年抗戰時期，因抗戰陣營的不協和，造成戰後共產勢力增大；第五階段（34年至38年）中國共產黨侵奪國民政府的統治權。如依考試院《中華民國考試院院史》則分為六期，[3] 大陸時期二期為：一、

---

1　秦孝儀主編《國父全集》，民國前6年11月15日（農曆9月29日）孫中山先生在東京與該魯學尼（G. Gershuni）等談話，孫中山先生主張：「希望在中國實施的共和政治，是除立法、司法、行政三權外還有考選權和糾察權的五權分立的共和政治。」該魯學尼問道：「糾察權本屬於國民，並非由議會行使。中國為什麼需要特別設立這種制度呢？況且，考選事務不是作為行政的一部分就夠了嗎？憑什麼理由還需要單獨設立呢？」孫中山先生回答：「因為要通過考試制度來挑選國家人才。我期望能根據這種辦法，最嚴密、最公平地選拔人才，使優秀人士掌管國務。如今天的一般共和民主國家，卻將國務當作政黨所一手包辦的事業，每當更迭國務長官，甚且下至勤雜敲鐘之類的小吏也隨著全部更換，這不僅不勝其煩，而且有很大的流弊。再者，單憑選舉來任命國家公僕，從表面看來似乎公平，其實不然。因為單純通過選舉來錄用人才而完全不用考試的辦法，就往往會使那些有口才的人在選民中間運動，以占有其地位，而那些無口才但有學問思想的人卻被閒置。」參閱秦孝儀主編（1989），〈設立考試權糾察權以補救三權分立的弊病〉，《國父全集》第二冊，臺北：近代中國，頁413-414。

2　張玉法（1982），《中國現代史》，臺北：東華，頁3-8。

3　考試院為慶祝九十週年於109年1月6日出版《中華民國考試院院史》一書，該書係由

元年至14年南京臨時政府、北京政府及廣州政府時期的考銓制度發展，及二、14年至38年國民政府時期及行憲初期；臺灣時期四期爲：一、38年至56年；二、56年至76年；三、76年至89年；四、89年迄今。由於研究主軸係以國家考試權爲中心，參酌前述學者及實務分類，擬以「五權憲法」修憲歷程爲基礎分期，並依國家考試權與人民應考試服公職權之各期核心及實質變遷影響分爲：五權憲法初始立論（民國前6年至17年）、行憲前國民政府訓政時期（17年至36年）、行憲後考試院完整職掌考試權（36年至56年）、動員戡亂時期調整考試權組織（56年至81年）、增修條文限縮考試院職權（81年迄今）等五時期論述於後。

## 第一節　五權憲法初始立論（民國前6年至17年）

孫中山先生倡議「考試權」概念或可溯及民國前10年或民國前15年間，[4] 如依《國父全集》記載最早時間點則爲民國前6年11月15日在東京與該魯學尼（G. Gershuni）等人談話論及「設立考試權糾察權以補救三權分立的弊病」提出考試權主張：「希望在中國實施的共和政治，是除立法、司法、行政三權外，還有考選權和糾察權的五權分立的共和政

---

考試院組成之院史編撰委員會成員共同撰寫。參閱考試院院史編撰委員會（2020），《中華民國考試院院史》，臺北：考試院。

[4] 高永光提出孫中山生生於民國前15年3月，在倫敦Fortnightly Review發表一篇英文論述，題爲：China's Present and Future-the Reform Party's Plea for British Benevolent Neutrality〈中國之現狀與未來—革命黨籲請英國善持中立〉，曾提到中國考試制度；顧不先認爲孫中山先生所提之考試權可溯及民國前10年或前15年；劉性仁認爲自民國前12年具有考試權獨立的主張。參閱高永光主持（2002），《考試權獨立行使之研究》，考試院研究發展委員會委託研究，頁18；顧不先（1983），《五權憲法的政治制度》，臺北：三民，頁8-9；劉性仁（2005），《中國歷代考選制度與考試權之發展》，臺北：時英，頁155。

治。」[5]而正式公開演講提出「考試權」則爲民國前6年12月2日在東京舉行民報週年紀念會演講「三民主義與中國民族之前途」提出五權分立憲法。[6]由於五權憲法初始「考試權」立論，因係民國前6年孫中山先生正式提出而爲本節論述起點。

　　「五權憲法」從孫中山先生提出之政治理想實踐於政治體制過程，於民國年間困難重重；民國前1年武昌起義革命成功，湖北軍政府訂定「中華民國鄂州約法」，採行政、立法、司法三權分立，各省軍政府亦各自訂定約法，如「江蘇約法」二權分立、「浙江約法」三權分立、「貴州憲法大綱」立法院集權制；[7]元年孫中山先生以臨時大總統身分公布「中華民國臨時約法」爲全國制憲性規範，繼之3年袁世凱大總統公布「中華民國約法」各緣不同政治目的，但均採三權分立制，致使孫中山先生初始理想之五權憲法，於17年前軍政時期未能實現。本節分四項，茲以孫中山先生五權憲法理想、軍政時期之國家考試權組織、人民應考試權、人民服公職權說明之。

## 第一項　孫中山先生五權憲法理想

　　孫中山先生自民國前6年提出五權憲法考試權迄至14年，於《國父全集》所載演講與著作甚多，擇其要者例舉之。在演講方面，民國前6年12月2日「三民主義與中國民族之前途」演講：「中華民國憲法，必要設獨

---

[5]　秦孝儀主編（1989），〈設立考試權糾察權以補救三權分立的弊病〉，《國父全集》第二冊，臺北：近代中國，頁413-414。依孫中山先生與該魯學尼（G. Gershuni）等談話所附註釋，該魯學尼爲俄國社會革命黨首領，從西伯利亞越獄逃抵日本東京，登門拜訪孫中山先生。晤談時，日人池亨吉、宮崎寅藏、萱野長知、平山周、和田三郎、清藤幸七郎等人在座。

[6]　孫中山先生於民國前6年12月2日（農曆10月17日）以「三民主義與中國民族之前途」爲題演講。參閱秦孝儀主編（1989），《國父全集》第三冊，臺北：近代中國，頁13-14。

[7]　殷嘯虎（1997），《近代中國憲政史》，上海：上海人民出版社，頁120-122。

立機關專掌考選權，大小官吏必須考試，定了他的資格，無論那官吏是由
選舉的，抑或由委任的，必須合格之人，方得有效。這法可以除卻盲從
濫舉及任用私人的流弊。中國向來銓選，最重資格，這本是美意；但是在
君主專制國中，黜陟人才，悉憑君主一人的喜怒，所以雖講資格，也是
虛文。至於社會共和的政體，這資格的法子，正是合用，因爲那官吏不是
君主的私人，是國民的公僕，必須十分稱職，方可任用；但是這考選權如
果屬於行政部，那權限未免太廣，流弊反多，所以必須成了獨立機關，
纔得妥當。」[8]5年7月20日演講「論憲法之基礎」：「所謂五權者，如立
法、司法、行政三權固可弗論。其他二種，各國之所無者，我國昔已有
之。其一爲御史彈劾，即皇帝亦莫能干涉之者。其二爲考試，即盡人所崇
拜者也。此彈劾權及考試權，實我國之優點。吾人採取外國良法，對於本
國優點亦殊不可輕棄。美國哥倫比亞之希斯洛，嘗主張加一彈劾權，而爲
四權並立。丁韙良氏亦謂美國如用考試方法，選舉流弊當可減少。可見此
五權分立之主張，非爲鄙人個人之私見。當此新舊潮流相衝之日，爲調和
計，當平心靜氣，并取兼收，以使國家發達。今以外國輸入之三權，與本
國固有之二權一同採用，乃可與世競爭，不致追隨人後，庶幾民國駕於外
國之上也。」[9]10年3月20日演講「五權憲法」：「中國何嘗沒有憲法。
一是君權，一是考試權，一是彈劾權。而君權則兼有立法、行政、司法之
權。……憲法就是機器。如行政設一執行政務底大總統，立法就是國會，
司法就是裁判官，與彈劾、考試同是一樣獨立的。以後國家用人行政，凡
是我們的公僕，都要經過考試，不能隨便亂用的。……在南京所訂民國約
法，內中祇有『中華民國主權屬於國民全體』一條，是兄弟所主張的，其
餘都不是兄弟的意思，兄弟不負這個責任。前天當在省議會將五權憲法大
旨講過，甚望省議會諸君議決通過，要求在廣州的國會，制定五權憲法，
作個治國的根本法。」[10]

---

[8]　秦孝儀主編（1989），《國父全集》第三冊，臺北：近代中國，頁13-14。

[9]　同註8，頁169-170。

[10]　同註8，頁241-242。

　　在著作方面，8年6月《建國方略》：「以五院制爲中央政府：一曰行政院，二曰立法院，三曰司法院，四曰考試院，五曰監察院。憲法制定之後，由各縣人民投票選舉總統，以組織行政院；選舉代議士，以組織立法院；其餘三院之院長，由總統得立法院之同意而委任之，但不對總統立法院負責；而五院皆對於國民大會負責。各院人員失職，由監察院向國民大會彈劾之；而監察院人員失職，則國民大會自行彈劾而罷黜之。國民大會職權，專司憲法之修改，及制裁公僕之失職。國民大會及五院職員，與夫全國大小官吏，其資格皆由考試院定之。」[11] 13年4月12日《國民政府建國大綱》：「一、國民政府本革命之三民主義、五權憲法，以建設中華民國。……十五、凡候選及任命官員，無論中央與地方，皆須經中央考試、銓定資格者乃可。……十九、在憲政開始時期，中央政府當完成設立五院，以試行五權之治。其序列如下：曰行政院；曰立法院；曰司法院；曰考試院；曰監察院。」[12] 13年4月26日《三民主義》〈民權主義第六講〉：「就中國政府權的情形講，只有司法、立法、行政三個權是由皇帝拿在掌握之中，其餘監察權和考試權還是獨立的，就是中國的專制政府從前也可以說是三權分立的，……中國從前實行那種三權分立，更是有很大的流弊。我們現在要集合中外的精華，防止一切的流弊，便要採用外國的行政權、立法權、司法權加入中國的考試權和監察權，連成一個很好的完璧，造成一個五權分立的政府。像這樣的政府，才是世界上最完全最良善的政府。國家有了這樣的純良政府，才可以做到民有、民治、民享的國家。」[13]

　　深究上述孫中山先生於民國前後之演講與著作，可得知孫中山先生「五權憲法」之理想型，涉及國家考試權者具有四項主要論點如下。

一、憲法應明定五權分立制：孫中山先生認爲五權分立的政府體制，是世界上最完全最良善的政府，如此才能做到民有、民治、民享的國家，

---

[11] 秦孝儀主編（1989），《國父全集》第一冊，臺北：近代中國，頁387-388。

[12] 同註11，頁624。

[13] 同註11，頁126-128。

並應以此爲治國基本法，而五權之行政權、立法權、司法權、考試權、監察權，分立合作與制衡，考試權分離且獨立於行政權。[14]

二、考試權組織形式爲獨立機關：國家考試權由考試院職掌，承擔憲法賦予獨立行使之職權，且應以獨立機關組織形式設置，「考選權如果屬於行政部，那權限未免太廣，流弊反多，所以必須成了獨立機關，纔得安當。」[15]

三、考試權專屬爲中央職權：凡候選及任命官員，無論中央與地方，皆須經中央考試、銓定資格者乃可；且全國大小官吏其資格皆由考試決定之。由此觀之，孫中山先生主張考試院獨立行使考試權且係中央唯一獨立機關辦理各項考試。[16]

四、人民應考試爲服公職前提：如以「三民主義與中國民族之前途」演講提及「中華民國憲法，必要設獨立機關專掌考選權，大小官吏必須考試，定了他的資格，無論那官吏是由選舉的，抑或由委任的，必須合格之人，方得有效」[17]及「五權憲法」演講提及「憲法就是機器。如行政設一執行政務底大總統，立法就是國會，司法就是裁判官，與彈劾、考試同是一樣獨立的。以後國家用人行政，凡是我們的公僕，都要經過考試，不能隨便亂用的」[18]觀之，考試權考試行使範圍包括一般文官、中央與地方民選公職候選人、專門職業及技術人員，均應由公平公開考試定其資格。

　　上開孫中山先生於五權憲法理想型之論點，於此學術自由且憲法思潮

[14] 秦孝儀主編（1989），《國父全集》第三冊〈五權憲法〉演講，頁241-242；《國父全集》第一冊《三民主義》〈民權主義第六講〉，頁126-128。

[15] 秦孝儀主編《國父全集》第三冊〈三民主義與中國民族之前途〉演講，頁13-14。

[16] 秦孝儀主編《國父全集》第一冊〈建國方略〉，頁387-388；及〈國民政府建國大綱〉，頁624。

[17] 同註15。

[18] 秦孝儀主編（1989），《國父全集》第三冊〈五權憲法〉演講，頁241-242。

百花齊放的時期，造就各種憲法草案紛紛提出，並呈現不同權力分立制度設計。在民國初年國家基本大法之外在形式，有名為約法、憲法草案、偽憲法三種。其中約法者，有各省憲法性文件如中華民國鄂州約法、江蘇約法、浙江約法、江西約法，以及全國性約法如元年「中華民國臨時約法」（簡稱民元約法）、3年「中華民國約法」（簡稱民三約法）；憲法草案者，有經正式程序審議如2年10月31日北京天壇通過草案（簡稱天壇憲草）、8年8月12日憲法委員會通過草案（簡稱民八憲草）、14年12月12日國憲起草委員會通過之草案（簡稱民十四憲草），亦有尚未經審議草案版本，如2年2月康有為、2年吳貫因、2年3月王寵惠、3年3月15日梁啟超、11年6月葉夏聲、11年8月國是會議及14年8月汪馥炎和李祚輝等草擬之多部中華民國憲法草案版本；至於偽憲法者係指12年10月10日時任大總統曹錕恢復國會後通過「中華民國憲法」（簡稱雙十憲法），雖是中華民國憲法會議公布的第一部憲法，但因是屆議員及總統均係賄選上任，稱為賄選憲法，又有偽憲法之稱。[19]

　　經分析上開各約法或憲法草案版本，有採二權分立、三權分立及五權分立者。採二權分立者如「江蘇約法」，分總綱、人民、都督、政務委員、議會、司法、補則等七章60條，其都督有權裁定省議會所議定的法律，或遇非常緊急必要時，發布等同法律之命令的權力。

　　採三權分立者係多數憲法草案版本，包括：一、約法性質者：「中華民國鄂州約法」分總綱、人民、都督、政務委員、議會、法司、補則等七章60條，都督和政務委員相當行政機關，議會為立法機關，法司為司法機關；民元約法分總綱、人民、參議院、臨時大總統副總統、國務員、法院及附則等七章56條，參議院為立法機關，臨時大總統副總統及國務員相當行政機關，法院為司法機關，臨時大總統副總統由參議院選舉，臨時大總統制定官等官規及任免國務員均須參議院同意，係採三權分立責任內閣制。第53條：「本約法施行後，限十個月內，由臨時大總統召集國會，其

---

繆全吉主編（1989），《中國制憲史資料彙編─憲法篇》，臺北：國史館，頁85-312及882-900。

國會之組織及選舉法由參議院定之。」第54條：「中華民國之憲法由國會制定，憲法未施行以前，本約法之效力與憲法等。」民三約法分國家、人民、大總統、立法、行政、司法、參政院、會計、制定憲法程序、附則等十章68條，行政權由大總統為首長，立法權由立法院行之，司法權由大理院行之，參政院僅係大總統諮詢機關，採三權分立制，但擴大總統職權。第64條：「中華民國憲法未施行以前，本約法之效力與憲法等。約法施行前之現行法令與本約法不相牴觸者，保有其效力。」第68條：「本約法自公布之日施行，元年3月11日公布之臨時約法於本約法施行之日廢止。」二、審議通過草案者：天壇憲草分國體、國土、國民、國會、國會委員會、大總統、國務院、法院、法律、會計、憲法修正及解釋等十一章113條，立法權由國會（常會閉會時由國會委員會）行之，國會由參議院及眾議院組成；行政權由大總統行之（大總統由國會議員選舉），國務院襄贊大總統並對眾議院負責；司法權由法院行之，採立法、行政、司法三權分立制；民八憲草分國國體、國土、國民、國會、大總統、國務院、法院、法律、會計、憲法之修正及解釋等十章101條；民八憲草內容大約與天壇憲草相似，不同處僅對於憲法有疑義時，係由參議院議長、眾議院議長、大理院院長、平政院院長及審計院院長組織特別會議解釋之；雙十憲法分為國體、主權、國土、國民、國權、國會、大總統、國務院、法院、法律、會計、地方制度、憲法之修正解釋及其效力等十三章141條，立法權由國會行之（國會由參議院及眾議院組成），行政權由大總統行之（大總統由國會議員選舉），國務院襄贊大總統並對眾議院負責，司法權由法院行之，最高法院院長任命須經參議院同意，採三權分立制。比較特別者為係訂有「國權」列舉中央與地方之權限，至於未列舉事項如性質關係國家屬國家，關係各省者屬各省。民十四憲草分五編十四章160條，第一編總綱（第一章國體及主權、第二章國土國都及國旗、第三章國家與地方事權之分配、第四章國家與地方之關係）、第二編（第五章民國議會、第六章民國政府、第七章民國法院、第八章會計制度）、第三編（第九章省區、第十章蒙藏）、第四編國民（第十一章權利義務、第十二章生計、第十三章教育）、第五編附則（第十四章憲法之修正）。立法權由民國議會行

使，民國議會由眾議院及參議院組成；行政權由大總統行之（大總統由全國選民，於每縣內各選出大總統選舉人1人，集會於國都選舉之）；司法權由法院行之，憲法疑義由臨時組織國事法院裁決，並由最高法院院長、由最高法院選出者4人、由參議院選出者4人，採三權分立之責任內閣制。

三、未審議通過者：草擬完成但未經審議之憲法草案版本如康有爲版、吳貫因版、王寵惠版、梁啓超版、國是會議版及汪馥炎和李祚輝合版等[20]亦均採三權分立制。

　　唯一採五權分立者爲11年6月葉夏聲奉孫中山先生之命草擬憲法草案，[21] 分總綱、考試院、立法院、行政院、司法院、監察院、國計民生、教育、附則等九章72條。考試權由考試院行之，以國民大會選出之主試組織之，並由主試互選總裁及副總裁；立法權由立法院行之，由國民大會選出合於被選資格之議員組織之；行政權由行政院行之，由國民大會選舉大總統及副總統組織之；司法權由司法院行之，由國民大會選舉院長及副院長組織之；監察權由監察院行之，由國民大會選出之監察組織之，並由監察互選總監及副總監。

　　綜上，中華民國具有憲法性質之約法或憲法草案，合計約17版，除孫中山先生囑託草擬之憲法草案採五權分立制外，孫中山先生五權憲法理想未爲當時政治氛圍所接受，渠曾於演講五權憲法時說道：「在南京所訂民國約法，內中祇有『中華民國主權屬於國民全體』一條，是兄弟所主張的，其餘都不是兄弟的意思，兄弟不負這個責任。」[22] 可見孫中山先生倡導之五權憲法理想未爲掌權者或多數人接受，或許政治理想在面對政治

---

[20] 2年2月康有爲擬（除三權外，另設「國詢院」作爲大總統顧問，「學士院」以待碩學而屬通才，不設額）、2年吳貫因擬、2年3月王寵惠擬、3年3月15日梁啓超提案（除三權外，另設「國家顧問院」執行大總統提出任命國務總理及解散國會等之同意權）、11年8月國是會議草擬、14年8月汪馥炎和李祚輝合草等多部中華民國憲法草案版本。

[21] 繆全吉主編（1989），《中國制憲史資料彙編—憲法篇》，臺北：國史館，頁225-235。

[22] 秦孝儀主編（1989），《國父全集》第三冊之〈五權憲法〉演講，頁241-242。

實力時也不得不低頭。

## 第二項　國家考試權組織

　　民國初年軍政時期之政府設官分職，不論以大總統或大元帥名義，多有制定官制官規及任免官員之權。按民國前1年12月3日訂定並於元年1月2日修正公布之中華民國臨時政府組織大綱第5條：「臨時大總統得制定官制官規，兼任免文武職員。但制定官制，暨任免國務各員及外交專使，須得參議院之同意。」民元約法第33條：「臨時大總統得制定官制官規，但須提交參議院議決。」第34條：「臨時大總統任命文武職員，但任命國務員及外交大使公使須得參議院之同意。」民三約法第21條：「大總統制定官制官規。大總統任免文武職官。」以上，大總統均有制定官制官規及任免文武職官之權，惟在程序上是否提交立法機關完成法制作業有所不同，民元約法須得參議院同意，民三約法則無此規定。

　　憲法草案之天壇憲草第66條：「大總統任免文武官吏。但憲法及法律有特別規定者，依其規定。」民八憲草第54條：「大總統依法任免官吏。官制、官規、官俸，以法律定之。」雙十憲法第81條：「大總統任免文武官吏。但憲法及法律有特別規定者，依其規定。」民十四憲草第68條：「大總統得制定官制官規。但官制須經參議院同意。」第69條：「大總統任免文武官吏，但憲法及法律有特別規定者，依其規定。」以上，大總統制定官制官規及任免文武職官之權，大致相同，僅民十四憲草有提交立法機關完成法制作業之規定。

　　此外，民國初年因南北政局對峙，孫中山先生6年在廣州設軍政府，於同年8月31日通過「中華民國軍政府組織大綱」、7年5月18日修正該組織大綱，10年4月17日訂定「中華民國政府組織大綱」、11年1月16日以陸海軍大元帥令設於桂林之「大本營條例」，以及12年3月2日在廣州通過之「陸海軍大元帥大本營組織」，則無類似規定。僅於黨務方面有相關設

置，於其所屬中華革命黨[23]在3年7月8日公布中華革命黨總章[24]，及13年1月23日中國國民黨在廣州第一次全國代表大會發表第一次全國代表大會宣言[25]再次重申五權分立原則，並有設置考試院構想，惟在正式組織部分並未建置。

　　綜上，大總統有制定官制官規及任免官員之權，但並未有考試院組織，民國初年考試權組織設置，得由臨時政府公報之令文據以瞭解。依元年2月22日「大總統令法制局迅速編纂文官驗草案由」：「查國家建官位事，惟任賢選能，乃懋厥職，古今中外，罔越斯旨，考選之法，各有不同，尚公去私，庶無情弊，今當民國建立伊始，計非參酌中外詢事考言，不足網羅天下英才，而裨治理，合就令行該局仰即迅將文官試驗章程草案妥為編纂。」[26]同年3月2日「大總統令法制局審定官職試驗章程草案由」：「現在南北統一，兵事已息，整飭吏治，惟有舉行官職試驗，以合格人員分發各省，以資任用之一法。茲據內務部呈送官職試驗章程草案前

---

[23] 中華革命黨3年9月1日宣言：「黨為秘密團體，與政黨性質不同，凡在外國僑居者，仍可用國民黨名義，內容組織則更張之，即希注意。」所有黨員以履行總章第7條之手續書寫誓約者，認為本黨黨員，協力同心，共圖三次革命，迄於革命成功，憲法頒布，國基確定之際，皆由吾黨負完全責任。此次辦法，務在正本清源：（一）屏斥官僚；（二）淘汰偽革命黨。以收完全統一之效，不致如第一次革命時代，異黨入據，以偽亂真。」參閱秦孝儀主編《國父全集》第二冊，頁51-52。

[24] 中華革命黨總章第26條：「凡屬黨員，皆有贊助總理及所在地支部長進行黨事之責，故統名之曰協贊會，分為四院，與本部並立為五；使人人得以資其經驗，備為五權憲法之張本。共組織如左：一、立法院；二、司法院；三、監督院；四、考試院。」第27條：「……若成立政府時，當取消正副會長。則四院各成獨立之機關，與行政部平行，成為五權並立。是之謂五權憲法也。」參閱秦孝儀主編《國父全集》第九冊，頁300-306。

[25] 中國國民黨在廣州第一次全國代表大會發表第一次全國代表大會宣言。全文分為三大部分，其中第二部分內容略以：「民權運動之方式，規定於憲法，以孫先生所創之五權分立為之原則，即：立法、司法、行政、考試，監察五權分立是也。凡此既以濟代議政治之窮，亦以矯選舉制度之弊。」參閱同註23，頁131-140。

[26] 臨時政府公報第19號（元年2月22日），頁5。

來，其所定試驗資格及他項規定，有無尚須改訂增加之處，合行令仰該局悉心審查尅日呈覆。」[27] 同年3月24日「大總統令各部局飭整官方愼重銓選文」：「滿清末年，仕途腐敗，已達極點……民國成立，萬端更始，舊日城社，掃除略盡，肅整吏治，時不可失。然而法制未頒，考試未行，干進者存乘時竊取之心，用人者有高下隨心之便……於用人之計，務當悉心考察，愼重銓選，勿使非才濫竽，賢能遠引，是爲至要。」[28]

由上觀之，元年孫中山先生臨時大總統時之擬定人事官制官規組織，係爲臨時大總統下設之「法制院」[29] 權限，而大總統爲網羅天下英才，請訂（審）定文官考試規定，並辦理考試，對於任免官員係採取分層授權，各部局由考試合格人員依權責分發任免官員。

再依元年2月6日法制院編定各部官制通則等十件官制案由大總統令咨參議院編定，[30] 臨時大總統下雖設有法制院及銓敘局等直轄機關，其中銓敘局官制及官職令草案因政權更迭，未經參議院審議通過，故未正式派員執行職務，亦無實施考試權。縱令有之，不論是法制院或銓敘局仍直屬於臨時大總統之行政權。

繼之元年3月10日袁世凱出任臨時大總統，[31] 於同年6月26日公布「國務院官制」第3條：「國務總理爲國務員首領，保持行政之統一。」7月20日公布「銓敘局官制」規定考試權組織依職權辦理考試業務者由銓敘局負責，但在考試範圍僅爲高等考；[32] 於3年2月1日修正「銓敘局官制」

---

[27] 臨時政府公報第21號（元年2月24日），頁2。

[28] 臨時政府公報第47號（元年3月24日），頁2。

[29] 臨時政府公報第11號（元年2月9日），頁3。「紀事」：「法制院宋教仁爲呈報事二月初五奉大總統頒發印信一顆即於初六日敬謹啓用……」。但由於法制院組織嗣後未經參議院審議通過，於民國元年間相關文書有「法制院」及「法制局」二種不同的組織名稱行之。

[30] 臨時政府公報第9號（元年2月6日），頁3-4。

[31] 元年3月10日袁世凱在北京就職，孫中山先生在南京於4月1日解職。在此期間於元年4月13日尚訂有南京留守條例，作爲過渡期間。

[32] 元年銓敘局官制第1條：「銓敘局直隸於國務總理，其職務如左：一、關於薦任官以上

擴大考試範圍由原僅有高等考試改為文官考試,並增加文官陞轉及勳績考核事項。[33]

　　3年5月1日頒布民三約法廢止國務院制,於同年5月3日公布之大總統府政事堂組織令第1條:「大總統為統一行政於大總統府設政事堂。」第2條:「政事堂以左列各局所組織之:法制局、機要局、銓敘局、主計局、印鑄局、司務所。」5月17日公布「大總統府政事堂銓敘局官制」規定考試權係屬行政權,而職掌之銓敘局工作職權除考試範圍相同外,另增加有關文官資格審查及存記人員註冊事項,享有完整文官考試權。[34]

　　13年以「考試院」為名之組織完成立法,時於13年大本營法制委員會起草考試院組織條例、考試條例及其施行細則,這三項法案均經8月26日大元帥根據法制委員會呈擬定並照准。通過公布之「考試院組織條例」計26條,在組織人員方面,第1條:「考試院直隸於大元帥,管理全國考試及考試行政事務。按五權憲法精神,考試權係與行政權分離獨立,宜特設機關掌理該項事務。」第3條:「院長綜理考試行政事務,並監督指揮所屬各職員。按院長所掌者,限於考試行政事務。至考試事務,則由考試委員會掌理;監試事務,則由監試委員會掌理。故特設本條,以明其權

---

任免事項。二、關於薦任官以上履歷事項。三、關於文官高等考試事項。四、關於恩給及撫恤事項。五、關於榮典授與事項。七、關於外國勳章受領及佩用事項。」參閱政府公報第82號(元年7月20日),頁131-132規定內容,另當時機關名為「銓敘部」與現行之「敘」不同。

[33] 3年銓敘局官制第1條:「銓敘局直隸於國務總理,其職務如左:一、關於文官任免事項。二、關於文官陞轉事項。三、關於文官考試事項。四、關於勳績考核事項。五、關於恩給及撫恤事項。六、關於榮典授與事項。七、關於外國勳章受領及佩帶事項。」參見政府公報第625號(3年2月2日),頁32-33。

[34] 3年公布大總統府政事堂銓敘局官制第1條:「銓敘局之職掌如左:一、關於文官任免事項。二、關於文官陞轉事項。三、關於文官資格審查事項。四、關於存記人員註冊開單事項。五、關於文官考試事項。六、關於勳績考核事項。七、關於恩給及撫卹事項。八、關於爵位勳章並其他榮典授與事項。九、關於外國勳章受領及佩帶事項。」第2條:「銓敘局置局長一人,承國務卿之命管理本局事務監督所屬職員。」參見政府公報第729號(3年5月18日),頁206-207。

限。」[35] 考試權獨立於行政權，但其權責僅於考試業務。

　　孫中山先生於14年3月12日辭世，同年6月24日中國國民黨中央執行委員會議決政府改組案，[36] 通過14年7月1日改組設置國民政府。依同年月日通過之「中華民國國民政府組織法」計10條文，[37] 明定國民政府受中國國民黨之指導及監督掌理全國政務，條文尚無考試院設置。[38] 7月4日公布國民政府秘書處規制，因南方政府與北京政府同時存在，國民政府相關組織規模係屬北伐時期，有關考試權組織屬於國民政府秘書處之下設內部單位。[39] 17年2月13日修正中華民國國民政府組織法第7條：「國民政府設內政、外交、交通、農礦、工商等部，並設最高法院、監察院、考試院、大學院、審計院、法制院、建設委員會、軍事委員會、蒙藏委員會、僑務委員會。」依其設置機關性質，設置考試院，但其組織性質似非五權憲法中獨立考試權制度設計。

　　綜上，軍政時期考試權之組織設置，在孫中山先生任臨時大總統之南京政府部分業務為「法制院」負責，至民元約法正式由「銓敘局」主政，民三約法時亦為「銓敘局」；13年孫中山先生於廣州大元帥時期正式以「考試院」為名，國民政府期間沿用之，在軍政時期國家考試權不論在南在北，其考試權組織設置以何者為名，除孫中山先生任大元帥之廣州外，其職權並未獨立於行政權。

---

[35] 13年8月26日公布考試院組織條例係參閱秦孝儀主編《國父全集》第九冊，頁430-434。

[36] 陸海軍大元帥大本營公報第14號（14年5月20日），頁179-181。

[37] 國民政府公報第1號（14年7月1日），頁5-6。

[38] 14年並無「考試院組織法」，但有監察院設置。依據中國國民黨中央執行委員會政府改組令第3條而訂定通過「國民政府監察院組織法」，監察委員人數5人。

[39] 14年公布國民政府秘書處規制第2條：「國民政府秘書處設左列各科：一、總務科。二、機要科。三、撰擬科。」第3條：「總務科職掌如左：關於銓敘之事項。二、關於印鑄之事項。三、關於文書收發及保管之事項。四、關於會計庶務之事項。五、其他不屬於各科之事項。」參見國民政府公報第2號（14年7月），頁12-14。

## 第三項 人民應考試權

民元約法第11條：「人民有應任官考試之權。」民三約法第9條：「人民依法令所定，有應任官考試從事公務之權。」天壇憲草第16條：「中華民國人民，依法律有從事公職之權。」民八憲草第15條：「中華民國人民，依法得從事公職。」雙十憲法第18條：「中華民國人民，依法律有從事公職之權。」民十四憲草未定人民應考試服公職權。以上人民應考試服公職權多已為憲法位階規範而享有之基本權。而有關人民應考試服公職權扣除憲法草案外，在南京臨時政府之法制院、民元約法之敘敘局、民三約法之敘敘局、13年孫中山先生任大元帥時期之考試院，因不同主政機關而有不同規範內容。茲各以應考試範圍、應考試資格條件及應考試其他規定，依時期分述如下：

### 一、南京臨時政府之法制院

### （一）應考試範圍

依元年2月28日大總統咨參議院議決「文官考試令草案」第1條：「文官考試除有特別規定外，均依本令規定。」第2條：「文官考試分為高等文官考試及普通文官考試二種。」其中高等文官考試，每年在京師舉行一次，但偏遠地方交通不便者，得劃明地段，派員分往舉行。普通文官考試，中央及各地方則得以便宜隨時舉行。第1條所定特別規定係指法官考試、外交官及領事官等性質特殊考試。[40] 至於專門職業及技術人員之考試，非應考試範圍。事實上諸如屬專門職業性質之律師制度，在元年並未正式實施，經查臨時政府公報紀事：「內務部警務局長建議施行律師制度，並採取東西成法，就吾國所宜行者，編成律師法草案若干條呈請孫大

---

[40] 中華民國開國五十年文獻編纂委員會（1962），《中華民國開國五十年文獻第二編第二冊—開國規模》，臺北：正中，頁372-374。

總統。」[41] 由是，律師制度尚未建制，自亦無應考試權之可能。所以，南京臨時政府之法制院規範之應考試範圍僅及於文官考試。

## （二）應考試資格條件

1. 積極條件：凡中華民國人民年齡在20歲以上，而有完全公權者，得應文官考試。但特殊性質人員如外交官及領事官，限中華民國男子年齡25歲以上，並經姓名榜示定期召集檢驗身體合格者。[42]
2. 消極條件：並無相關規定。

## （三）應考試其他規定

1. 考試通知：由考試委員長於考試日期一月前，以公報布告，如未有公報各地方，以普通公布程式布告之。
2. 考試種類：高等考試分豫試、正式二種，非豫試合格者不得應正式。但是國內外高等專門以上各學校畢業者免豫試，各大學本科畢業得有學位者，免考試。普通考試分筆試及口試，筆記合格者應口試。但國內外高等專門以上各學校畢業者免考試。
3. 考試任官等級：高等文官考試有合格證書者，以簡任官任用之。普通文官考試有合格證書者，以委任官任用之。[43]

---

[41] 臨時政府公報第54號（元年4月1日），頁13-15。

[42] 中華民國開國五十年文獻編纂委員會（1962），《中華民國開國五十年文獻第二編第二冊—開國規模》，臺北：正中，頁377-380。

[43] 任官令草案第3條：「簡任官以有左記資格之一者，任用之：但一等簡任官不在此例。一、曾任簡任官之職非因懲戒休職，或因懲戒休職已至二年以上者。二、曾任薦任官之職至二年以上，非因懲戒休職，或因懲戒休職已至二年以上者。三、受高等文官考試，而有合格證書者。四、曾為國會議員，或現為國會議員者。」第4條：「薦任官除前條列舉外，以有左記資格之一者，任用之：一、曾任薦任官之職，非因懲戒休職，或因懲戒休職已至二年以上者。二、曾任委任官之職至二年以上，非因懲戒休職，或因懲戒休職已至二年以上者。」第5條：「委任官除前條列舉外，以有左記資格之一者，任用之：一、曾任委任官之職，非因懲戒休職，或因懲戒休職已至二年以上者。

## 二、民元約法之銓敘局

民元約法第33條：「臨時大總統得制定官制官規，但須提交參議院議決。」有關人民應考試服公職因屬官制官規之一種，須送參議院議決，但因均未能完成立法程序，2年1月9日為使文官制度得以運作，公布文官任免執行令第1條規定：「左列各草案於其本法未公布以前，關於文官之考試任免適用之：一、文官考試法草案。二、典試委員會編制法草案。三、文官任用法草案。四、文官任用法施行法草案。五、秘書任用法草案。……」係以行政命令方式執行文官考試法草案內容。

## （一）應考試範圍

依2年1月9日「文官考試法草案」第1條：「文官考試除另有法律規定外，別為文官高等考試及文官普通考試二種，均依本法行之。」再依元年9月16日公布施行「律師暫行章程」規定，依律師考試章程考試合格者得充律師，律師考試章程以司法部部令定之。[44] 應考試範圍包括文官考試與專門職業及技術人員之律師考試，惟其權責歸屬非專屬於單一考試機關，而係由銓敘局主政文官考試，司法部負責律師考試。

## （二）應考試資格條件

1.積極條件：凡民國男子年滿21歲以上，得應文官考試。律師考試資格

---

二、應普通文官考試，而有合格證書者。三、雇員在同一官廳服務至五年以上，經普通文官考試委員之銓衡認為適任者。」第7條：「凡官吏須具有特別學術技藝者，除考試令及其他規定外，在高等官則經高等文官考試委員之銓衡，在委任官則經普通文官考試委員之銓衡，而後任之。」第8條：「凡薦任官，須由推薦者提出可以證明本人品格才能之證書。」第9條：「前條之證書，在委任官則由本人提出之。」參閱同註42，頁380-383。

[44] 政府公報第142號（元年3月19日），頁108-113。

爲中華民國人民滿20歲以上男子具相當學經歷條件，方得應試。[45]

2. 消極條件：褫奪公權尚未復權者、受禁治產及有禁治者之宣告確定後尚未有撤銷之確定裁判者、受破產之宣告確定後尚未有復權之確定裁判者、其他法律有特別規定者等四種不得應文官考試。律師考試並未明定消極應考試資格，但有二種情形不得擔任律師爲曾處徒刑以上之刑者（不包括國事犯已復權者）及受破產之宣告確定後尚未有復權之確定裁判者。

## （三）應考試其他規定

1. 考試通知：法律並未明定，但普通考試應考科目之選考規定於一個月前登報公布。

2. 考試種類：高等考試分甄錄試、初試、大試三種，甄錄試以筆試行之，初試及大試先以筆試再以口試行之。但是中等以上學校畢業或有相當資格者得免甄錄試。

3. 考試程序：高等考試初試及格者授以學習員證書由國務總理諮送各官署學習。[46] 學習期間以二年爲滿。學習員於學習期滿時，經由各該長官呈請大試（學習員呈請大試時須提出學習中之日記及關於學習所得之著作），長官受學習員之呈請認爲其學習未及格，得延長其學習期一年以下，期滿再行諮送大試。大試落第者，再由文官高等委員會決定補習期間，經由國務總理通知於各長官，責令照補習期滿再試，至第三試落第

---

[45] 元年9月16日公布律師暫行章程第3條規定：「有左列資格之一者得應律師考試：一、在國立法政學校或公私立之法政學校修正法政之學三年以上得有畢業文憑；二、在本國或外國專門學校法律法政之學二年以上有證明書者；三、在本國或外國專門學校學速成法政一年半以上得有畢業文憑者；四、在國立公立私立大學或專門學校充律師考試章程內主要科目之一之教授滿一年半者；五、曾充推事檢察官者。」參見政府公報第142號（元年9月19日），頁108-113。

[46] 考試程序之學習除於文官考試法草案規定外，另於2年1月10日訂定「文官學習規則」凡文官考試初試及格者得有學習員證書者分配中央及地方官署學習。

者不得再與試。文官普通考試及格者較爲單純，僅授以試補官證書按照其等第之高下，依文官任用法敍補。

4. 考試評定迴避：主試委員評定應試人之及第落第，並其等第無論何人不得干涉其評定權，具有主試資格者遇有親屬與試時，應先聲明迴避。

## 三、民三約法之銓敍局

　　民三約法第21條：「大總統制定官制官規。大總統任免文武職官。」由於官制官規及任免文武職官由大總統制定或決定，刪除經參議院同意之規定，所以民三約法時期之銓敍局得享有較大職權掌理考試銓敍事宜。

## （一）應考試範圍

　　4年9月30日公布文官高等考試令、文官普通考試令、司法官考試令、外交官領事官考試令，規定司法官考試與外交官領事官考試合併文官高考辦理；6年10月18日由司法部公布司法官考試令及律師考試令，規定律師考試與司法官考試得合併辦理；8年5月15日仍由司法部修正司法官考試令，同年8月27日銓敍局將原考試「令」改以考試「法」，公布文官高等考試法、文官普通考試法、外交官領事官考試法。此時，應考試範圍包括文官考試與專門職業及技術人員之律師考試，其權責並非專屬單一考試機關，分由銓敍局及業務主管機關辦理，至於專門職業及技術人員之醫師依11年3月9日公布管理醫師暫行規則規定，凡具相當學經歷者准發給醫師執照，[47] 所以專門職業及技術人員之醫師暫不經考試，而由核准方式

---

[47] 11年3月9日公布管理醫師暫行規則第3條規定：「凡年齡在二十歲以上具有左列資格之一者方准發給醫師執照：一、在國內立私立醫科大學及醫學專門學校醫科畢業領有畢業文憑經教育部准註冊或給予證書者；二、在外國官公私立醫科大學及醫學專門學校醫科畢業領有畢業文憑或領有醫術開業證書經教育部准註冊或給予證書者；三、在本規則未頒布前在外國人私立之醫學堂肄業三年以上領有畢業文憑者；四、外國人曾在各該國政府領有醫術開業證書經外交部證明認爲適於執行醫業者。」第27條規定：

取得。

## （二）應考試資格條件

1. 積極條件：中華民國男子年滿25歲及20歲以上，分別得應文官高等及文官普通考試。司法官考試及律師考試爲中華民國人民滿20歲以上男子，外交官考試並未明定年齡及性別規定，以上各考試資格均須具相當學經歷條件。[48]

2. 消極條件：4年之文官考試令規定，凡褫奪公權或停止公權尚未復權者、品行卑污被控有案查明屬實者、受破產之宣告尚未復權者、有精神病或年力衰弱者、虧欠公款或侵蝕公款者、其他法令有特別規定者，不

---

「本規則俟教育部頒布醫師藥劑師考試章程後另行修改之。」參見政府公報第2171號（11年3月19日），頁5-7。

[48] 4年文官高考令及8年文官考試法之應考試規定學經歷資格相同爲：一、本國國立大學或高等專門學校修習各項專門學科三年以上畢業得有文憑者；二、經教育部指定外國大學或高等專門學校修習各項專門學科三年以上畢業得有文憑者；三、經教育部認可本國私立大學或高等專門學校修習各項專門學科三年以上畢業得有文憑者。4年文官普通考試令及8年文官普通考試法規定亦相同爲：一、有應文官高等考試資格之一者；二、經教育部指定或認可之技術專門學校畢業得有文憑者；三、修習政治經濟法律之學與專門學校畢業有同等之學力經甄試及格者；四、曾任文職一年以上者。4年司法官考試令規定，除文官高等考試令資格外，增加經司法部甄錄試驗認以爲與法律專科三年畢業學生有同等之學力堪應司法官之考試者由司法總長咨送亦得一體考試。4年外交官領事官考試令規定爲除文官高等考試令資格外，增加本國或外國國立或私立專門以學校修習政治經濟法律各項專科或各國語言文字得有畢業文憑或證明書者。6年司法官考試令及律師考試令，應考試資格爲：一、在本國國立大學或高等專門學校修法政學科三年以上畢業得有畢業證書者；二、在外國大學或高等專門學校修法政學科三年以上畢業得有畢業證書者；三、在經教育部或司法部認可之公立私立大學或高等專門學校修法政學科三年以上畢業得有畢業證書者。四、在國立或經教育部或司法部認可之公立私立大學或專門學校教授司法官考試主要科目繼續以上經報告教育部有案者；五、在外國大學或專門學校學習達成法律法政一年半以上或在國立或經教育部或司法部認可之公立私立大學專門學校教授司法官考試主要科目繼續二年以上經報告教育部有案者。

得應試。8年文官考試法修正改為，褫奪公權或停止公權尚未復權者、受破產之宣告尚未復權者、有精神病者、虧欠公款尚未清結者、其他法令有特別規定者，不得應試，刪除品行卑污被控有案查明屬實者。至於司法官及律師考試在6年規定為，曾犯法定五等以上有期徒刑者、受禁治產或準禁治產之宣告後尚未有撤銷之確定裁判者、受破產之宣告後尚未有復權之確定裁判者、其他法令有特別規定者，不得應試。

### （三）應考試其他規定

1. 考試通知：舉行考試前應由政事堂將各官署學習員額及考試專科先行通告。
2. 考試種類：分文官高等考試及文官普通考試，文官高等考試每三年舉行一次，有必要情形時得由政事堂呈請大總統核准舉行臨時考試。文官高等考試分為四試，第一、二、三試以筆試行之，第四試以口試行之；文官普通考試分為三試，第一、二試以筆試行之，第三試以口試行之，以上高等及普通考試各試平均合取者為及格。4年司法官準用文官高等考試採四試，但6年改與律師合併辦理改為甄錄試、初試及再試。
3. 考試程序：考試及格者由大總統依文官官秩令授以上士，所有授秩人員案照所考科目分發京外各官署學習，高考學習期間以二年為限，普考以一年為限，學習期滿成績優良者經甄別試後作為候補，由政事堂銓敘局註冊備案，歸各該長官以相當職缺任用，高考薦任任用，普考委任任用。6年之司法官考試同須經學習程序，初試及格授以司法官初試及格證書依學習規則之所定分發各審判廳檢察廳或司法講習所學習，學習司法官於學習期滿後由監督長官送請再試。
4. 考試評定迴避：凡典試人員與應試人有親屬關係時，須對於該應試人之考試自行聲明迴避。

### 四、13年大元帥時期之考試院

　　13年4月18日孫中山先生以軍政府海陸軍大元帥身分對來謁委員廖仲

愷、戴傳賢等人談話：「大本營組織法制委員會之目的，法制委員會的目的，是要上緊做三件事：第一，要把現在廣東各機關的組織條例，全部拿來審查。……第二，要把一切現行的法律，全部拿來審訂。……第三，要審定法院編制和司法行政的組織。我們一個著眼在除弊，一個著眼在便民。能除弊方能確立司法的尊嚴；能便民方能完成司法的效用。至於法官和律師的考試，也是一件要緊的事情。委員會要制定考試的通則和法官律師考試的專則。」[49] 13年4月19日成立大本營法制委員會，並於同年8月26日通過考試院組織條例、考試條例及其施行細則。

## （一）應考試範圍

依考試條例第2條規定：「考試分類如左：一、薦任文官考試；二、委任文官考試；三、外交官及領事官考試；四、司法官考試；五、律師考試；六、法院書記官考試；七、薦任警官考試；八、委任警官考試；九、監獄官考試；十、中等學校教員考試；十一、小學校教員考試；十二、醫生考試；十三、其他特種考試。按考試分類宜有一定，庶辦理試政人員事前易於籌劃；而人民應試，亦得依類研求，本條之設以此。」應考試範圍確定包括文官考試與專門職業及技術人員考試，而此專門職業及技術人員有律師考試及醫生考試二類，有關權責專屬於單一考試機關之考試院。[50]

---

[49] 秦孝儀主編（1989），《國父全集》第二冊，臺北：近代中國，頁607-608。

[50] 在此期間考試院組織法制雖公布，但考試院尚未正式成立，15年5月24日公布法官考試條例，規定考試規則由司法行政委員會令定之；15年8月26日教育部令「特別考試委員會規則」；16年修正「外交官領事官考試令」係由外交部發布。是時統一規定法定由考試院主政，但考試執行則由各該部會實際負責。17年8月6日又公布駐外使館職員任用考試條例及司法官任用考試暫行條例。以上規定均為17年10月20日考試院成立前相關考試規定。

## （二）應考試資格條件

1. 積極條件：凡年滿25歲、22歲及20歲以上，分別得應醫生考試、相當高等考試（薦任文官、外交官領事官、司法官、律師、薦任警官、中等學校教員）及相當普通考試（委任文官、法院書記官、委任警官、監獄官、小學校教員）；應考資格無性別限制，各考試資格須具相當學經歷條件。[51]

---

[51] 各應考試相同部分為：一、本國國立大學或高等專門學校習各專門學科三年以上畢業者；二、經政府認可之外國大學或高等專門學校習各專門學科三年以上畢業者；三、經政府認可之本國公私立大學或高等專門學校習各專門學科三年以上畢業者。增加不同可應試部分為薦任文官：委任文官考試及格後，經在行政官署服務四年以上者；習政治、經濟、法律之學與第1款至第3款各學校畢業，有同等之學力，並有薦任以上相當資格，經考試院甄錄試驗及格。委任文官：經政府認可之技術專門學校畢業者；習政治、經濟、法律之學與專門學校畢業有同等之學力經甄錄試驗及格者；曾任委任文官一年以上者。外交部及領事官：在外國語專門學校三年以上畢業，兼習政治、經濟、法律、商業之學者。司法官及律師：在外國大學或高等專門學校習速成法政學科一年半以上畢業，曾充推事、檢察官一年以上，或曾在學校教授法政學科二年以上經報告政府有案者。法院書記官：在本國或外國大學或高等專門學校預科畢業者；在本國或外國中等以上學校畢業者；有與委任職以上相當資格，曾辦理行政或司法行政事務一年以上，或曾習法政學科一年以上者；曾辦理各級審檢廳書記官事務一年以上者。薦任警官：經政府認可之本國或外國警察學校三年以上畢業者；在本國或外國軍官學校畢業，曾在本國軍隊服務二年以上者；警官傳習所一年以上畢業，曾受委任辦理警察事務二年以上者；曾充委任警官五年以上者。委任警官：在警官傳習所畢業，或在警官傳習所相當之學校畢業者；曾充委任警官一年以上者；在中等以上學校畢業者；在警察教練所畢業，曾在警察官署服務二年以上者。監獄官：經政府認可之本國或外國監獄學校或警監學校畢業者；在本國或外國法政學校畢業者。中等學校教員：經政府認可之中等學校畢業，曾任中等以上學校教員一年以上者；曾在優級師範學校選科速成科或同等學校一年半以上畢業者；曾任中等以上學校教員五年以上者。小學校教員：曾在初級師範學校本科速成科或同等學校畢業者；經政府認可之中等學校畢業者；曾充小學校長或教員三年以上者；曾受小學校教員檢定者。醫生：本國國立醫科大學或高等醫學專門學校畢業者；經政府認可之外國醫科大學或高等醫學專門學校畢業者；經政府認可之本國公私立醫科大學或高等醫學專門學校畢業者。

2. 消極條件：褫奪公權尚未復權者、有精神病者、虧欠公款尚未清結者、吸食鴉片者、為宗教之宣教師者，不得應試。

## （三）應考試其他規定

1. 考試通知：考試日期在中央舉行者，應於四個月前由考試院公布。在各省區舉行者，應於三個月前由考試分院公布。

2. 考試種類：相當高等考試（薦任文官、外交官領事官、司法官、律師、薦任警官）每三年舉行一次，相當普通考試（委任文官、法院書記官、委任警官、監獄官）每二年舉行一次，中小學教員及醫生每一年舉行一次。考試分為第一試（筆試：國文、三民主義、五權憲法）、第二試（筆試：選定專業科目六科以上）、第三試（口試）。

3. 考試評定迴避：考試委員與應試人有親屬關係者，於口試時應聲明迴避，違者其口試無效。考試成績應由考試委員評定，無論何人不得干涉。並明定考試權獨立之精神。另考試委員及監試委員應於考試三日前遷入試場，不得與外人交通，發榜後始行遷出。

# 第四項　人民服公職權

## 一、非經應考試服公職範圍

軍政時期人民服公職方式，除經「應考試」取得，如具政務性質者、秘書或透過甄別（用）亦得以「非應考試」從事公職。其屬政務性質者，凡為相當文官最高等級得由大總統直接任用，不受文官考試資格限制，而軍政時期法律（令）規定的文官最高者有簡任官職，亦有特任官職。依元年1月30日公布「中華民國臨時政府中央行政各部及其權限」第2條及第3條規定所載任用職員分簡任、薦任、委任三等，臨時政府公報紀事「簡任員名」包括陸軍部總長兼參謀部總長黃興、司法部總長兼議和全

權大使伍廷芳、教育部總長蔡元培等人，係以簡任官任用。[52] 2年1月9日公布且施行之「文官任用法草案」將文官任用分為特任、簡任、薦任、委任等四種。3年12月15日公布「文官任職令」文官任職亦類同區別為特任職、簡任職、薦任職、委任職等，其中前三職別為高等文職，委任職為普通文職。其中4年9月30日公布「文職任用令」第1條：「凡文職之任用，除特任職及有特別任用法令者外，均依本令之規定行之。」同月日公布「簡任文職任用程序令」第1條：「凡簡任缺出，除由大總統特令任用者外，由政事堂以具有文職任用令……呈請大總統簡任之。」依「文官任職令」附「文官任職表」所定陸軍部總長、司法部總長等為特任職，銓敘局局長、司法部次長、籌備立法院事務局局長、北京大學校校長為簡任職。

其屬秘書性質者，於2年公布且施行之「秘書任用法草案」規定凡法統稱為秘書者包括秘書長而言，得不依文官任用法任用，以其官署薦任文官兼任。

其屬甄別（用）者：2年文官甄別法草案第1條：「本法適用於未經文官考試任命之官員。」甄別方法為檢驗畢業文憑、調驗經歷、檢查成績、考試經驗，經甄別合格者給與甄別合格證書依等級任用為簡任官或薦任官，以甄別合法化其任用資格。4年9月30日公布「文官甄用令」第1條：「有左列資格之一，確係經驗宏富、才堪致用者，得由保薦官切實保薦依本令甄用之……」，8年5月31日大總統令文官甄用規定原為一時權宜之計，同年起停止適用，並全面改以考試進用。[53] 同年7月「國務總理呈大總統為文官甄用令所定各項資格在各項官規未經釐訂以前擬准暫行適用文」奉准仍暫行適用。[54]

---

[52] 臨時政府公報第3號（元年1月31日），頁13-14。

[53] 8年5月31日大總統令：「查文官甄用與考試相輔並行，原為一時權宜之計，既經迭次舉行。所有合格人員登庸已廣，應自本年為始，即行停止。」參閱政府公報第1194號（8年6月1日），頁3。

[54] 政府公報第1251號（8年7月31日），頁765。

## 二、文官權利義務

　　人民服公職權既經應考試享有文官身分保障、財產上請求權、晉敘陞遷權，同時也因職務身分而有兼職行為限制之義務，對於以上非經應考試方式取得服公職機會者，除少數事項外，原則上亦同享有服公職權之權利義務。

　　在文官身分保障方面，法律規定部分於2年1月9日公布「文官保障法草案」、「文官懲戒法草案」及「文官懲戒委員會編制法草案」，其保障範圍除特任官、公使、秘書及其他法律有特別規定者外之所有文官；7年1月17日公布「文官懲戒條例」；實體規定部分，文官保障法草案針對免官、降等及休職均有特別保障，免官者，非受刑法宣告、懲戒法處分，及依據保障法不得免官。所定保障法之免官有二種，一為因自己便宜自請免官，二為因身體殘廢、精神衰弱，或年老不勝職務者；文官降等非得經其同意不得轉任同等以下之官；至於因官制變更、有官署或額缺裁廢合併者之休職，除不執行事務外，其他均與在職官無異，休職期間（簡任及薦任二年，委任為一年）內遇有相當額缺應即敘補。文官懲戒法草案規定有違背職守義務、玷污官吏身分、喪失官吏信用等情形者應受褫職、降等、減俸、申誡之懲戒處分。7年之文官懲戒條例有違背職務、廢弛職務及有失官職上之威嚴或信用等情形應受懲戒處分，除懲戒法草案原規定外增加「記過」處分。程序規定部分，保障法除自請免官外，免官處分須經懲戒委員會準用懲戒程序請求審查，並於開始前先徵取顧問醫之意見。懲戒處分須於請求懲戒時附具證據，如所送證據認為確有疑點時，得通知令提出意見書詳細答復或令其蒞會面加詢問，蒞會者須照內地川資規則發給川資。上開懲戒預備及補助事宜在中央由銓敘局辦理，在地方由省行政長官公署辦理。7年之文官懲戒條例明定特任官、簡任官、薦任官、委任官等各依懲戒程序由不同官署提出及對應之懲戒委員會審查，懲戒委員長及委員於關於自己或親屬之事件不得與議。

　　在文官財產請求權方面，元年10月16日公布中央行政官官俸法分12俸級，最高者為第1級第1號600圓，最低者為第12級第3號50圓。元年11

月2日公布技術官官俸法分14俸級，最高者為第1級技監800圓，最低者為第14級技士25圓。同年12月6日公布中央行政官官俸法細則（技術官適用），各官廳之官俸均每月26日發給，但值星期或休假日得延至假滿之次日；年功加俸得計算每年所加總額分月平均發給。7年7月17日公布司法官官俸條例分為14俸級，最高者簡任第1級600圓、最低者為薦任第14級100圓。另訂有法院書記官官俸條例、監所職員官俸法等其他官俸規定。14年7月20日國民政府制定文官俸給表分為特等、簡任一等（3級）、薦任二等（3級）、委任三等（3級）、委任四等（4級）、雇員五等（3級），最高800圓，最低15圓。16年7月13日修正為特等、簡任一等（3級）、薦任二等（4級）、委任三等（5級），最高俸給相同仍為800圓，最低者委任三等5級60圓。至於相當於退休資遣撫卹之財產權，依16年9月9日公布官吏卹金條例分為終身卹金、一次卹金、遺族卹金，其中終身卹金按其退職俸給五分之一按期給以終身。

在文官晉敘陞遷方面，中央行政官官俸法和技術官官俸法規定簡任、薦任、委任技術官受至最高級之俸滿五年以上確著功績或勤勞者得給以700圓、500圓、200圓以內之年功加俸。司法官官俸條例規定簡任為600圓、薦任為200圓以內之年功加俸。14年文官俸給表規定一等及二等者每年加俸1級，三等每年月加30元，四等每年月加15元，五等者每年月加7元（後修改為7元5角），已有按年晉敘加薪規定。

在文官兼職限制方面，2年1月9日公布官吏服務令，規定官吏應竭盡忠勤從法律命令所定以行職務，有屬官服從義務、保守業務機密、利益迴避等規定，對於限制兼職規定有三條，第13條：「凡官吏除法定外，不得兼充他官廳之職。」第20條：「官吏不得兼充公私商業執事人員。」第27條：「官吏不得兼充報館之執事人員。」有違者依情節輕重分別訓告或付懲戒。14年9月5日國民政府制定兼職條例第2條：「凡服務於政府機關人員不論等級之高下，均以專任為原則，其有不得已而兼任者，應由各該員聲述理由呈請本管官署轉呈上級機關審定之。」第4條：「凡服務於政府機關之人員而兼職者，不得兼薪。」

## 第二節　行憲前國民政府訓政時期（17年至36年）

17年10月3日中國國民黨中央常務會議通過訓政綱要：「訓政時期訓練國民使用政權，至憲政開始完成全民政治……治權之行政、立法、司法、考試、監察五項，付託於國民政府總攬而執行之，以立憲政時期民選政府之基礎。」自此孫中山先生所提《建國方略》、《國民政府建國大綱》及《三民主義》五權憲法精神，眞正落實於行憲前國民政府。17年10月8日公布中華民國國民政府組織法，同年月20日公布考試院組織法施行，由於17年五權憲法「考試權」正式設置組織，成爲「國民政府最高考試機關」，本節爰以此爲論述起點。

18年11月11日國民政府訓令：「在考試院成立以後，一切公務員之考試權，皆屬於考試院。……此後考試官吏……不屬內政範圍。」[55] 此時期各項人民應考試服公職之官制官規建置完備；之後於20年6月1日公布「中華民國政時期約法」及草擬各憲法草案版本，及至36年中華民國憲法公布施行，均相同採行五權分立政府體制架構。本節分四項，茲以五權分立制成爲憲法基礎架構、訓政時期之國家考試權組織、人民應考試權、人民服公職權說明之。

## 第一項　五權分立制成為憲法基礎架構

17年10月3日公布訓政綱要第4條：「治權之行政、立法、司法、考試、監察五項，付託於國民政府總攬而執行之，以立憲政時期民選政府之基礎。」20年6月1日公布具有憲法性質之中華民國訓政時期約法，內容規範國家領土、主權、人民基本權及政府組織。前言：「國民政府本革命之三民主義、五權憲法，以建設中華民國。既由軍政時期入於訓政時期，允宜公布約法，共同遵守，以期促成憲政，授政於民選之政府。茲謹遵創

---

[55] 國民政府第1098號訓令。參見國民政府公報第318號（18年11月13日），頁16-18。

立中華民國之中國國民黨總理遺囑，召集國民會議於首都。由國民會議制定中華民國訓政時期約法。」第32條：「行政、立法、司法、考試、監察五種治權由國民政府行使之。」上開五權分立制已於訓政約法時期正式確立，人民應考試服公職權則分列不同條文，係依法律享有之人民基本權。

有關草擬憲法工作亦如火如荼開展，25年5月5日公布「中華民國憲法草案」[56]（簡稱五五憲草）分總綱、人民之權利義務、國民大會、中央政府、地方制度、國民經濟、教育、憲法之施行及修正等八章148條。前言：「中華民國國民大會受全體國民付託，遵照創立中華民國之孫先生之遺教，制茲憲法，頒行全國，永矢咸遵。」29年4月6日國民參政會憲政期成會對五五憲草提出修正案（簡稱期成憲草）分總綱、人民之權利義務、國民大會及國民大會議政會、中央政府、地方制度、中央與地方、國民經濟、憲法之施行及修正等八章138條。以上二憲法草案版本採五權分立制。

33年5月國民參政會憲政實施協進會對五五憲草提出意見32點，其中第4點：「『非依法律不得限制』之真義，為對人民之一種保障，即不得以命令等限制之意。」[57]第8點：「總統制下之行政院院長，對總統負責，自應由總統任免。立法監察二院職權，在一般憲政國家屬於國會。五權政治下雖移入治權，其院長仍對國民大會負責，故宜由國民大會選任。司法考試偏重於技術，與政權關係較鮮，故由總統任命，而對國民大會負責。憲草有關五院院長任免各條，皆維持原案。」[58]32點意見中針對考試權並無不同意見。[59]35年1月政治協商會議對憲法草案商定修正原則，於4月完成修正草案（簡稱政協憲草）分總綱、人民之權利義務、國民大會、總統、行政權、立法、司法、考試、監察、中央與地方之權限、省縣

---

[56] 22年2月18日通過「立法院憲法草案起草委員會組織條例」由立法院院長就立法委員中指定若干人組織之，並由院長兼任憲法起草委員會委員長。

[57] 國民大會秘書處編印（1946），《國民大會實錄》，臺北：國民大會，頁274。

[58] 同註57，頁274-275。

[59] 同註57，頁274-278。

制度、選舉、基本國策、憲法之施行及修正等十四章152條。前言：「中華民國國民大會受全體國民之付託，依據孫中山先生創立中華民國之遺教，爲鞏固國權，保障民權，奠定社會安寧，增進人民福利，制定本憲法，頒行全國，永矢咸遵。」政協憲草亦採五權分立制。此草案條文最後成爲中華民國憲法通過條文文字。

## 第二項　國家考試權組織

由於訓政時期行政、立法、司法、考試、監察五權分立制係訓政時期約法及憲法草案所接受的憲法基礎架構，17年10月8日頒布中華民國國民政府組織法[60]第五章考試院計4條，第37條：「考試院爲國民政府最高考試機關，掌理考選、銓敘事宜，所有公務員均須依法律，經考試院考選、銓敘方得任用。」正式確立五權政府體制、定位考試院爲最高考試機關及考試權範圍爲考選及銓敘業務；該法第二章行政院第22條規定薦任以上行政官吏之任免，應經行政院會議議決。20年6月15日依據中華民國訓政時期約法制定公布中華民國國民政府組織法[61]第八章考試院仍計4條，除第41條考試院掌理考「選」銓敘事宜，修正文字爲考「試」銓敘事宜，餘與17年國民政府組織法內容相同，該法第五章行政院之第27條亦有相同規定，薦任以上「行政官吏」之任免，應經國務會議議決。同年12月30日修正中華民國國民政府組織法[62]第七章考試院計4條，第42條仍規定：「考試院爲國民政府最高考試機關，依法行使考試銓敘之職權。」刪除「所有

---

[60] 國民政府公報第99期（17年10月），頁12-18。

[61] 20年6月15日公布中華民國國民政府組織法十章52條，有關行政、司法院、考試院及監察院明定有向立法院提出議案權。監察委員人數29人至49人，其保障以法律定之。考試委員人數未定。

[62] 20年12月20日公布中華民國國民政府組織法九章54條，有關行政院、司法院、考試院及監察院明定有向立法院提出議案權。同時各院院長得列席立法院會議說明。監察委員人數30人至50人，其保障以法律定之。考試委員人數未定。

公務員均須依法律，經考試院考選、銓敘方得任用。」該法第四章行政院之第24條，薦任以上「行政司法官吏」之任免應經行政院會議議決。

　　訓政時期實施之約法確立五權憲法架構，考試院爲最高考試機關，17年10月20日公布考試院組織法，分爲內部行政組織及業務行政組織。關於內部行政設秘書處及參事處，前者掌理文書庶務等，後者掌理法令之撰擬與審核；關於業務行政設考選委員會與銓敘部，前者掌理文官、法官、外交官及其他公務人員及技術人員之考選，設委員長1人，委員若干人由考試院院長提請國民政府分別任免之，於舉行考試事項時，得依考試法規定調用各機關人員；[63] 後者掌理有關考取人員分類登記及公務員之審查事項，如任免、升降、轉調、資格及俸給與獎卹等，設部長1人、副部長1人。之後22年2月24日、25年10月30日、30年5月17日及30年8月21日四次修正考試院組織法，除內部行政組織修正外，主要修正法重點爲考選委員會委員人數，由原若干人於22年2月改爲5人至7人，於30年8月再改爲7人至11人，於職掌考選範圍增列關於考選各級公職候選人事項。其間歷次組織法並無考試委員設置規定。

　　在憲法草案部分，25年五五憲草係考試權範圍最廣的一部憲法草案，第83條：「考試院爲中央政府行使考試權之最高機關，掌理考試銓敘。」第85條：「左列資格應經考試院依法考選銓定之。一、公務人員任用資格。二、公職候選人資格。三、專門職業及技術人員執業資格。」[64] 針對考試權範圍增列公職候選人資格，並刪除行政院會議議決任免官吏之規定。29年期成憲草考試院職權限縮爲僅有單純考試業務，第80條：「考試權由考試院行使之，掌理考選。」第90條：「考試院應定期分區舉行高等文官考試及專門職業考試，並分省舉行普通考試。事務

---

[63] 22年2月24日修正考試院組織法第4條，將考選委員會委員人數「若干人」改爲「5人至7人」，30年8月21日再修正爲「7人至11人」。

[64] 憲法草案並未有考試委員人數，監察委員人數依第90條：「監察委員由各省、蒙古、西藏、及僑居國外國民所選出之國民代表各預選二人，提請國民大會選舉之，其人選不以國民代表爲限。」

官除法律另有規定者外，非經考試及格不得任用。」35年政協憲草考試權採折衷版本，較五五憲草少了公職候選人之銓定，較期成憲草增加廣義考試權之任用等人事相關職權，第89條：「考試院為國家行使考試權之最高機關，掌理考試、任用、銓敘、考績、薪給、陞遷、退休、養老等事項。」第90條：「考試院設考試委員若干人，由總統提名，經監察院同意任命之。考試院設院長一人，由考試委員互選之。」第91條：「公務人員選拔，應實行公開競爭之考試制度，非經考試及格者，不得任用。」第92條：「左列資格，應經考試院依法考選銓定之。一、公務人員任用資格。二、專門職業及技術人員執業資格。」上開政協憲草經校正文稿內容送立法院決議通過，再經國民大會制憲會議審查，其中修正重點為考試院職掌「薪給」改為「級俸」，並增列「保障、褒獎、撫卹」職權；考試制度「並應按省區分別規定名額，分區舉行」。至於爭議較多之考選銓定範圍是否增加「公職候選人資格」議案，雖經提案修正，但仍維持原草案，亦即考試院職掌範圍不包括公職候選人資格之考試。

綜上，訓政時期國家考試權之組織設置，依中華民國訓政時期約法業已確立五權憲法架構，於17年訓政時期即完備「考試院」組織，其考試範圍涵蓋公務人員考試、專門職業及技術人員考試，並依法掌理任免、銓敘等人事事項。雖在25年至35年憲法草擬過程有主張將考試權範圍增加公職候選人考選銓定，或者限縮考試院職權，僅職掌公務人員考試，不包括專門職業及技術人員考試及公務人員銓敘等權責。其中29年期成憲草限縮考試院職權，30年考試院組織法擴增考試院職權，35年政協憲草折衷修正條文版本，最終仍維持訓政時期初始「考試院」組織職掌。

## 第三項　人民應考試權

中華民國訓政時期約法第23條：「人民依法律有應考試之權」、第24條：「人民依法律有服公務之權」將人民服公務視為人民的權利；五五憲草第20條：「人民有依法律應考試之權」、第23條：「人民有依法律

服公務之義務」期成憲草條次變動，但條文內容相同，人民服公職改採義務說；政協憲草將二條整併成一條為第19條：「人民有應考試服公職之權」。以上人民服公職權不論是權利說或義務說，人民應考試權確為憲法層級依法享有之基本權。此時為北伐統一之訓政時期，「考試院」正式成立依法掌理考選銓敘業務，相關考試法規陸續建制，據國民政府訓令以：「……案查民國17年7月10日公布之治權行使之規律案，其第3條載，在考試院成立以後，一切公務員之考試權皆屬於考試院，其不經考試院或不遵考試法所特定之辦法而行使考試權者，以越權論，考試院不提出質詢者，以廢職論。」[65]

18年8月1日公布考試法，並於19年4月1日施行，22年2月23日及24年7月31日修正。茲就應考試範圍、應考試資格條件及其他規定，分述如下。

## 一、應考試範圍

依18年考試法規定，凡候選及任命之人員及應領證書之專門職業或技術人員，均須經中央考試定其資格，24年將候選人員名稱改為公職候選人，但範圍仍同屬須經考試始取得資格，此為範圍最廣之應考試權。所稱候選人員謂有被選舉資格之人員，任命人員謂政務官以外之簡任、薦任、委任人員，至於應領證書之專門職業或技術人員包括律師、會計師、農工礦業技師、公營事業技術人員、醫師、藥師、獸醫、化驗技士、助產士、看護士及其他法令規定應領證書之人員。由於第16條候選人員之考試及其他特種考試另以法律定之，20年3月21日制定公布特種考試法，第1條：「凡候選及任命之人員及應領證書之專門職業或技術人員，除高等考試、普通考試外，均依本法考試定其資格。」據此，考試院分別公布縣長考試

---

[65] 國民政府訓令引述自考試院27年11月26日第35號呈稱內容。參見國民政府公報渝字第106號（27年12月3日），頁15。

條例，[66] 高等考試普通行政人員、財務行政人員、教育行政人員、衛生行政人員、會計人員會計師、統計人員、外交官領事官、司法官律師、監獄官、西醫醫師、藥師、農林行政人員、建設行政人員、會計審計人員等十四種考試條例；普通考試行政人員、教育行政人員、衛生行政人員、監獄官、法院書記官、警察行政人員、農業行政人員、建設行政人員、審計人員等九種考試條例；[67] 特種考試監所看守考試條例、特種考試助產士考試條例、特種考試郵務人員考試條例、特種考試邊區行政人員、鐵道車務人員、土地測量人員；[68] 以及國民革命軍退伍軍官佐考試條例、[69] 引水人考試條例、河海航行員考試條例[70] 等數十種。另專門職業及技術人

---

[66] 在考試院24年公布縣長考試條例之前，17年10月及19年1月27日國民政府內政部令公布縣長考試暫行條例，規定在中央政府考試院未行使考試權以前由國民政府委託各省政府在各省舉行，並訂有縣長考試及格人員學習規則。

[67] 19年12月27日公布高等考試財務行政人員考試條例、高等考試教育行政人員考試條例、高等考試衛生行政人員考試條例、高等考試會計人員會計師考試條例、高等考試統計人員考試條例、高等考試外交官領事官考試條例、高等考試司法官律師考試條例、高等考試監獄官考試條例、高等考試西醫醫師考試條例、高等考試藥師考試條例、普通考試行政人員考試條例、普通考試教育行政人員考試條例、普通考試衛生行政人員考試條例、普通考試監獄官考試條例、普通考試法院書記官考試條例。20年1月8日公布高等考試普通行政人員考試條例。20年2月21日公布普通考試警察行政人員考試條例。20年4月20日公布高等考試農林行政人員考試條例。20年6月8日普通考試農業行政人員考試條例。21年10月10日普通考試建設行政人員考試條例。23年7月27日普通考試審計人員考試條例。23年9月18日高等考試建設行政人員考試條例。24年8月5日高等考試會計審計人員考試條例。

[68] 20年2月10日公布特種考試監所看守考試條例，20年3月24日公布特種考試助產士考試條例，20年6月8日公布特種考試郵務人員考試條例。24年7月31日公布特種考試邊區行政人員考試條例。26年6月3日特種考試鐵道車務人員考試條例及特種考試土地測量人員考試條例。

[69] 17年12月31日公布國民革命軍官佐考試任用條例，規定退伍軍官佐具相當學識經原直屬最高長官保薦方得應試。

[70] 引水人考試條例及河海航行員考試條例前經立法院表示無庸審議在案，國民政府考試院爰於20年3月5日以考試院令公布。

員之會計師、律師、西醫醫師及藥師於18年間與各該領域之公務人員考試合併立法，22年修法改爲分別立法；技術人員包括引水人及河海航行員。24年9月7日公布縣長考試條例規定每三年舉行一次、27年10月28日公布非常時期特種考試暫行條例、29年12月16日公布縣參議員及鄉鎮民代表候選人考試暫行條例、31年9月30日公布縣各級部人員考試條例、32年5月17日公布省縣公職候選人考試法等考試規定。再於31年9月24日公布專門職業及技術人員考試法之專法，所稱專門職業及技術人員爲律師、會計師、農業技師、工業技師、礦業技師、醫師、藥師、牙醫師、獸醫師、助產士、護士、藥劑士、河海航行員、引水人員、民用航空人員及其他依法應領證書之人員。

## 二、應考試資格條件

（一）積極條件：凡中華民國國民不分性別和不分年齡均可參加考試，中等以上學校畢業者可參加普通考試；公私立大學、獨立學院或專科學校畢業者，經普通考試及格四年後或曾任委任官相當職務三年以上者可參加高等考試。

（二）消極條件：18年考試法規定，凡有反革命行爲經證實者、褫奪公權或停止公權尚未復權者、虧空公款尚未清償者、曾因贓私處罰有案者、曾受破產宣告尚未復權者、吸用鴉片或其代用品者不得應試。22年修正刪除「有反革命行爲經證實者」不得應試規定。

## 三、應考試其他規定

（一）考試通知：有關考試種類、考試區域及地點，於考試三個月前公布。

（二）考試種類：分爲普通考試、高等考試及特種考試，普通考試於各省區或考試院所指定之區域，高等考試於首都或考試院所指定之區域每年或間年舉行一次；18年考試法規定，普通考試及高等考試分三試，第一試國文及中國國民黨黨義，第二試分科考試，第三試面試

及成績審查。22年修正分爲甄錄試、正試、面試，甄錄試不及格者，不得應正試，正試不及格者，不得應面試。24年再改爲第一、二、三試。

（三）考試程序：18年考試法雖分爲三試，但考試程序中並不包括訓練或學習，28年8月12日訂定「高等考試分爲初試再試並加以訓練辦法」規定初試合格人員經訓練期滿舉行再試，再試合格者方發給證書依法任用，其不及格者得補行訓練但以一次爲限。

（四）考試公平：24年7月31日制定公布典試法，規定典試委員會議決重點：考試日程之排定、命題標準及評閱標準之決定、擬題及閱卷之分配、應考人考試成績之審查決定、彌封姓名冊之開拆及對號、及格人員之榜示。典試委員長、試務處處長、典試委員、襄試委員及試務處職員，在典試期內，應迴避一切酬應。31年3月25日公布考選委員會受理妨害考試舉發辦法，規定人民或團體於應考人資格等情事依辦法規定舉發須詳述事實列舉證據受理。

# 第四項　人民服公職權

## 一、非經應考試服公職範圍

　　訓政時期人民服公職方式，除經「應考試」外，其非經考試服公職管道較之以往爲多。19年11月29日公布考試覆核條例第1條：「凡在國民政府統治下京內外各官署，於考試院未依照考試法舉行各種考試以前，遵照法令所舉行之各種考試，均依本條例之規定覆核之。」23年召開全國考銓會議議決案中有以擴充考試任官範圍，增進行政效率案。[71]另考試院亦於30年2月8日訂定考試院輔導委員會輔導考試及格人員就業及進修辦法，仍有考試及格人員無任公職服務機會。訓政時期人民服公職有「應考試」服公職、「應考試」無法服公職、以及更多的「非應考試」方式從事

---

[71] 國民政府公報第1630號（24年1月4日），頁130。

公職者，有關非經考試者如政務性質者，18年10月29日公布（20年7月1日施行）之公務員任用條例第2條規定：「簡任官除政務官外須就具有左列資格之一者遴任之……」，22年3月11日（22年4月1日施行）公布之公務員任用法第13條明定本法於政務官不適用之。同年月公布之施行細則第2條：「本法所稱政務官以須經中央政治會議議決任命者爲限」，再依政治會議條例第5條第5款規定，任命之官吏，爲國民政府委員、各院院長、副院長、及委員、各部部長、各委員會委員長、各省省政府委員主席、及廳長、各特別市市長、駐外大使、特使、公使、及特任、特派官吏之人員。有關國民政府及五院所屬各部各委員會政務次長副部長副委員長視爲政務官，均非經考試而服公職。

其屬秘書性質者，24年11月13日修正公務員任用法增列第14條規定，各機關秘書長及秘書不適用簡任職、薦任職、委任職之規定，亦即秘書性質不適用公務員任用考試而言。

其屬甄別聘派性質者，18年10月30日公布（原爲20年6月底截止經展期三次後於22年4月1日止）現任公務員甄別審查條例，針對現任公務員除政務官外之任用資格審查，現任公務員除前經考試及格者，如具有一定資格條件者如「對黨國有特殊勳勞或致力革命」達規定年限者，亦得經由審查合格者給與合格證書而予以原官任用。29年2月21日訂定行政院聘任人員辦法，33年4月20日制定公布聘用派用人員管理條例，所稱聘用人員，以相當於簡任或薦任職務之有給專任者；所稱派用人員，以充臨時機關之職務或屬於臨時性質或有期限之職務。聘派用人員資格標準由考試院會商主管院定之。

此外，因應國內政經環境需要，增加用人彈性，24年之公務員任用法增列曾任政務官二年者即具有簡任職公務員任用資格；及蒙藏委員會委員、僑務委員會委員屬政務職，亦不適用公務員任用法各官職任用資格限制。29年7月13日公布非常時期戰地公務員任用條例，對於戰地公務員適用法令資格確有困難者，得由該管行政長官依抗戰需要，就其職務上必要之學識經驗技能體力，擬訂任用暫行標準，分別派用。31年11月6日公布非常時期公務員任用補充辦法，擬任人員未盡合法定資格者，如其學歷經

歷與擬任職務確屬相當時，得併計年資，准予試用，試用考核優良，予以任用。

## 二、公務員權利義務

以上不論係應考試或非經考試方式取得服公職機會，在服公職權利除少數事項外，均屬相同。在公務員身分保障方面，由於考試權範圍之公務員保障法送立法院議訂，但未完成立法。當時係以國民政府訓令方式行之，20年3月6日國民政府指令：「各機關對於甄別合格之現任公務員不得任意更調無故撤換。……各機關如有因縮減事務或變更組織而須裁員者，亦應分別各員成績歷資以為去留標準。」[72] 23年12月31日國民政府指令：「應制定公務員保障法，在未制定公布施行前，各機關應切實遵照事務官不隨政務官進退，及甄別審查合格人員不得無故免職兩令辦理，請通飭各機關切實遵行，並核飭立法院議訂公務員保障法由。」[73] 35年10月25日國民政府訓令：「在保障法未公布前，並請國民政府重申迭次所頒保障事務官之前令，通飭各機關切實遵行，如再有違反法令者，並應由監察院提出彈劾，依法懲戒。」[74] 20年6月8日公布司法院主管之公務員懲戒法規定，公務員有違法、廢弛職務或其他失職行為等情形應受免職、降級、減俸、記過、申誡之懲戒處分。懲戒機關應將原送文件抄交被付懲戒人，並指定期間命其提出申辯書，於必要時，並得命其到場質詢。此規定係公務員懲戒之程序性保障。

在公務員財產請求權方面，18年8月14日公布文官俸給暫行條例，規定特任官1級800元，簡任官分6級，每級相差40元，薦任官分6級，每級相差30元，委任官分12級，前6級相差20元，後6級相差10元。22年9月23日制定暫行文官官等官俸表，規定最高特任800元1級，簡任分8級，每級相

---

[72] 國民政府公報第717號（20年3月9日），頁12。

[73] 國民政府公報第1630號（24年1月4日），頁138。

[74] 國民政府公報第2659號（35年10月26日），頁4。

差30元至40元，薦任分12級，每級相差20元，委任分16級，每級相差5元至20元（最低俸別為55元）。24年1月9日訂定簡薦委任待遇支俸辦法，提及待遇僅屬支俸問題，不涉及任用資格，惟曾受待遇者於任用時得免除試署程序並按其待遇所支俸額酌敘級俸。35年3月4日修正暫行文官官俸表，凡財政支絀，及生活程度較低地方，得由各該省市政府，就各該地方財政狀況，依照表定等級，分別酌擬實支俸額，或減成支給。

　　在公務員晉敘陞遷方面，文官俸給暫行條例針對凡在職滿一年有勞績者得酌予進級；各機關職員已進至最高級後經一年尚未陞遷者得存記遇缺先補。

　　在公務員兼職限制方面，19年3月25日國民政府訓令：「官吏兼職之限制如左：一、為求國家意志之統一，施政方針之連貫，政務官得任兼職。……二、中央官吏不得兼任地方官吏。三、各院部會官吏，不得兼任其他院部會官吏。四、各省市官吏，不得兼任其他省市官吏。五、事務官除在本機關外，不能兼職。」[75] 20年6月2日官吏服務規程第9條及第10條規定，官吏無論直接間接均不得兼營商業或公債交易所等一切投機事業；官吏除法令所定外不得兼任他項職務，其依法兼職者不得兼薪；官吏不得兼任新聞記者。28年10月23日制定公布公務員服務法第13條及第14條規定，公務員不得兼任私營商業之經理、董事長或相同之職務；公務員不得經營投機事業；公務員除法令所定外，不得兼任他項公職或業務，其依法令兼職者，不得兼薪及兼領公費。

## 第三節　行憲後考試院完整職掌考試權（36年至56年）

　　36年1月1日中華民國憲法公布，並於同年12月25日施行，前言：「中華民國國民大會受全體國民之付託，依據孫中山先生創立中華民國之

---

[75] 國民政府公報第428號（19年3月26日），頁11-12。

遺教，爲鞏固國權、保障民權、奠定社會安寧、增進人民福利，制定本憲法」，其間於憲法制定過程，雖歷經多次政治協商，最後仍以孫中山先生「五權憲法」理想爲架構，考試院正式成爲憲法機關並享有完整考試權。直至55年3月22日動員戡亂時期臨時條款第三次修訂及據此56年行政院成立「行政院人事行政局」，國家考試權與人民應考試服公職權之內容分工始有所調整。爰本節時間點以36年至56年爲期，分四項，以中華民國五權分立憲法架構、行憲後之國家考試權組織、人民應考試權、人民服公職權說明之。

## 第一項　中華民國五權分立憲法架構

中華民國憲法是中華民國的根本大法，擁有最高位階的法律權力，全文共十四章175條，主要規定五權分立的中央政府體制及地方自治制度。由於憲法制定時，國共內戰已全面爆發，國民大會因而在37年5月10日制定動員戡亂時期臨時條款，規定總統在動員戡亂時期，爲避免國家或人民遭遇緊急危難，或應付財政經濟上重大變故，得經行政院會議之決議，爲緊急處分，不受憲法第39條或第43條所規定程序限制。49年3月11日第一次修訂，凍結總統連任限制。55年2月12日第二次修訂，解除國民大會行使創制、複決權限制，並同意其設置憲政研究機構，使國大權力得以擴張。在此時期雖然政局不同以往，但在考試權之組織設計係完全依據孫中山先生初始五權憲法理想。

憲法第八章明定考試權內容，其第83條至第89條規定，考試院爲國家最高考試機關，掌理考試、任用、銓敘、考績、級俸、陞遷、保障、褒獎、撫卹、退休、養老等事項。考試院設院長、副院長各1人，考試委員若干人，由總統提名，經監察院同意任命之。考試委員須超出黨派以外，依據法律獨立行使職權。至於公務人員之選拔，應實行公開競爭之考試制度，並應按省區分別規定名額，分區舉行考試。非經考試及格者，不得任用。考試與銓定資格者包括公務人員與專門職業及技術人員執業資格。

## 第二項　國家考試權組織

考試權組織之考試院，於36年3月31日制定考試院組織法（令任命考試院院長之日起施行，37年6月24日任命張伯苓爲考試院院長）。關於內部行政組織，設秘書處、參事及人事會計統計單位，掌理文書庶務及法令撰擬與審核；關於業務行政組織，設銓敘部及考選處，其中考選處職掌範圍爲辦理考選公務人員事項及專門職業及技術人員事項。由於改爲考選處，並無考選委員，爰增設考試委員11人任期六年。但該法尚未正式施行之同年12月25日再度修正，規定考試委員由11人改爲19人，及考選處改爲考選部（職掌考選範圍並無變動）。49年11月21日修正考試院組織法增列考試委員資格應曾任考試委員聲譽卓著、曾任典試委員長而富有貢獻者、曾任大學教授十年以上聲譽卓著有專門著作者、高等考試及格二十年以上曾任簡任職滿十年，並達最高級成績卓著而有專門著作者、學識豐富，有特殊著作或發明或富有政治經驗聲譽卓著者。

## 第三項　人民應考試權

憲法施行後，37年7月21日修正公布考試法將公務人員任用考試與專門職業及技術人員執業考試合併規定於同部法律，於41年2月27日、43年12月17日及51年8月27日修正三次，其中51年屬全文修正。茲就應考試範圍、應考試資格條件及其他規定，分述如下。

### 一、應考試範圍

憲法明定應考試範圍爲公務人員與專門職業及技術人員，其中公務人員爲行政司法考試等機關事務人員、立法監察及省市縣各級民意機關事務人員、自治行政機關事務人員、公營事業人員、其他依法應經考試之公務人員；所稱專門職業及技術人員爲律師、會計師、農業技師、工業技師、礦業技師、醫師、藥劑師、牙醫師、助產士、護士、藥劑士、鑲牙生、中

醫師、河海航行人員、引水人員、民用航空人員及其他依法應領證書之人員。較之以往增列鑲牙生、中醫師，減列獸醫師。

## 二、應考試資格條件

（一）積極條件：凡中華民國國民具中等以上學校畢業者得應普通考試，專科以上學校畢業者得應高等考試，至於應考人之年齡依考試種類，另由考試院定之。51年修正新增各種考試應考人於考試舉行前，應受體格檢查，不合格者，不得應考，此體格檢查標準，由考試院按各類科性質規定。

（二）消極條件：犯刑法內亂外患罪經判決確定者、曾服公務有貪污行為經判決確定者、褫奪公權者、受禁治產之宣告者、吸用鴉片及其代用品者，至於專門職業及技術人員考試應考人，除依前項規定外，應受各該職業法所定之限制。

## 三、應考試其他規定

（一）考試通知：高普考試規定由考試院於考試日期三個月前公告，特種考試不受公告時間限制。

（二）考試種類：依37年考試法規定，公務人員與專門職業及技術人員之考試，分高等考試、普通考試兩種。遇有特殊情形時，得舉行特種考試。同年11月4日考試法施行細則規定，特種考試分為甲、乙、丙、丁四等。考試方法有二種，可分為第一試、第二試、第三試；或初試及再試，其中初試及格予以訓練，訓練期滿舉行再試，再試及格依法任用，其不及格者得補行訓練，但以一次為限。

（三）錄取名額：37年考試法規定，全國性之公務人員考試應按省區分定錄取名額，其定額比例標準，為省區人口在300萬以下者5人，人口超過300萬者，每滿100萬人增加1人。

（四）考試公平：37年12月14日制定公布典試法規定，關於考試日程之排定、命題標準及評閱標準之決定、擬題及閱卷之分配、應考人考試

成績之審查、錄取名額之決定、彌封姓名冊之開拆及對號、及格人員之榜示等由典試委員會議決。辦理考試人員，應嚴守秘密，不得徇私舞弊，潛通關節，遺漏舛錯，違者分別依法懲處。

# 第四項　人民服公職權

## 一、非經應考試服公職範圍

行憲後官制官規漸次完備，人民服公職方式除經「應考試」外，雖有其他非經考試方式從事公職，但範圍已為縮減，且相關規定均明定於38年1月1日公布公務人員任用法（並未實施），43年1月9日及51年9月1日修正二次。

其屬政務官者，明定不適用公務人員任用法之資格限制。至政務官範圍於38年公務人員任用法規定原擬以法律定之，但由於該法並未實施，自無另定政務官範圍之法律。43年及51年之公務人員任用法刪除是項規定。如以44年10月15日總統令函准考試院核復有關僑務委員是否為政務官之標準，係在組織法上定有名額，並經政府任命者，方為政務官。

其屬秘書機要者，明定各機關秘書長及主管機要之秘書得不受任用資格之限制於38年、43年、51年公務人員任用法定有明文。各該年亦訂定施行細則，於51年12月24日修正公務人員任用施行細則規定，所稱辦理機要之人員，其職稱及員額由主管機關就實際需要核定後，報送銓敘機關備查，最多以5人為限。

其他如技術人員、教育人員、公營事業人員、派用人員、聘用人員、邊遠地區特殊情形及雇員等均另以法律或規定定其進用方式。

## 二、公務人員權利義務

服公職權內涵仍以公務人員身分保障、財產上請求權、晉敘陞遷及兼職限制說明，除公務人員身分保障對於非經考試服公職者有所不同外，餘原則上均屬相同。

　　在公務人員身分保障方面，38年公務人員任用法規定，有關公務人員之保障，另以法律定之，但當時並未制定。有關公務人員身分保障，散見於各該令函如臺灣省政府函為縣市議會秘書室人員應切實依法保障，各縣市議會新當選議長不得擅自更動。考試權在公務人員保障方面並無任何功能發揮。

　　在公務人員財產請求權方面，38年之公務人員俸給法規定，公務人員之俸給分為本俸、年功俸、優遇俸三種。簡任每階3級共9級，薦任每階4級共12級，委任每階5級共15級；俸給及津貼遇有必要時，得分區加成或減成支給。43年修正公務人員俸給法，俸給改分為本俸、年功俸及加給，簡薦委任之階級數相同，但增「同委任」不分級。至於政務人員，於38年1月17日制定總統副總統及特任人員月俸公費支給暫行條例規定，特任人員、大法官、考試委員，月俸定為800元。行政院、司法院、考試院院長公費定為2,000元；行政院、司法院、考試院副院長公費定為1,000元；其他特任人員、大法官、考試委員，公費定為800元。組織法定為特派人員之月俸及公費，比照特任人員之規定。

　　在公務人員晉敘陞遷方面，依38年公務人員俸給法規定，本俸每年晉1級，支本俸最高級滿二年，晉支年功俸，年功俸每二年晉1級，支年功俸最高級滿三年，晉支優遇俸，優遇俸每三年晉1級，達最高級為止。除依考績法規停晉者外，於每年6月或12月，扣滿前項規定期間，並經考績核定時，依俸給表按級遞晉。43年之公務人員俸給法，有關晉敘部分改為經銓敘機關敘定之俸級，非依考績法及其他法律之規定，不得晉敘。

　　在公務人員兼職限制方面，36年7月11日修正公務員服務法第13條及第14條規定，公務員不得經營商業或投機事業。但投資於非屬其服務機關監督之農、工、礦、交通或新聞出版事業，為股份有限公司股東，兩合公司、股份兩合公司之有限責任股東，或非執行業務之有限公司股東，而其所有股份總額未超過其所投資公司股本總額百分之十者，不在此限。公務員非依法不得兼公營事業機關或公司代表官股之董事或監察人。公務員除法令所定外，不得兼任他項公職或業務，其依法令兼職者，不得兼薪及兼領公費。

## 第四節　動員戡亂時期調整考試權組織（56年至81年）

56年9月16日行政院成立「行政院人事行政局」，係依據55年3月22日第三次修訂之動員戡亂時期臨時條款「總統爲適應動員戡亂需要，得調整中央政府之行政機構及人事機構」規定。我國憲法36年公布施行後由於時局變動，37年5月10日制定公布動員戡亂時期臨時條款，49年3月11日及55年2月12日二次修訂，其後於55年3月22日修訂第三次，其理由爲加強統帥權行使及具有適當之機動性，據此，行政院成立動員戡亂時期之人事機構組織。56年五權憲法架構之國家考試權組織職權雖未調整，但有關原屬考試權事項之行政院所屬人事行政業務，改由考試權與行政權共同辦理，此調整對五權憲法考試權影響至爲深遠，間接導致81年第二次憲法增修條文限縮考試院職權。爰本節時間點以56年至81年爲期，分四項，以動員戡亂時期調整考試權分工、國家考試權組織、人民應考試權、人民服公職權說明之。

## 第一項　調整考試權分工

55年3月22日第三次修訂動員勘亂臨時條款，當時係由國民大會代表張知本等852人提：「擬請增訂動員戡亂時期臨時條款，授權總統得設置動員戡亂委員會，以適應反共情勢需要，完成反攻復國歷史任務。是否有當？敬請公決案。」其第2點理由：「國際情況，變幻莫測，當此反攻復國之機運益臻成熟，中央政府之行政與人事機構，爲有效執行動員戡亂業務，其編制與職權，必須具有適當之機動性，方足以增進行政效率，起用新進人才，充實戰力，隨機應變，克敵致勝。爲此我國民大會亟應授權總統，對於中央政府之行政與人事機構，得適時調整，以應動員戡亂之需要。」其間國民大會會議討論聚焦在「加強統帥權之行使」，雖未觸及「考試權」議題，但通過第5項授權總統調整中央政府之行政機構與人事機構，卻對考試權產生實質影響。61年3月23日第四次修訂，其第5項仍爲「總統爲適應動員戡亂需要，得調整中央政府之行政機構、人事機構及其

組織。」

　　56年7月27日公布行政院人事行政局組織規程，同年9月16日行政院人事行政局成立，規定統籌所屬各級行政機關及公營事業機構之人事行政，但有關人事考銓業務，並受考試院之指揮及監督。成立第一、二、三、四處共四個業務單位，究其職掌，第一處負責行政院所屬各級人事機構設置及變更；行政院所屬各級行政機關及公營事業機構內人事人員派免、遷調、考核、獎懲；戰地及收復地區人事制度之規劃及研擬；第二處負責各級行政機關組織法規及編制員額之研議及審核；行政院所屬各級機關需用人員之統籌、分發、擬議事項；第三處負責各級行政機關考績、獎懲之審核；各級行政機關公務人員職前訓練、在職訓練、工作講習、公餘進修、公費考察之規劃、擬議事項；第四處負責員工待遇、獎金及福利之規劃之擬議事項；各級行政機關公務人員退休、撫卹之規劃及核議；人事資料之調查、統計、保管及分析、運用。

　　由上56年行政院人事行政局成立之組織職掌分析可知，除第一處有關戰地及收復地區人事制度之規劃研擬事項，尚與動員勘亂臨時條款提案說明理由相符外，事實上　大部分掌理事項無涉於「加強統帥權之行使」，然對於五權憲法之「考試權」業務已然產生實質變動，部分考試權已轉移調整為行政權範圍。

## 第二項　國家考試權組織

　　56年6月19日修正公布考試院組織法，主要係擴大編制由原法定編制68人至84人，擴增為85人至118人，職權並未修正。在內部行政組織，仍設秘書處、參事及人事會計統計單位，掌理文書庶務及法令撰擬與審核；在業務行政組織，仍設考選部及銓敘部。組織法修正案於立法院法制委員會審查時，經查立法院公報會議紀錄，當時未涉及行政院人事行政局成立與權責問題之討論。

## 第三項　人民應考試權

　　57年1月15日爲符合考用合一及爲事擇人之目的，原考試法之簡薦委制與新制定「分類職位公務人員考試法」併行。考試法於57年12月12日修正，配合行政院人事行政局成立，將公務人員考試及格分發任用權責由銓敘部移出；61年2月5日放寬甲等考試應試資格增加高考及格六年可應考；69年11月24日再放寬縣長服務滿六年可應甲等特考，共計三次修正。分類職位公務人員考試法於58年8月25日、61年2月5日、67年10月27日修正三次，分別是依職系由十職等考試改爲七職等考試，再將七職等考試恢復爲十職等考試，後再將十職等考試改爲八職等考試。考試制度於75年1月產生重大變革，75年1月24日原考試法（含專門職業考試）和分類職位公務人員考試法廢止，制定公布公務人員考試法和專門職業及技術人員考試法。茲就應考試範圍、應考試資格條件及其他規定，分述如下。

## 一、應考試範圍

　　57年考試法規定應考試者爲公務人員與專門職業及技術人員。其中公務人員爲行政司法考試等機關事務人員、立法監察及省市縣各級民意機關事務人員、自治行政機關事務人員、公營事業人員、其他依法應經考試之公務人員；所稱專門職業及技術人員爲律師、會計師、建築師、農業技師、工業技師、礦業技師、醫師、藥劑師、牙醫師、護理師、醫事檢驗師、護士、助產士、藥劑士、鑲牙生、醫事檢驗生、中醫師、獸醫師、獸醫佐、驗船師、引水人員、河海航行人員、漁船船員、民用航空人員及其他依法應領證書之人員。較之以往增列建築師、護理師、醫事檢驗師、醫事檢驗生、驗船師、原減列之獸醫師恢復，並增獸醫佐。[76] 75年制定公布專門職業及技術人員考試法，有關專門職業及技術人員考試種類，由考試院會同關係院定之。依75年5月2日訂定之專門職業及技術人員考試法施

---

[76] 參閱61年5月5日考試法施行細則第2條及第3條。

行細則，規定種類與之前規定大致相同，僅將農業技師、工業技師、礦業技師改為各類技師，增加醫用放射線技術師（生），刪除鑲牙生。

## 二、應考試資格條件

（一）積極條件：在公務人員考試與專門職業及技術人員考試之應考年齡、考試類科及應試科目由考試院（或會同關係院）定之，仍有體檢及格規定，此與以往相同並無調整。惟69年修正考試法理由：各種考試應考人數日增，而被錄取者，係屬少數，故大規模考試，如規定所有應考人均應於考前體檢，似造成人力物力之浪費；復因醫療機構人手有限，體檢幾流於形式，為配合實際情形，爰將各種考試應考人之體格檢查，得視需要於報名前或考試後辦理，報名前檢查不合格者，不得報考；考試後檢查不合格者，不予錄取。

（二）消極條件：犯內亂外患罪經判決確定者、曾服公務有侵占公有財物或收受賄賂行為經判決確定者、褫奪公權尚未復權者、受禁治產之宣告尚未撤銷者、吸用鴉片或其代用品者，至於專門職業及技術人員考試應考人，除依前項規定外，應受各該職業法所定之限制。

（三）上開積極條件及消極條件，因75年制定公布之公務人員考試法與專門職業及技術人員考試法，係以原考試法為藍本，非必要變更條文外維持不變，所以應考試條件均屬相同。

## 三、應考試其他規定

（一）考試通知：依57年考試法規定，各種考試得合併或單獨舉行，舉行高等考試、普通考試時，其考試類科、區域、地點、日期等，由考試院於考試日期三個月前公告之。舉行特種考試時，由考選部於考試日期前一個月公告之。69年考試法修正，因國內交通發達，大眾傳播工具日益進步而普遍，為縮短辦理高普考試流程，爰將規定之高普考試公告期限，酌予縮短一個月。75年制定公務人員考試法再改為由考選部於考試二個月前公告之。

（二）考試種類：57年修正考試法規定，公務人員與專門職業及技術人員之考試，分高等考試、普通考試兩種。遇有高等及普通考試及格人員不足或不能適應需要時，得舉行特種考試。特種考試分為甲、乙、丙、丁四等。各種考試得分試、分區、分地舉行，其考試方式為筆試、口試、測驗、實地考試及審查著作發明等。舉行考試時並得按考試之等別、類科，酌採二種以上方式行之。除有特別規定者外，筆試概用本國文字。專門職業及技術人員考試，除適用前項規定外，並得以檢覈行之。61年5月5日考試法施行細則規定，所稱各種考試分試舉行者，得分為第一試、第二試；或第一試、第二試、第三試；或初試、再試三種。其中初試及格予以學習或訓練，學習或訓練期滿舉行，其不合格者，得補行學習或訓練，但以一次為限。

（三）考試錄取：57年考試法及75年公務人員考試法均相同規定，全國公務人員高普考試按省區分定錄取名額，其定額標準為省區人口在300萬以下者5人，人口超過300萬者，每滿100萬人增加1人。但仍得依考試成績按定額標準比例增減錄取。

（四）考試公平：57年12月12日修正公布典試法，規定辦理考試人員應嚴守秘密，不得徇私舞弊，潛通關節，遺漏舛錯，違者分別依法懲處，其因而觸犯刑法者，加重其刑至二分之一。

## 第四項　人民服公職權

### 一、非經應考試服公職範圍

動員戡亂臨時條款第三次修訂之後，人民服公職方式除經「應考試」取得外，由於人事制度強調職位分類，要求符合專業分工，相關人事制度健全，其他非經考試服公職範圍大致維持原有規模，並未擴大。政務官仍明定不適用公務人員任用法之資格限制。機要或秘書人員仍為各機關秘書長及主管機要之秘書，得不受任用資格之限制，所稱辦理機要之人

員，其職稱及員額由主管機關就實際需要核定後，報送銓敘機關備查，最多以5人為限。70年3月16日修正公務人員任用法施行細則將辦理機要之人員，限縮為擔任機要秘書及監印等職務經報銓敘機關有案者。至於技術人員、教育人員、公營事業人員、派用人員、聘用人員、邊遠地區特殊情形及雇員等均另以法律或規定亦未修正。

## 二、公務人員權利義務

服公職權內涵原則上均屬相同，分以公務人員身分保障、財產請求權、晉敘陞遷及兼職限制說明之。

在公務人員身分保障方面，國家考試權雖有保障項目，但考試院均未有法案或行政作為，公務人員之身分保障係循行政訴訟程序行之。

在公務人員財產請求權方面，56年適用原43年之公務人員俸給法規定，並配合公務職位分類法於56年6月8日公布（57年1月15日施行）分類職位公務人員俸給法，其要旨係採同工同酬計值給俸，分為本俸及年功俸，本俸分7階，年功俸分3階，最高為十四職等本俸1階800點，最低為一職等本俸1階140點，各俸點依俸給法規定折算通用貨幣發給。76年1月16日制定公務人員俸給法規定，委任分五個職等（第一職等本俸為7級，年功俸為5級，第二至五職等本俸各分5級，年功俸各分4級）；薦任分四個職等（每職等本俸各分5級，年功俸各分4級）；簡任分五個職等（第十至十二職等，本俸各分5級，年功俸各分4級，第十三職等，本俸及年功俸均分3級，第十四職等本俸為1級）。79年12月30日修正公務人員俸給法，為解決公務人員因受機關層級或職務職責程度列等之限制，以致形成久任一職，無等可升、無級可晉之情形，爰變更現行俸級結構，適度修正年功俸級數，從現行4級至5級延長為5級至6級，以利人才留用。其中委任第五職等及薦任第九職等人員，晉升薦任第六職等及簡任第十職等職務，因屬升高一官等，所需任用資格較嚴，滯留久任情形尤為嚴重，因此其年功俸級數更予延長為11級及10級，以提高士氣。政務人員部分於56年亦適用38年1月17日制定總統副總統及特任人員月俸公費支給暫行條例規定。

在公務人員晉敘陞遷方面，56年適用原43年之公務人員俸給法，有關晉敘部分改為經銓敘機關敘定之俸級，非依公務人員考績法及其他法律之規定，不得晉敘。56年6月8日制定公布（57年1月15日施行）分類職位公務人員俸給法，亦有相同規定，如經銓敘機關敘定之俸階，非依分類職位公務人員考績法規定，不得晉敘。

在公務人員兼職限制方面，56年仍適用36年7月11日之公務員服務法，公務員不得經營商業或投機事業。但投資於非屬其服務機關監督之農、工、礦、交通或新聞出版事業，為股份有限公司股東，兩合公司、股份兩合公司之有限責任股東，或非執行業務之有限公司股東，而其所有股份總額未超過其所投資公司股本總額百分之十者，不在此限。公務員非依法不得兼公營事業機關或公司代表官股之董事或監察人。公務員依法令兼職者，不得兼薪及兼領公費。

## 第五節　增修條文限縮考試院職權（81年迄今）

80年5月1日廢止動員戡亂時期臨時條款，同時通過第一次中華民國憲法增修條文計10條，分別於81年5月28日、83年8月1日、86年7月21日、88年9月15日、89年4月25日、94年6月10日共增修七次，其中第一次增修明定第2屆中央民意代表產生的法源、名額、選舉方式、選出時間及任期、賦予總統發布緊急命令的職權及得以法律規定兩岸人民權利義務關係，其中第9條規定行政院得設人事行政局，組織由法律定之；第二次增修增訂第11條至第18條條文，其中第14條限縮考試院職權，第三次增修條次為第5條，第四次改為第6條，但限縮考試院職權內容相同：「考試院為國家最高考試機關，掌理左列事項，不適用憲法第八十三條之規定：一、考試。二、公務人員之銓敘、保障、撫卹、退休。三、公務人員任免、考績、級俸、陞遷、褒獎之法制事項。」以上81年第二次增修條文限縮考試院職權，實質地影響國家考試權，更甚者於109年立法院逕自提案修正通過考試院組織法，縮減考試委員任期及人數，引發立法院與考試院間權限

爭議。本節爰以此為論述起點分四項，以限縮職權時期五權分立不平衡、國家考試權組織、人民應考試權、人民服公職權說明之。

## 第一項　五權分立不平衡

　　憲法增修條文限縮考試院職權，規定考試院原職掌部分事項不適用憲法第83條及第84條，同時第85條按省區定額考試規定停止適用。將掌理權限之考試、任用、銓敘、考績、級俸、陞遷、保障、褒獎、撫卹、退休、養老等十一事項，刪除養老一個事項，修改有關任免、考績、級俸、陞遷、褒獎等五個業務限於法制事項。是以，有關考試權行使核心範圍之任免、考績、級俸、陞遷、褒獎之非法制事項由考試權轉移行政權，由於法制事項與執行事項二者自難完全區分，此間接影響考試權獨立行使職權。相對於行政院人事行政局82年12月30日公布組織條例，第1條與考試院關係由原「有關人事考銓業務，並受考試院之指揮及監督」刪除「人事」及「指揮」改為「有關考銓業務，並受考試院之監督。」101年2月6日改制為行政院人事行政總處，與考試院關係條文維持不變仍為「有關考銓業務，並受考試院之監督。」

## 第二項　國家考試權組織

　　配合憲法增修條文，83年7月1日考試院組織法修正公布，因原憲法賦予職權中之部分執行事項轉移至行政權，爰增列規定對各機關執行有關考銓業務並有監督之權。在業務行政組織，憲法規定之公務人員保障原即為考試院掌理事項，為因應公務人員權利意識日漸抬頭之時勢發展需求，也為求健全文官制度，考試院乃於原考選、銓敘兩部之外，增設公務人員保障暨培訓委員會。內部行政組織，組織及編制員額亦重新調整，設第一、二、三組及秘書處，法定員額擴增為108人至137人。此外，業務行政組織除組織法修正時增設公務人員保障暨培訓委員會於85年6月1日成立

外，84年5月1日另分別成立公務人員退休撫卹基金管理委員會及公務人員退休撫卹基金監理委員會， 88年7月26日成立國家文官培訓所（99年3月26日更名國家文官學院），限縮職權時期之考試權組織或因憲法增修條文限縮職權，反而重新審視本即屬於考試院之公務人員保障職權，而於行憲五十年後終成立組織專責辦理。

## 第三項　人民應考試權

由於「考試」事項並不在憲法增修條文限縮權限範圍之列，應考試部分僅原憲法第85條按省區分別規定名額分區舉行考試規定停止適用，爰於85年1月17日配合修正公務人員考試法刪除是項條文。另明定任用考與資格考併行，公務人員依年度用人需求決定正額錄取人數，並得視成績酌增錄取名額列入候用名冊。90年12月26日全文修正、96年1月24日（退除役六年不得轉調）、97年1月16日（高普初一年不得轉調）、99年1月27日（增設考選業務基金）、102年1月23日（專技人員轉任）、103年1月22日（高普初三年不得轉調及特考六年不得轉調其中三年不得調離原機關）及107年11月21日（機關改名）修正。專門職業及技術人員考試法於84年1月28日迄今陸續修正十次。[77]

### 一、應考試範圍

憲法規定應考試範圍並未修正，仍爲公務人員考試與專門職業及技術人員考試，依89年7月25日修正專門職業及技術人員考試法施行細則，其範圍爲律師、民間之公證人、會計師、建築師、各科技師、醫師、中醫師、牙醫師、藥師、護理師、醫事檢驗師、護理師、營養師、物理治療

---

[77] 專門職業及技術人員考試法分別於84年1月28日、88年12月29日、89年6月14日、90年5月16日、90年11月14日、91年6月26日、99年1月27日、99年12月8日、102年1月23日、107年11月21日共計修正十次。

師、職能治療師、護士、助產士、醫事檢驗生、物理治療師、職能治療生、獸醫師、獸醫佐、引水人、驗船師、航海人員、船舶電信人員、漁船船員、消防設備師、消防設備士、社會工作師、土地登記專業代理人、不動產經紀人、專責報關人員、保險代理人、保險經紀人、保險公證人等，較之以往增加十一種。90年11月21日修正施行細則，增加臨床心理師、諮商心理師、不動產估價師、地政士、導遊人員、領隊人員等六種；91年7月26日修正施行細則，增加呼吸治療師等一種；92年10月29日修正施行細則，增加助產士一種；96年6月6日修正施行細則，增加記帳士及法醫師等二種；97年5月14日修正施行細則，增加專利師一種；99年2月3日修正施行細則，增加語言治療師、聽力師、牙體技術師及牙體技術生等四種，刪除獸醫佐一種。108年9月20日將現有之各種技師全部列表，種類合計八十二種之多。

## 二、應考試資格條件

（一）積極條件：考試等級分為高等、普通、初等三等，高考得按學歷分級舉行規定，依博士、碩士、大專院校畢業不同學歷，分別報考一、二、三級，以使具博士、碩學位者，於應公務人員高等考試時，有較公平合理的機會。高中畢業得應普通考試，初等考試不受學歷限制，凡中華民國國民，年滿18歲，符合上開學經歷資格，且無不得應考情事者，皆得報名應考。體格檢查改為彈性規定，得視需要實施，亦即係以不必體檢為原則，以體檢為例外。

（二）消極條件：原規定之消極條件為，動員戡亂時期終止後，曾犯內亂、外患罪，經判刑確定者，或通緝有案尚未結案者；曾服公務有貪污行為，經判刑確定者，或通緝有案尚未結案者；褫奪公權尚未復權者；受禁治產宣告，尚未撤銷者；曾犯煙毒罪或違反麻醉藥品之管理，經判刑確定者，或通緝有案尚未結案者。90年12月26日因「無被害人之犯罪」應予除罪化，刪除曾犯煙毒罪或違反麻醉藥品之管理，經判刑確定者；103年1月22日將「經判刑確定者」改為

「經有罪判決確定者」。

## 三、應考試其他規定

（一）考試通知：仍適用75年制定之公務人員考試法由考選部於考試二個月前公告。

（二）考試種類：公務人員各種考試得分試舉行，其分試二試，必要時得分為三試，第一試未錄取者，不得應第二試，第二試未錄取者，不得應第三試。

（三）考試程序：各等級考試正額錄取者，按錄取類科，接受訓練，訓練期滿成績及格者，發給證書，分發任用。

（四）考試錄取：以公開競爭方式，考試成績之計算，不得因身分而有特別規定，亦即按考試成績高低順序擇優錄取。至於為照顧殘障者之就業權益，得舉行特種考試。

（五）考試公平：77年11月11日制定公布之典試法，針對命題標準、評閱標準及審查標準之決定、擬題及閱卷之分配、應考人考試成績之審查、錄取標準之決定、彌封姓名冊、著作發明及有關文件密號之開拆與核對、及格人員之榜示等事項應由典試委員會決議；典試委員、命題委員、閱卷委員、審查委員、口試委員及實地考試委員，如有配偶或三親等內血親、姻親應考者，對其所應考試類科有關命題、閱卷、審查、口試、測驗、實地考試等事項，應行迴避；辦理考試人員應嚴守秘密，不得徇私舞弊、潛通關節、遺漏舛錯；違者依法懲處，其因而觸犯刑法者，加重其刑至二分之一。91年1月16日修正規定，增列參與題庫試題命擬與審查者，於報名參加該類科考試時，應主動告知考選部；104年2月4日修正增列典試委員長亦應迴避，並刪除違法懲處觸犯刑法加重其刑之規定。

## 第四項　人民服公職權

### 一、非經應考試服公職範圍

　　人民服公職方式，除經「應考試」取得外，由於人事制度簡薦委制與職位分類制併行，以及89年首次政黨輪替，相關涉及機敏性工作之公務人員進用有所調整，但其他非應考試服公職範圍仍維持原有規模。

　　其屬政務性質者，依76年1月16日制定之公務人員任用法規定：「本法於政務官不適用之。」政務官明定不適用公務人員任用法之資格限制。85年11月14日修正政務官名稱改為政務人員，其仍適用部分公務人員任用法規定者，包括第26條有關應迴避任用人員，第26條之1限制不得任用或遷調人員期間，以及第28條政務人員亦有公務人員消極資格之適用。

　　其屬秘書性質者，各機關辦理機要人員，得不受第9條任用資格限制，且須與機關長官同進退，並得隨時免職。85年12月10日修正公布公務人員任用法施行細則，所稱辦理機要人員，指擔任機要秘書及監印等職務之人員，且該職務經先報銓敘機關同意列為機要職務有案者，但仍應以機關組織法規中所列非主管且非技術性之職稱進用。各機關之秘書長或主任秘書，必要時，報經上級機關核准者，得比照機要人員進用；在人數方面，得由銓敘部按機關層次分別規定，但不得超過5人。91年1月29日修正公務人員任用法增定，各機關辦理進用機要人員時，應注意其公平性、正當性及其條件與所任職務間之適當性。各機關機要人員進用時，其員額、所任職務範圍及各職務應具之條件等規範，由考試院定之。同年6月12日訂定各機關機要人員進用辦法，規定人數放寬為各機關進用機要人員員額，最多不得超過5人，但總統府及行政院如因業務需要，其進用之機要人員員額，最多分別不得超過18人及10人。各部（會、處、局、署與同層級之機關）、安全機關、直轄市政府及縣（市）政府以外之機關，得由各主管院依機關層次、組織規模及業務性質，於2人額度內訂其機要人員員額，並送銓敘部備查。

　　其屬特殊性質者，公務人員任用法相關規定未修正仍為技術人員、教

育人員、公營事業人員、派用人員、聘用人員、邊遠地區特殊情形及雇員
等均另以法律或規定。

## 二、公務人員權利義務

　　考試院因憲定職掌保障事項之組織成立，並公布公務人員保障法，而
有所改變，茲以公務人員身分保障、財產請求權、晉敘陞遷及兼職限制說
明之。

　　在公務人員身分保障方面，85年10月16日公布公務人員保障法，凡
公務人員身分、工作條件、官職等級、俸給等有關權益均為該法保障項
目，所稱公務人員係指法定機關依法任用派用之有給專任人員及公立學校
編制內依法任用之職員，其公務人員權益之救濟，包括下列四種程序包括
復審、再復審、申訴、再申訴。公務人員之身分應予保障，非依法律不得
剝奪，基於身分之請求權，其保障亦可。公務人員經銓敘審定之官等職等
及俸級應予保障，非依法律不得變更、降級或減俸。92年5月28日修正增
列「管理措施」為保障項目，配合訴願法及行政訴訟法之規定，刪除再復
審程序，並明定對於保障事件，於復審人、再申訴人表示不服之範圍內，
不得為更不利於公務人員之決定。106年6月14日再次修正公務人員保障
法，由於憲法明定人民有服公職之權利，亦應肯定人民有不服公職之權，
爰增列公務人員之辭職，應以書面為之，除有危害國家安全之虞或法律另
有規定者外，服務機關或其上級機關不得拒絕。

　　在公務人員財產請求權方面，仍適用79年12月30日修正施行之公務
人員俸給表，僅於91年8月30日將名稱改為公務人員俸表，規定之職等及
俸級俸點相同。政務人員部分，於81年亦適用38年1月17日制定總統副總
統及特任人員月俸公費支給暫行條例規定。

　　在公務人員晉敘陞遷方面，81年適用76年之公務人員俸給法，有關
晉敘部分為公務人員本俸及年功俸之俸敘，依公務人員考績法之規定。在
同官等內高資低用，仍敘原俸級人員，考績時不再晉敘。91年8月30日由
於司法院釋字第483號解釋，認為將高職等公務人員調任較低官等或低職

等之職務時，經適用公務人員俸給法（原）第13條第2項及同法施行細則第7條規定結果，如其所敘俸級已達調任職等年功俸最高級者，考績時不再晉敘，致高資低用人員其調任雖無降級或減俸之名，但實際上則生類似降級或減俸之懲戒效果，與憲法保障人民服公職權利之意旨未盡相符。茲爲符合上開解釋意旨，對同官等調任低職等職務人員，考績不再晉敘之規定，予以適度修正，規定現職公務人員在同官等內高資低用，調任較低職等職務，仍敘原俸級者，考績時得在原銓敘審定職等俸級內晉敘，不受調任職等年功俸最高級之限制。

在公務人員兼職限制方面，81年間仍適用36年7月11日之公務員服務法，85年1月15日針對兼職部分修正，其第13條有關經商禁止規定部分，公務員不得經營商業或投機事業。但投資於非屬其服務機關監督之農、工、礦、交通或新聞出版事業，爲股份有限公司股東，兩合公司之有限責任股東，或非執行業務之有限公司股東，而其所有股份總額未超過其所投資公司股本總額百分之十者，不在此限。公務員非依法不得兼公營事業機關或公司代表官股之董事或監察人。公務員利用權力、公款或公務上之秘密消息而圖利者，依刑法第131條處斷；其他法令有特別處罰規定者，依其規定。其離職者，亦同。公務員違反第1項、第2項或第3項之規定者，應先予撤職；第14條有關兼職限制部分，公務員除法令所規定外，不得兼任他項公職或業務。其依法令兼職者，不得兼薪及兼領公費。依法令或經指派兼職者，於離去本職時，其兼職亦應同時免兼；較爲特殊之處爲新增第14條之1有關離職後兼職限制，公務員於其離職後三年內，不得擔任與其離職前五年內之職務直接相關之營利事業董事、監察人、經理、執行業務之股東或顧問。

## 第六節　小結

綜觀國家考試權百餘年間，孫中山先生民國前6年初始理想提出，民國初年四處演講鼓吹及著作立書，主張憲法明定五權分立制，五權之考試

權專屬於中央，且應以獨立機關運作，以使人民經由公平公開考試從事公職，此五權憲法理想在強調三權分立之政治環境，孫中山先生也只能感嘆除了「中華民國主權屬於全體」這條文是其個人主張，當時於軍政時期仍為三權分立體制。直至訓政時期由於北伐成功，五權憲法方成為中華民國訓政時期約法基礎架構，其後各憲法草案亦依此展開政治協商，36年以「五權」憲法架構為中華民國憲法條文而正式施行。

在國家考試權範圍修憲歷程方面，爭議最大者有二：一為公職候選人是否需要考試並由考試院職掌相關業務；一為人事銓敘工作是否亦歸屬於考試院。五五憲草採最廣考試權範圍，職掌所有公務人員、公職候選人、專門職業及技術人員之考試，以及公務人員銓敘工作，但是期成憲草卻改採最狹義考試權範圍，職掌文官考試及專門職業考試，不包括公職候選人及技術人員考試，亦不掌公務人員銓敘工作，係單純「考試」機關。由於二種完全不同的考試權職權設計均為20年間，而究其實際，考試院組織法自17年正式成立後陸續建制各類考試法制，並完成縣長考試暫行條例等數十種考試條例，對制度建制功不可沒。惟如同考試院籌備時期，首任院長戴傳賢曾說：「定一個制度，立幾項法規，是比較容易的事，不過在推行的時候，是否行得通，是不是沒阻礙，這就是一個很大的問題。」[78] 據查20年間舉行高普考試時，確實在制度與推行方面產生很大落差，依胡適於23年3月4日在《大公報》星期評論說：「考試院舉行了兩次考試大典，費了國家一百多萬元的經費，先後共考了兩百餘人。聽說至今還有不曾得著位置的，國家官吏十多萬人，都不由考試而來，只有這兩百人，由正途出身，分發則各部會沒有餘缺，外放則各省或者不用。所以考試制度，至今沒有得著國人的信仰。」[79] 侯紹文認為：「考試制度是為任用而存

---

[78] 考試院院長戴傳賢先生於18年10月中央紀念週演講〈考試院的籌備成立和五院制的運用〉。參閱考試院考銓叢書指導委員會（1984），〈考試院的籌備成立和五院制的運用講詞〉，《戴季陶先生與考銓制度》，臺北：中正書局，頁290-299。

[79] 此處胡適於21年3月4日《大公報》第二版〈公開薦舉議〉係轉引自肖如平（2008），《國民政府考試院研究》，北京：社會科學文獻出版社，頁301。

在的，應該爲任用而考試，不是爲考試而任用，考試而不任用，考試的功效，即等於零。如果照現在的考試情形，考試制度，還談不到爲考試而任用，簡直等於爲考試而考試。」[80] 35年政協憲草在如此政治氛圍下，採折衷修正版本，考試院掌理範圍爲公務人員及專技人員考試，不包括公職候選人考試，又爲使考試任用合而爲一完整制度，亦包括人事銓敘業務，以維持國家考試權合理職掌範圍，並成爲中華民國憲法於36年12月25日正式施行。惟變動時局權力起落，37年政府遷臺，百廢待舉，55年3月以「加強統帥權行使」爲由，第三次修訂動員戡亂時期臨時條款，於行政權之行政院下設人事行政局，職掌國家考試權部分權責，雖人事局組織職掌與「加強統帥權行使」並無直接關聯，然此權責調整嗣後確實直接造成81年5月憲法增修條文限縮考試院職掌，而使得動員戡亂時期臨時條款設置之人事組織完成法制化正式成爲機關組織，進而造成孫中山先生初始理想之國家考試權分屬考試院與行政院。

　　有關人民應考試權方面，在應考試範圍部分，元年起公務人員考試延續傳統選才任官方式，訂有各種考試法律（令），包括元年文官考試令、4年文官高等（普通）考試令、8年文官高等（普通）考試法、13年考試條例、18年考試法、57年分類職位公務人員考試法、75年公務人員考試法等，不論是以文官、公務員或公務人員爲名，人民應考試爲服公職主要管道，自元年迄今並未改變，亦一直爲應考試範圍；而範圍包含種類主要不同者係公職候選人考試，考試院24年訂定縣長考試條例，32年訂定省縣公職人員考試法，考試院並修正組織法將公職候選人考試列入組織職掌，存續約十年，直至35年制憲會議討論時予以刪除而確定中止；至於應考試服公職及非經考試而服公職的問題，考試院23年召開全國考銓會議，希圖「擴充考試任官範圍」，對於非經考試而服公職者，如經由18年公務人員甄別審查條例、23年公務員登記條例，凡具特別勳勞或參與革命即可取得任用資格者之進用管道予以限縮，但爲應戰亂需要，致使不得不於29

---

[80] 此處侯紹文於26年《行政研究》撰文〈現行考試制度改進芻議〉頁805所提意見係轉引自肖如平（2008），《國民政府考試院研究》，北京：社會科學文獻出版社，頁300。

年公布非常時期戰地公務員任用條例、31年公布非常時期公務員任用補充辦法，而無法事竟全功。38年行憲後遷臺，各種官制官規得以漸次完備，其中非經考試而從事公職範圍縮減，56年人事制度強調職位分類，公務職位要求專業分工，應考試範圍大致與行憲初期相當，直至89年首次政黨輪替，對於涉及機敏性工作之公務人員進用予以調整，放寬各機關機要人數，另亦擴大政務人員範圍，以致似有緊縮應考試範圍。然相反地，專門職業及技術人員應考試範圍變化甚大，於6年公布律師考試令開啓專技考試序幕，13年考試條例將律師和醫生二種專門職業併入文官考試正式納入應考試範圍，其後各界對於專門職業及技術人員執業資格至爲關注，專門職業及技術人員考試由31年立專法之十五種擴增至108年的八十二種。

　　有關人民應考試資格限制方面，在基本條件部分，元年至17年之北京政府承襲以往，針對人民應考試之性別條件不論何種職務均以男子爲限。17年考試院成立後於18年公布考試法已取消性別限制，不論男女均有相同應考試服公職之權利。在消極條件部分，4年限制品行卑污者、13年限制爲宗教之宣教師者、18年有反革命行爲經證實者均不得應試，22年考試法刪除以上規定，逐較朝向符合人民應考試權基本保障規定，至於仍有部分應考試資格限制有學者提出並不符合比例原則，容有再深入探究必要。[81]

　　有關人民服公職權方面，文官身分保障是一「從無到有」的變遷過程，銓敘局於2年即訂有「文官保障法草案」及「文官懲戒法草案」並規定文官的實體保障及程序保障，對於文官身分保障是爲先進作法。惟受限於未經立法審議通過，再者公務員懲戒係屬司法權範疇，改由司法院職掌。36年憲法第83條縱然明文規定公務人員保障係屬考試院，但仍直至85年方有公務人員保障法之公布施行。至於公務人員財產請求及晉敘陞遷

---

[81] 李以德認爲，目前國家考試法規中，有關消極應考資格之規定，有許多違憲的地方，例如曾犯內亂外患、褫奪公權尚未復權、曾犯貪污罪等不得應試，均不合差別待遇限制，實不具正當性目標。參閱李以德（2004），〈由比例原則析論我國國家考試消極應考資格規定之合憲性基礎〉，《通識研究集刊》，第6期，頁233-260。

則是自始有之，自元年起即有中央行政官官俸法及技術官官俸法等法律規定，後雖有法律名稱不同，或因政局變動而實質給付偏低或不足，但服公職者形式上均可依法支俸。此外，公務人員兼職限制部分，2年訂定官吏服務令即對於文官明定不得兼職，14年改為兼職條例，20年官吏服務規程，28年公務員服務法，對於公務員不得兼職規定始終如一，甚至日益擴大。85年修正公務員服務法擴大限制範圍，除規範現職人員外，擴及退休公務人員，其條文增訂限制公務員離職後三年內不得擔任離職前五年內之職務直接相關之職務，所以於服公職期間固享有身分保障、公法財產請求權，惟於行為規範亦有不確定之「兼職範圍」限制。

　　孫中山先生主張五權分立設置國家考試權，17年於中華民國國民政府組織法具體訂有考試院，在考試院籌備成立時，關於考試院是否設立銓敘部掌管銓敘事宜，存在著兩種意見。首任院長戴傳賢為考試院的職權僅限於文官的考試，不包括銓敘，不設立銓敘部。立法委員紐永建則提出，考試院應兼管銓敘，如不管銓敘，事權太小。最終立法院通過紐永建的提議，考試院設立了考選委員會和銓敘部，分別掌管考選與銓敘事宜。[82]行至此時，國家考試權的實踐表明，考選與銓敘相互關係與密切配合，人民應考試服公職範圍方有明確性之可能，也才能建構一個完整的人事制度；反之則否。事實將證明美國哲學家桑塔亞那（George Santayana）所言：「不記得過去歷史的人注定重蹈覆轍。」（Those who cannot remember the past, are condemned to repeat it.）[83]

---

[82] 肖如平（2008），《國民政府考試院研究》，北京：社會科學文獻出版社，頁79。

[83] Santayana, George (1905), *The Life of Reason: Reason in Common Sense*, New York: Charles Scribner's Sons, p. 284。

# CHAPTER

# 2

## 大法官解釋：不同層級的保留原則

　　憲法的抽象性自難免於發生適用上之爭議，依憲法第78條規定，司法院解釋憲法，有統一解釋法律及命令之權；司法院大法官審理案件法第2條規定，就釋憲範圍內案件，係由司法院大法官合議審理解釋，並統一解釋法律及命令，究職權實以司法院大法官爲最終且唯一有權解釋或裁判機關。學者認爲有關憲法權力分立之釋憲案與其他法律解釋並不相同，如自憲法權力分立角度，權力分立案件之解釋在於探究憲法本意，其文義、歷史與體系解釋因素具有解釋上之優越地位。[1] 然亦有學者認爲由我國司法院大法官歷年解釋觀之，一般解釋憲法方法（機關爭議案件）之解釋，可包括文義解釋、體系解釋、歷史解釋、價值解釋及歷年解釋案先例依案件性質採用之，其與三權分立國家之德國或美國於憲法解釋案並無不同。[2] 實然面，我國採五權憲法，此權力分立分權設計的複雜，造成權力間摩擦機會增加，各權力間關係甚爲複雜，[3] 憲法解釋案自有其殊異性。

　　國家考試權因涉及權力分立的憲法機關，就職掌考試權之考試院而言，其與行政、立法、司法、監察四權間釋憲案雖不多見，然因職掌內容涉及人民應考試服公職權之人民基本權，考試權組織運作與人民應考試服公職權互爲脈絡環環相扣，自38年1月6日釋字第1號解釋立法委員不得兼任官吏，至108年11月29日釋字第785號解釋公務人員訴訟權保障及勤休規定爲止，約有80餘則司法院相關考試權解釋案；上開大法官解釋國家考試權之獨特性不同於三權分立體制，依解釋內容研析有採「保留原則」作爲權力分立釋憲案件之解釋觀點，如司法院釋字第632號解釋監察委員爲「憲法保留」之法定職位，釋字第443號解釋「層級化法律保留」原則，釋字第682號解釋於討論過程提出「考試保留」，釋字第613號解釋涉及人事決定權時提出「行政保留」；再者，有學者提出我國憲法不僅肯認「行

[1] 黃錦堂（2010），〈權力分立之憲法解釋—兼評釋字第520、585、613、645號解釋〉，《法令月刊》，第61卷第9期，頁4-5。

[2] 林子儀（1996），〈憲政體制與機關爭議之釋憲方法之應用—美國聯邦最高法院審理權力分立案件之解釋方法〉，《憲政時代》，第27卷第4期，頁53。

[3] 湯德宗（2005），《權力分立新論卷二違憲審查與動態平衡》，臺北：元照，頁308。

政保留」，尚包括「考試保留」，[4]另有學者亦由大法官法律保留的解釋肯認我國憲法具有「考試保留」之可能見解，並以此探討國家考試權與人民應考試服公職權。[5]本章以大法官解釋國家考試權內容依「保留原則」類型分五節說明，分為憲法保留、法律保留、考試保留、行政保留，最後為章節小結。

## 第一節　憲法保留

「憲法保留」乃是憲法上保留某些事項，須由憲法規定或由憲法解釋加以規範，禁止中央全國各機關違反該明文規定，由於憲法保留事項非經由修憲不得變更，爰享有較高保障。我國五權憲法體制係屬獨創，除於三權分立體制外，另加考試、監察兩權，係屬原創性較高之憲法。46年5月3日司法院釋字第76號解釋於解釋民主國家國會時，曾提及我國憲法係依據孫中山先生遺教而制定，於國民大會外並建立五院，與三權分立制度本難比擬。司法院大法官歷次釋憲案如釋字第3號、第175號、第461號解釋肯認五權分治及平等相維的政府體制。本節以憲法第八章考試（第83條至第89條）、增修條文（第6條）及大法官解釋國家考試權內容，其性質屬憲法保留事項者有四項，分憲法機關地位平等、組織職權與憲定職位、獨立行使職權、公開競爭考試，說明如後。

---

4　陳淳文曾提出我國憲法不僅肯認行政保留，尚包括司法保留與考試保留之見解；李俊良亦持有相同看法。參閱陳淳文（2002），〈行政保留之比較研究—以半總統制之行政命令權為中心〉，《中研院法學期刊》，第10期，頁71；李俊良（2003），〈論我國大法官解釋中「保留」領域的劃分基準—擺盪於民主原則與專業統治之間〉，《憲政時代》，第39卷第2期，頁113-169。

5　董保城（2010），〈從大法官法律保留之解釋論國家考試權〉，《國家菁英》，第6卷第4期，頁134。

## 第一項　憲法機關地位平等

### 一、基於國家最高機關相互平等：監察院及司法院與考試院同享有法律提案權

　　41年5月21日司法院釋字第3號及71年5月25日司法院釋字第175號解釋，解釋時點相隔三十年，均基於「五權分治，平等相維」體制，分別肯認監察院及司法院關於所掌事項，得向立法院提出法律案，與憲法精神相符。就憲法明文而言，得向立法院提出法律案者僅行政院及考試院，分別規定於憲法第58條第2項：「行政院院長、各部會首長須將應行提出於立法院之法律案……於行政院會議議決之。」及第87條：「考試院關於所掌事項，得向立法院提出法律案。」至於監察院及司法院於憲法並無明文而得否具有相同向立法院提出法律案之權限，產生疑義。司法院釋字第3號解釋基於「憲法原始賦與之職權各於所掌範圍內，為國家最高機關獨立行使職權，相互平等，初無軒輊」解釋監察院得向立法院提出法律案，解釋意旨略以，我國憲法依據孫中山先生創立中華民國之遺教而制定，依憲法規定建置五院，考試院對於所掌事項，既得向立法院提出法律案，憲法對於司法、監察兩院，就所掌事項提案，無有意省略或故予排除理由，各院關於所掌事項知之較稔，得各向立法院提出法律案，於理於法均無不合。司法院釋字第175號解釋，司法院亦得向立法院提出法律案，理由係基於五權分治，彼此相維之憲政體制，司法院就所掌事項，自有向立法院提出法律案之職責。是以，司法院大法官基於國家最高機關間之相互平等，肯認憲法機關具有相同平等之地位。

### 二、基於五院相互尊重：司法、考試、監察三院院長得不列席立法院備詢

　　87年7月24日司法院釋字第461號解釋有關司法、考試、監察三院院長是否受立法院邀請列席立法院各種委員會備詢爭議，解釋理由係以憲法

雖迭經增修，其本於民意政治及責任政治之原理並無變更；憲法所設計之權力分立、平等相維原則復仍維持不變，本於五院間相互尊重立場，並依循憲政慣例，司法、考試、監察三院院長得不受立法院邀請列席備詢。

綜上，我國憲政結構為五權分立體制，大法官解釋對於五院等憲法機關間權力歷來採取權力分立與平等相維之立場，而謂為「國家最高行政、立法、司法、考試、監察機關」。雖有學者認為所稱「五權分治，平等相維」，無論是孫中山先生著作或解釋本身並未說明清楚，甚或懷疑「只是一個不具任何法規範意涵的華麗政治詞藻」，建議可參考德國學說與實務之「機關忠誠」想法，補充我國「機關平等相維」的內涵；[6] 90年1月15日司法院釋字第520號解釋蘇俊雄大法官協同意見書亦認為：「憲法忠誠的規範要求，雖未見諸憲法明文規定，但不僅為憲政制度之正常運作所必需，亦蘊含於責任政治之政治倫理，其規範性應不容置疑。」以此德國所稱的「機關忠誠」或可作為司法院歷來解釋的「機關相維」之「可操作性的憲法原則」，更重要者「以政黨鬥爭為尚，視政治妥協如無物的現階段我國而言，引進課予各機關相互扶持、尊重與體諒義務的機關忠誠原則，別具一番深遠的現實意義」。[7]

## 第二項　組織職權與憲定職位

### 一、組織職權

考試院職權明定於憲法第83條，為國家最高考試機關，依該條規定掌理考試、任用、銓敘、考績、級俸、陞遷、保障、褒獎、撫卹、退休、養老等事項，究其憲法文義係掌理完整廣義考試權之考選權、銓敘權、保障權；80年至94年經由修憲程序，於憲法增修條文第6條第1項限縮職權

---

6　引自許宗力（2007），〈權力分立與機關忠誠─以德國聯邦憲法法院裁判為中心〉，《法與國家權力（二）》，臺北：元照，頁339。

7　同註6。

規定，除仍掌理「考試」及刪除「養老」事項外，其餘職掌有關銓敘、保障、撫卹、退休事項限於公務人員，又有關任免、考績、級俸、陞遷、褒獎事項限於法制事項。另依憲法第87條規定考試院關於所掌事項，得向立法院提出法律案。以上，考試院職權明定於憲法本文及增修條文，係屬憲法保留事項。

惟上開增修條文「公務人員」一詞，因憲法其他「類似公務人員」稱謂者約有七種之多，而迭有爭議問題，其中憲法第41條總統依法任免「文武官員」、第67條立法院各種委員會得邀請「政府人員」到會備詢、第75條立法委員不得兼任「官吏」、第77條司法院掌理「公務員」懲戒、第85條「公務人員」選拔應實行公開競爭考試制度、第103條監察委員不得兼任其他「公職」、第140條現役軍人不得兼任「文官」，如此確實造成適用上疑義。依大法官解釋內容分析採最廣義解釋者為43年11月17日司法院釋字第42號解釋：「憲法第18條所稱之公職，涵蓋甚廣，凡各級民意代表、中央與地方相關之公務員，及其他依法令從事於公務者皆屬之。」採反面排除認定者，92年1月10日司法院釋字第555號解釋：「公務人員在現行公務員法制上，乃指常業文官，不含武職在內。」採依性質各自定義者，102年12月20日司法院釋字第715號解釋針對曾受刑之宣告者不得報考預備軍士官班案，於審議時曾提及「公務人員」概念混沌，於各種公務員法令立法目的及規範對象皆有別，各自所指涉公務員之概念與範圍自然有異，組成公務員定義光譜，而有各自法令定義空間。另於107年5月25日司法院釋字第764號解釋理由書更進一步說明，公務人員有各種類型，如文官與武官、政務官與事務官、常業文官與公營事業人員，各類性質不盡相同，憲法增修條文第6條第1項規定，國家固有應制定有關公務人員法律，以規範公務人員之權利義務，「惟就其內容而言，立法者原則上容有一定政策形成之空間，並得依各類公務人員性質之不同而為不同之規定。」以上，雖有不同認定標準，然以憲法位階客觀法原則，憲法增修條文第6條第1項與第7條第3項均有相同「公務人員」規定，理應為等同解釋。亦即憲法增修條文規定考試院掌理公務人員任免之法制事項與監察院對於中央地方公務人員提出彈劾案，二者之「公務人員」應採相同解釋。

## 二、憲定職位

憲法第84條規定，考試院設院長、副院長各1人，考試委員若干人，由總統提名，經「監察院」同意任命之；增修條文第6條第2項規定將同意權改爲經「立法院」同意任命，不適用憲法第84條規定。以考試院院長、副院長及考試委員之設置明定於憲法，是爲憲法保留之法定職位。

依大法官解釋有關憲法保留之法定職位，採取相同憲定職位具有相同憲定地位之見解。首先，91年4月4日司法院釋字第541號解釋大法官同意任命權釋憲案，認爲相同憲定職位應有相同人事同意權制度設計，其解釋理由書略以，司法院院長、副院長及大法官係憲法所設置，並賦予一定之職權，乃憲政體制之一環，爲維護其機制之完整，其任命程序如何，自不能無所依循。現行憲法增修條文既已將司法、考試、監察三院人事之任命程序改由總統提名，經立法院同意任命，基於憲法及其歷次增修條文之一貫意旨與其規範整體性之考量，人事同意權制度設計之民意政治原理，司法院大法官及司法院院長、副院長出缺時，其任命之程序，應由總統提名，經立法院同意任命之；再者，96年8月15日司法院釋字第632號解釋監察委員同意任命權釋憲案，提出解釋理由書略以，監察院係憲法所設置並賦予特定職權之國家憲法機關，爲維繫國家整體憲政體制正常運行不可或缺之一環，其院長、副院長與監察委員皆係憲法保留之法定職位，故確保監察院實質存續與正常運行，應屬所有憲法機關無可旁貸之職責。綜上，如參照司法院釋字第541號及第632號解釋意旨，考試院院長、副院長及考試委員既爲憲法保留之法定職位，具有憲法機關相同職位者之相同地位，且相同地須完成憲法賦予之特定職權，爲確保實質存續與正常運作，維繫國家整體憲政體制，當屬所有憲法機關之重要職責。

## 第三項　獨立行使職權

憲法第88條規定：「考試委員須超出黨派以外，依據法律獨立行使職權。」有關依據法律獨立行使職權之規定，分別於憲法第80條之法官及

增修條文第7條第5項之監察委員亦有相同規定，經梳理大法官解釋針對憲定職位「獨立行使職權」具有以下三種內涵。

## 一、任期保障及避免外力干涉

94年1月28日司法院釋字第589號解釋有關政務人員（按指監察委員）受任期保障者無月退金規定違憲案之解釋理由書略以，憲法對特定職位為維護其獨立行使職權而定有任期保障者，其職務性質與應隨政黨更迭或政策變更而進退之政務人員不同，此不僅在確保個人職位安定，更重要的意義在於藉由任期保障，使其無所瞻顧，以確保依法獨立行使職權之目的，因而對於因任期保障所取得法律上地位及所生之信賴利益，須充分保護，始不違背憲法對該職位特設任期保障之意旨。82年7月23日司法院釋字第325號解釋理由書略以，憲法設立五院分掌行政、立法、司法、考試、監察五權，均為國家最高機關，彼此職權，並經憲法予以劃分，與外國三權分立制度，本不完全相同，各國家機關獨立行使職權受憲法保障者，例如法官依據法律獨立審判，不受任何干涉，考試委員、監察委員獨立行使職權，憲法第80條、第88條、憲法增條文第15條第6項均有明文保障，其職權既應獨立行使，自必須在免於外力干涉下獨立判斷。同時87年7月24日司法院釋字第461號解釋，司法、考試、監察三院之獨立行使職權人員，基於憲政慣例得不列席立法院各委員會備詢，其解釋理由書略以，三院既得就其所掌有關事項，向立法院提出法律案，各該機關預算案並應經立法院審查，其所屬非獨立行使職權而負行政職務之人員，於提出法律案及有關預算案，依憲法規定，有應邀說明之必要；惟三院所屬獨立行使職權，不受任何干涉之人員，例如法官、考試委員及監察委員，依循憲政慣例，得不受邀請列席備詢。是以，釋字第589號解釋闡述任期保障對於獨立行使職權之意義與價值，釋字第325號解釋強調必須避免外力干涉，釋字第461號解釋提出「不受任何干涉之人員」身分，依循憲政慣例得不列席備詢，以維其獨立行使職權。

## 二、遵守憲法界限及尊重自享權限

　　93年12月15日司法院釋字第585號解釋有關真調會條例違憲案，解釋意旨揭示立法院行使職權不能違反權力分立與制衡原則，亦不得侵害其他憲法機關之權力核心範圍，或對其他憲法機關權力之行使造成實質妨礙。96年8月15日司法院釋字第632號解釋案附立法委員賴清德等89人解釋憲法聲請書指出，按權力分立目的除在防止國家機關濫權，亦在促使國家決定達到盡可能正確的境界，當憲法將權力分散以保障人民權利自由的同時，亦期待各分散權力得整合促成可運作之政府，藉由權力分離但互依，自主且互動，使得公共政策之思辯與對話可積極展開，各權力機關自須相互尊重各自享有的權限，並遵守憲法界限，不容彼此侵犯或將權限拋棄讓渡而破壞權力分立精神，任何一個國家權力如果憲法所賦予之典型任務被剝奪，抑或任一國家權力藉由侵奪其他憲法機關權限以擴張自己權力範圍，均不被容許；99年11月19日司法院釋字第682號解釋針對中醫特考有零分或專科平均或特定科目成績未達規定者不予及格釋憲案，其解釋理由書略以，憲法設考試院賦予考試權，由總統提名、經立法院同意而任命之考試委員，以合議方式獨立行使，旨在建立公平公正之考試制度，應給予適度尊重，始符憲法五權分治彼此相維之精神。

## 三、超越政治及表彰中立性

　　上開司法院釋字第632號解釋彭鳳至及余雪明大法官不同意見書指出，就憲法權限與職責之制度功能觀之，憲法獨立機關之人事任命，除貫徹憲法上權力分立與制衡之一般憲政法理外，更應維持該機關獨立性，其重要成員人事任命，應由權責機關超越政治實力抗衡，而以尊重多數、保護少數為原則，協商合作產生最適人選，始足以表彰相關人員之中立性，並維繫其獨立行使職權之正當性與公信力。

## 第四項　公開競爭考試

　　憲法第85條規定：「公務人員之選拔，應實行公開競爭之考試制度，並應按省區分別規定名額，分區舉行考試。非經考試及格者，不得任用。」增修條文第6條第3項刪除有關按省區分別規定名額，分區舉行考試之規定。上開憲法本文及增修條文明定公務人員選拔係採公開競爭考試為憲法明定，亦為憲法保留事項。

　　惟「公開競爭」所指為何？似有爭議。83年3月11日司法院釋字第341號解釋針對70年基層特考規則採分區報名、錄取、分發方式，並須在原考區內服務滿一定期間規定釋憲案，認定為考試院合憲；但該號解釋之鄭健才及張特生大法官不同意見書認為，任何考試皆為國家掄才大典，貴在公平競爭，優勝劣敗，以達「朝無倖進之徒，野無鬱抑之士」之目的。憲法增修條文停止適用分區錄取之規定，以其考試之公平形象不復扭曲。而臺灣省基層人員特種考試，在同一考試、同一類科、同一命題及評分標準下之應考人成績，竟不受同等尊重。雖謂此為配合各區用人需要之不得已措施，然考試機關之「才庫」如果充足，原無舉辦此種特種考試之必要，既舉辦矣，亦不應放棄考試之獨立立場，而形同任由用人機關自行決定錄取標準；劉鐵錚大法官不同意見書亦認為此種捨本逐末之辦法，與憲法所揭示之平等原則、公開競爭之考試理念背道而馳。以上，針對所謂「公開競爭」，於司法院大法官解釋似無明確界定，也為不確定法律概念。如以反面解釋「公開競爭考試」可稱為「非不公平」考試；102年12月20日司法院釋字第715號解釋湯德宗大法官部分協同暨部分不同意見書，或以公開競爭似可視為一種「考試程序」。此外，107年1月26日司法院釋字第760號解釋理由書亦提及，人民有依法令經由公開競爭之「考試程序」，取得擔任公職之資格，進而參與國家治理之權利。如以此觀之，大法官解釋「公開競爭考試」或可界定為是一種「考試程序」之要求。

## 第二節　法律保留

　　「法律保留」係指某些重要事項保留予法律加以規範，須由立法機關以法律予以規定，我國憲法第18條規定，人民有應考試服公職之基本權利，除依憲法第23條規定，為防止妨礙他人自由、避免緊急危難、維持社會秩序，或增進公共利益所必要者外，不得以法律限制之；茲依86年12月26日司法院釋字第443號解釋理由書，憲法所定人民之自由及權利範圍甚廣，凡不妨害社會秩序公共利益者，均受保障，惟並非一切自由及權利均無分軒輊受憲法毫無差別保障。是以，依上開釋字第443號解釋，法律保留原則雖為憲法重要原則，但基於憲法原則與制度間，仍具有折衝空間，各基本權利保護與限制，亦有產生競合或衝突之可能；再者憲法第86條考試院依「法」考選銓定資格、第88條考試委員依據「法律」獨立行使職權、第89條考試院組織以「法律」定之，亦均有憲法明定之「法律保留」規範。本節爰依大法官解釋考試權相關內容涉及法律保留原則者分四項，以人民基本權限制、考試院依法考選銓定、考試委員依法行使職權、考試院組織等說明之。

## 第一項　人民基本權限制

　　在論及人民基本權限制之前，必須先釐清憲法第18條：「人民有應考試服公職之權」是一種權利或是兩種權利的爭論。關於此爭論主張一種權利者認為，該條文中「應考試」與「服公職」間，並無頓號或逗點，其旨在保障人民有「經由公開競爭考試之程序」，以取得「公部門職位」，進而參與行使國家統治權力的權利，所以，「應考試」與「服公職」具有「手段」與「目的」的關聯，一方面，「應考試」為取得「服公職」資格，憲法第18條之「應考試服公職」權並不保障人民有為其他目的（例如為取得公費留學機會）而「應考試」（例如應公費留學考試）的權利；他方面，倘「服公職」資格無需「應考試」（公開競爭考試）即可取得者，

該公職即非憲法第18條「應考試服公職」權所保障之範圍。[8] 主張兩種權利者認為，憲法第18條所規定之應考試權為我國憲法創設之獨特基本權利，故解釋第18條之應考試權，應特別重視我國憲法架構之體系解釋。按憲法第八章定有與服公職有關之考試，但在憲法第八章考試院主持之考試，未必均與服公職有關，例如專門職業與技術人員考試即與公職無關；且服公職者亦未必均經憲法第八章之考試。依體系解釋的結果，「應考試權」與「服公職權」應為兩項獨立的權利。[9]

---

[8] 107年5月25日司法院釋字第764號解釋湯德宗大法官部分不同意見書：「本席以為憲法第18條『應考試服公職權』為一個權利（該條文中『應考試』與『服公職』間，並無頓號或逗點），而非兩個權利（『應考試權』與『服公職權』）。質言之，『應考試服公職權』旨在保障人民有『經由公開競試之程序』（所謂『應考試』），以取得『公部門職位』（所謂『服公職』），而參與行使國家統治權力的權利。『應考試』與『服公職』兩者實具有『手段』與『目的』之有機關聯。是故一方面，『應考試』既為取得『服公職』之資格，則憲法第18條之『應考試服公職』權並不保障人民有為其他目的（例如為取得公費留學機會）而『應考試』（例如應公費留學考試）的權利；他方面，『服公職』之資格倘無需『應考試』（公開競試）即可取得者，該公職即非憲法第18條『應考試服公職』權所保障之範圍。準此，經由『選舉』產生之民意代表，或經由『政治程序』（例如由總統提名，經立法院同意後任命；或由總統或行政首長直接任命）產生之政務人員，一般雖亦以『公職人員』稱之，但非『應考試服公職』權所保障之『公職』範圍。本解釋仍沿襲本院前此解釋先例，將『應考試服公職』權裂解為兩個權利，並僅稱『服公職權』，顯有未妥。」

[9] 102年12月20日司法院釋字第715號解釋羅昌發大法官協同意見書註一：「憲法第18條規定之首項問題為『應考試』與『服公職』究為兩項分別獨立之權利，抑或為兩相連結之單一權利。坊間出版之法條版本係將第18條文字列為『應考試、服公職』。顯欲以標點符號明確釐清『應考試』與『服公職』為兩項獨立權利，兩者並無必然關聯。然憲法原來版本之文字應為『應考試服公職』（見《國民政府公報》，民國36年1月1日，頁3）；在此原來文字下，產生究竟該條係賦予人民『應考試權』與『服公職權』兩個獨立權利，抑或僅係賦予『應考試以服公職』的單一權利之問題。本席認為，憲法第18條表面文義既然容有兩種解釋之可能，應參酌其他解釋方式釐清該條涵義。憲法第18條所規定之應考試權為我國憲法創設之獨特基本權利，故解釋第18條之考試權，應特別重視依據我國憲法架構之體系解釋。按憲法第八章（第83條以下）定有與

　　以上雖有一種權利或兩種權利之不同意見，然大法官解釋向採兩種權利之見解，91年5月31日司法院釋字第546號解釋定性「人民應考試服公職權」為兩種權利，並予以相關界定，其稱：「應考試之權，係指具備一定資格之人民有報考國家所舉辦公務人員任用資格暨專門職業及技術人員執業資格考試之權利；服公職之權，則指人民享有擔任依法進用或選舉產生之各種公職、貢獻能力服務公眾之權利。」以下分以人民應考試權及服公職權之限制分別說明之。

## 一、人民應考試權限制

　　「應考試權」為取得公務人員任用資格及專門職業暨技術人員執業資格之前提要件，如要限制人民應考試權應有法律予以規範，又因其同時涉及憲法第7條平等權及第15條工作權，而受多個憲法基本權保障而產生基本權競合，應同時審酌考量。依憲法第7條規定，中華民國人民，無分男女、宗教、種族、階級、黨派，在法律上一律平等，其旨在防止立法者恣意對人民為不合理的差別待遇，法規範是否符合平等權保障之要求，其判斷應取決於該法規範所以為差別待遇之目的是否合憲，其所採取之分類與規範目的之達成之間，是否存有一定程度之關聯性而定。[10] 107年1月26日司法院釋字第760號解釋理由書，鑑於應考試服公職權為廣義之參政權，涉及人民參與國家意思之形成及公務之執行，與公共生活秩序之形塑密切相關，對此權利所為之差別待遇，原則上應受較嚴格審查，除其目的

---

　　服公職有關之考試，包括第85條所規定『公務員之選拔，應實行公開競爭之考試制度』及第86條所規定『公務人員任用資格』『應經考試院依法考銓定之』。但在憲法第八章下考試院主持之考試，未必均與服公職有關（專門職業與技術人員考試即與公職無關）；且服公職者亦未必均經憲法第八章之考試（例如本件服軍職者所參與之考試，為國防部舉辦，而非憲法第八章所規定之考試，亦應非憲法第18條所規定應考試權之考試）。依體系解釋的結果，『應考試權』與『服公職權』顯然應為兩項獨立的權利。」

[10] 參見司法院釋字第682、694、701、760號解釋。

須為追求重要公益外，所採差別待遇與目的之達成間亦須有實質關聯，始與憲法保障平等權之意旨相符。

　　茲以上開應考試權可分為公務人員任用資格考試與專門職業及技術人員執業資格考試兩種，前者與服公職權與工作權競合，後者亦與工作權有競合關係。依憲法第15條所保障之工作權，大法官歷來解釋之審查基準已建立所謂「三階段理論」，即關於從事工作及職業之方法、時間、地點、對象或內容等「職業執行自由」，採取合理審查；如從事特定工作及職業之個人本身所應具備之專業能力或資格，且該等能力或資格可經由訓練培養而獲得者，所謂「選擇職業自由主觀要件」，則採取中度審查；至於對從事特定職業之條件限制，非個人努力所可達成者，所謂「選擇職業自由客觀要件」，則須採取嚴格審查。此三階段之審查基準，概已成大法官依循之解釋原則，且不論何種情形之限制，所採之手段均須與比例原則無違。[11] 102年7月31日司法院釋字第711號解釋陳新民大法官協同意見書以，憲法第18條規定人民有應考試、服公職之權，也可認為強化憲法第15條人民工作權保障以及平等權的實踐，關於選拔公務員的資格限制，固為主觀條件之限制，但關於國家招考公務員的種類與人數，則恆為客觀條件之限制。

　　由上人民應考試權與憲法平等權、服公職權及工作權競合，除同受「法律保留原則」外，尚應符合「比例原則」。據此，考試院制定公務

---

[11] 司法院釋字第634、649、659、702、711號解釋可為參照，茲以97年10月31日釋字第649號解釋為例說明之。其理由書：「又按憲法第15條規定人民之工作權應予保障，人民從事工作並有選擇職業之自由，對職業自由之限制，因其內容之差異，在憲法上有寬嚴不同之容許標準。關於從事工作之方法、時間、地點等執行職業自由，立法者為追求一般公共利益，非不得予以適當之限制。至人民選擇職業之自由，如屬應具備之主觀條件，乃指從事特定職業之個人本身所應具備之專業能力或資格，且該等能力或資格可經由訓練培養而獲得者，例如知識、學位、體能等，立法者欲對此加以限制，須有重要公共利益存在。而人民選擇職業應具備之客觀條件，係指對從事特定職業之條件限制，非個人努力所可達成，例如行業獨占制度，則應以保護特別重要之公共利益始得為之。且不論何種情形之限制，所採之手段均須與比例原則無違。」

人員考試法與專門職業及技術人員考試法，對於人民應考試權之基本條件
（身分體格）、積極條件（學歷經歷）、消極條件（褫奪公權等）有所限
制，大法官解釋內容依比例原則審查分有合憲及違憲之解釋在案。茲分別
說明之。

## （一）公務人員任用資格考試之應考試資格限制

在基本條件限制部分，亦即有關人民應考試之年齡、性別、種族等
應試資格限制，依95年11月3日司法院釋字第618號解釋，若身分限制符合
比例原則解釋合憲。司法院釋字第618號解釋為原設籍大陸地區人民設籍
臺灣地區未滿十年者可否擔任公務人員之釋憲案，其中臺北高等行政法院
第三庭釋憲聲請書認為我國文官採為事擇人公開競爭之功績體制，如未對
不同職務規定設籍年限或任職條件，未符合比例原則之最小侵害原則，顯
未就立法目的為合比例之裁量。惟解釋文基於三點理由認為該身分限制符
合比例原則，合憲。第一，兩岸目前仍處於分治與對立之狀態，且政治、
經濟與社會等體制具有重大之本質差異，為確保臺灣地區安全、民眾福祉
暨維護自由民主之憲政秩序，所為之特別規定，其目的洵屬合理正當；第
二，原設籍大陸地區人民設籍臺灣地區未滿十年者，對自由民主憲政體制
認識與其他臺灣地區人民容有差異，故對其擔任公務人員之資格與其他臺
灣地區人民予以區別對待，亦屬合理；第三，考量原設籍大陸地區人民對
自由民主憲政體制認識之差異，及融入臺灣社會需經過適應期間，且為使
原設籍大陸地區人民於擔任公務人員時普遍獲得人民對其所行使公權力之
信賴，尤需有長時間之培養，其手段仍在必要及合理範圍內。

在積極條件限制部分，依81年1月24日司法院釋字第290號解釋學經
歷限制得由立法者合理裁量。查孫中山先生主張的公職候選人應經考試取
得候選資格的問題，於36年公布施行之憲法並未規定。但考試院前於42年
訂定公職候選人檢覈規則，凡省（市）長、縣（市）長、鄉（鎮、市）長
及民意代表等公職候選人須經檢覈審查學經歷證件。司法院釋字第290號
解釋動員戡亂時期公職人員選舉罷免法有關各級民意代表候選人學經歷限
制之規定釋憲案，解釋文略以，78年2月3日修正公布之動員戡亂時期公職

人員選舉罷免法 [12] 第32條第1項有關各級民意代表候選人學經歷之限制，與憲法尚無牴觸。惟此項學經歷之限制，應隨國民教育普及加以檢討，如認為有維持必要，宜重視其實質意義，並斟酌就學有實際困難者，而為適當規定，此當由立法機關為合理之裁量。

在消極條件限制部分，依102年12月20日司法院釋字第715號解釋，應試資格限制雖為考試裁量範圍但仍須符合比例原則，該號解釋有關預備士官受刑之宣告不得報考，國家機關因選用公職人員而舉辦考選，為達鑑別並選取適當人才之目的，固非不得針對其需要而限制應考資格，此係主管機關裁量範圍，應予以尊重，然其限制仍應符合憲法第23條比例原則。同號解釋協同意見甚多，如陳新民大法官協同意見書認為公職考試的應考資格如果都可成為釋憲標的，有無符合權力分立原則，我國釋憲實務界與學術界在論及人民工作權與職業自由限制時，多半會提及「三階段論」，按各類公職人員的選拔標準，必須依照不同的職位、任務的性質等差異，而有各種各樣的需求，構成國家龐大公務員體制，每個職位為達成任務之必要，從而要求具備一定條件與資格，無法完全套入「三階段論」審查模式之中。例如考選資格中，在體格方面有甚多規定，以身高或體重的要求為例，似乎前者（身高）並非每位應考試人所能掌控，反之體重則否，故是否身高要件即應屬於客觀要件，體重則屬於主觀要件，從而對前者審查應採嚴格審查標準，而對後者則採中度審查標準乎？又以視力狀態的限制而論，又當視為主觀要件亦或客觀要件？顯見這種基於比例原則而特別在職業自由領域內形成的「三階段論」無法完全適用在公職人員的選拔程序上，以《孫子兵法》：兵者，國之大事，死生之地，存亡之道，不可不察也。另羅昌發大法官協同意見書認為釋字第715號解釋設定二項審查標準。其一為尊重主管機關裁量；其二為憲法第23條所設之原則；但在憲法第23條之外設有「尊重主管機關裁量」，並無憲法依據。

---

[12] 80年8月2日「動員戡亂時期公職人員選舉罷免法」名稱修正為「公職人員選舉罷免法」，89年11月刪除公職候選人學經歷規定之法源依據後已停止辦理。

## （二）專門職業及技術人員執業資格考試之應考試資格限制

　　在基本條件限制部分，依89年7月20日司法院釋字第510號解釋，有關體格限制若係基於公益且符合比例原則，為合憲解釋。該號解釋為航空人員體格檢查標準限制之釋憲案，其解釋文認為，憲法第15條規定人民工作權固應予以保障，人民從事工作亦有選擇職業之自由。惟對於工作與公共利益密切相關者，對於從事工作之方式及必備之資格或其他要件，於符合憲法第23條比例原則之限度內，得以法律或視工作權限制之性質，以有法律明確授權之命令加以規範。由於「航空人員體格檢查標準」規定，航空人員之體格，不合該標準者，應予不及格，係為維護公眾利益，而就職業選擇自由個人應具備條件所為之限制，非涉裁罰性之處分，於憲法保障人民工作權之規定亦無牴觸。換言之，人民應考試權基本條件之限制，如基於公益目的符合比例原則之限度內，可以法律或授權明確之命令予以限制。

　　在積極條件限制部分，依106年7月7日司法院釋字第750解釋得基於執業特殊需要對於外國學歷予以限制。該號解釋外國學歷應牙醫師考試者須在主管機關認可之醫療機構完成臨床實作訓練規定釋憲案，解釋理由書以，涉及人民工作權或應考試權之限制者，應由法律加以規定，如以法律授權主管機關發布命令為補充規定時，其授權應符合具體明確之原則；若僅屬於執行法律之細節性、技術性次要事項，則得由主管機關發布命令為必要之規範，雖因而對人民產生不便或輕微影響，尚非憲法所不許。由於醫師（含牙醫師）屬專門職業人員，其執業應依專門職業及技術人員考試法規定，以考試定其資格。88年12月29日修正公布之專門職業及技術人員考試法第14條授權考選部報請考試院於考試規則中訂定各分類、分科考試之應考資格，則考試院於訂定分試、分類、分科應考資格時，自得採酌各執業管理法規所定特殊資格，而醫師法規定「實習期滿成績及格」為應醫師考試資格之要件，醫師法施行細則依據母法授權規定實習內容包括臨床實作訓練，此攸關醫師之專業能力及醫療品質，所為執行法律之細節性、技術性次要事項，由中央衛生主管機關以命令為必要規範，未逾越法律授

權之範圍或增加母法所無之限制。

## 二、人民服公職權限制

　　人民服公職權在進入公職之前與應考試權競合，在進入公職之後，因公務人員依法銓敘取得官等俸級，基於憲法基本權而受制度性保障，非依法不得限制。

## （一）公務人員任用資格限制

　　人民服公職基本權非依法律不得限制，有關任用條件限制於公務人員任用法第28條第1項定有明文，其中不得任用者有10款規定：「一、未具或喪失中華民國國籍。二、具中華民國國籍兼具外國國籍。但其他法律另有規定者，不在此限。三、動員戡亂時期終止後，曾犯內亂罪、外患罪，經有罪判決確定或通緝有案尚未結案。四、曾服公務有貪污行為，經有罪判決確定或通緝有案尚未結案。五、犯前二款以外之罪，判處有期徒刑以上之刑確定，尚未執行或執行未畢。但受緩刑宣告者，不在此限。六、曾受免除職務懲戒處分。七、依法停止任用。八、褫奪公權尚未復權。九、經原住民族特種考試及格，而未具或喪失原住民身分。但具有其他考試及格資格者，得以該考試及格資格任用之。十、受監護或輔助宣告，尚未撤銷。」至於公務人員任用後發現者有不得任用情事者，則依各款規定分有「免職」、「辦理退休或資遣」、「撤銷任用」三種處理方式；符合人民服公職權限制之法律保留原則。司法院曾針對雙重國籍者限制擔任公務人員職務合乎比例原則及緩刑宣告解釋如後。

1. 雙重國籍問題：107年10月5日司法院釋字第768號解釋兼具外國國籍者不得擔任以公務人員身分任用之公立醫療機構醫師釋憲案，解釋理由書略以，依公務人員任用法任用之公務人員，屬憲法第18條人民有服公職權之公職範圍，其代表國家履行公共任務，與國家恆處於特別緊密的忠誠、信任關係，因此國家就兼具外國國籍者是否適於擔任公務人員，應有較大裁量空間。其限制之目的如屬正當，且其手段與目的之達成間

具有合理關聯，即不至於違反比例原則。限制兼具外國國籍者擔任公務人員，已任用者應予免職，有維護國家與公務人員間之忠誠與信任關係之考量，目的洵屬正當。其限制兼具外國國籍者擔任公務人員之手段亦非顯然恣意，難謂其與該目的之達成間，無合理關聯；並未牴觸憲法第18條保障人民服公職權之意旨。

2. 緩刑宣告問題：針對公務人員有貪污行為，經判決確定受緩刑宣告者，是否得為公務人員任用釋憲案，司法院大法官曾有3號解釋，分別於44年11月21日司法院釋字第56號解釋，公務員被判褫奪公權，而其主刑經宣告緩刑者，在緩刑期內，除別有他項消極資格之限制外，非不得充任公務員；45年11月2日司法院釋字第66號解釋，曾服公務而有貪污行為，經判決確定者，雖受緩刑之宣告，仍須俟緩刑期滿而緩刑之宣告並未撤銷時，始得應任何考試或任為公務人員；58年9月5日司法院釋字第127號解釋，公務人員犯貪污罪，緩刑期滿，緩刑之宣告未經撤銷，或犯他罪，刑期執行完畢始被發覺者，均仍應予免職。綜上，公務人員曾服公務而有貪污行為，經判決確定者，並同時諭知緩刑，須俟緩刑期滿，而緩刑之宣告未經撤銷者，始得再任公職。

## （二）公務人員權利保障限制

　　人民依憲法固有服公職之權，惟當取得公務人員任用資格依法銓敘取得官等俸級後，因與公行政形成特別密切的特殊權力支配關係，而此關係強調行政主體的優越性與受支配者的服從性，在此關係之下具有該等身分或地位者不得主張享有基本權，也不得向法院救濟，排除法律保留原則之適用，此為傳統的特別權力關係。[13]「特別權力關係」一詞雖未見諸憲法明文，但卻迸否定具有人民身分之公務人員之基本權或於訴訟權上之

---

[13] 吳庚提出特別權力關係源自於德國，繼之日本全盤接受，並將特別權力關係事項擴而大之，昔日我國學者直接受日本，間接受德國影響，此一概念支配我國逾五十年，直到60年代中期始有懷疑論出現。參閱吳庚（2008），《行政法之理論與實用》增訂十版，臺北：自版，頁220-225。

主體適格性。大法官解釋自73年5月18日司法院釋字第187號解釋[14]開始迄今，公務人員與國家關係漸由「特別權力關係」發展至「公法上職務關係」，更甚者發展為「有權利即有救濟」之關係。

　　首先，在釋字第187號解釋之前，曾於51年2月28日司法院釋字第95號解釋，林紀東大法官不同意見書，提及「特別權力關係」理論。其論及依特別權力關係理論，國家對於基於其任意承諾成立特別權力關係，而違反特別權力關係秩序者，原可加以懲戒，毋俟法律特別規定。惟各國為保障公務員身分，關於公務員懲戒以法律定之，以限制懲戒權發動；換言之，公務人員與國家關係應該並非傳統特別權力關係而應該仍有「法律保留原則」之適用。繼之，釋字第187號解釋，首次針對公務員未獲發給退職金證明事由，認為憲法或法律所保障之公務員權利，因主管機關之違法或不當之行政處分，致受損害時，得循行政或司法程序尋求救濟；75年1月3日司法院釋字第201號解釋[15]與釋字第187號解釋採取相同見解認為，

---

[14] 73年5月18日司法院釋字第187號解釋理由書：「此項權利，間因其具有公務員身分而有所差別，如公務員關於其職務之執行，有遵守法律，服從長官命令之義務，除長官所發命令顯然違背法令或超出其監督範圍外，下屬公務員縱有不服，亦僅得向該長官陳述意見，要無援引訴願法提起訴願之餘地。從而除有此類特殊情形外，憲法或法律所保障之公務員權利，因主管機關之違法或不當之行政處分，致受損害時，尚非均不得循行政或司法程序尋求救濟。公務人員依法辦理退休請領退休金，乃行使法律基於憲法規定所賦予之權利，應受保障。其向原服務機關請求核發服務年資或未領退休金、退職金之證明，未獲發給者，在程序上非不得依法提起訴願或行政訴訟。」

[15] 75年1月3日司法院釋字第201號解釋理由書：「按公務人員依法辦理退休請領退休金，乃行使法律基於憲法規定所賦予之權利，應受保障，如有爭議，在程序上非不得依法提起訴願或行政訴訟。本院院字第339號及院字第1285號解釋有關部分，應予變更；行政法院50年判字第98號判例，與此意旨不合部分，應不再援用等事項，經本院釋字第187號解釋予以闡釋在案。行政法院53年判字第229號判例前段所稱：『公務員以公務員身分受行政處分，純屬行政範圍，非以人民身分因官署處分受損害者可比，不能按照訴願程序提起訴願』等語，未就因公務人員身分所受行政處分之內容分別論斷，涵義過廣，與上開解釋意旨不符部分，於該解釋公布後，依本院釋字第185號解釋，當然失其效力。至上開判例，有關軍人申請停役退伍事件部分，並未涉及公務人員依法辦理退休請領退休金，與本件聲請意旨無關，不在解釋範圍。」

公務人員依法辦理退休請領退休金，乃行使法律基於憲法規定所賦予之權利，應受保障，如有爭議，在程序上非不得依法提起訴願或行政訴訟。

　　較具代表性的是78年7月19日司法院釋字第243號解釋[16]，其以國家對公務員所採措施「是否改變公務員之身分關係」為區分標準，決定相對人是否能提起訴訟請求救濟，如受免職處分因身分改變可提請救濟，但記大過之處分因未改變公務員身分，則不得提請救濟；更進者於81年6月12日司法院釋字第298號解釋[17]除延續釋字第243號解釋，針對足以改變公務員身分者外，採取「重大影響說」，對於公務員有重大影響之懲戒處分，亦得就原處分是否違法或不當提請救濟；82年6月18日司法院釋字第323號解釋[18]，對人事主管機關所為不合格或降低官等之任用審查不服，

---

[16] 78年7月19日司法院釋字第243號解釋理由書：「中央或地方機關依公務人員考績法或公立學校教職員成績考核辦法，對公務員所為之免職處分，直接影響其憲法所保障服公職之權利，在相關法律修正前，受處分之公務員自得行使憲法第16條訴願及訴訟之權，於最後請求司法機關救濟。受免職處分之公務員已依法向該管機關申請復審及向銓敘機關申請再復審，或以類此之程序謀求救濟者，相當於業經訴願、再訴願程序，如仍認為原處分、再復審核定或類似之決定違法損害其權利，應許其提起行政訴訟，方符有權利即有救濟之法理。行政法院51年判字第398號判例、53年判字第229號判例、54年裁字第19號判例、57年判字第414號判例均未分別行政處分之內容，一概限制公務員依法提起訴願及行政訴訟之權利，上開各判例與前述意旨不符部分，應不再援用。至依公務人員考績法僅記大過之處分，並未改變公務員之身分關係，不直接影響人民服公職之權利，上開各判例不許其以訴訟請求救濟，與憲法尚無抵觸。」

[17] 81年6月12日司法院釋字第298號解釋文：「憲法第77條規定，公務員之懲戒屬司法院掌理事項。此項懲戒得視其性質於合理範圍內以法律規定由其長官為之。但關於足以改變公務員身分或對於公務員有重大影響之懲戒處分，受處分人得向掌理懲戒事項之司法機關聲明不服，由該司法機關就原處分是否違法或不當加以審查，以資救濟。有關法律，應依上述意旨修正之。本院釋字第243號解釋應予補充。至該號解釋，許受免職處分之公務員提起行政訴訟，係指受處分人於有關公務員懲戒及考績之法律修正前，得請求司法救濟而言。」

[18] 82年6月18日司法院釋字第323號解釋文：「各機關擬任之公務人員，經人事主管機關任用審查，認為不合格或降低原擬任之官等者，於其憲法所保障服公職之權利有重大影響，如經依法定程序申請復審，對復審決定仍有不服時，自得依法提起訴願或行政訴訟，以謀求救濟。」

得提行政爭訟；83年2月25日司法院釋字第338號解釋[19]，公務員對級俸審定有爭執時得提行政爭訟，均重申「重大影響說」見解。上開釋字第243號解釋之大法官不同意見另涉及考試權相關內容，鄭健才大法官一部不同意見書提及，五權憲法有其獨特權力分配設計，對於行政機關用人之憲法牽制，非法律所能改變。除有司法牽制行政，而另立考試牽制行政之模式；李志鵬大法官不同意見書亦提及，如依三權憲法國家理論，以司法權制衡中央及地方機關之考績權，非僅從根本動搖現行人事制度，且澈底剝奪考試院法定職權。由上觀之，有關公務人員身分保障合理範圍，同時涉及用人機關較多的行政院、職掌訴訟權的司法院，以及職掌人事行政法制權的考試院三者之間權限爭議。

　　85年2月2日釋字第395號[20]及第396號解釋[21]公布後，公務人員與國家之關係已由傳統特別權力關係改為「公法上職務關係」，對於受支配人

---

[19] 83年2月25日司法院釋字第338號解釋文：「主管機關對公務人員任用資格審查，認為不合格或降低原擬任之官等者，於其憲法所保障服公職之權利有重大影響，公務員如有不服，得依法提起訴願及行政訴訟，業經本院釋字第323號解釋釋示在案。」

[20] 85年2月2日司法院釋字第395號解釋理由書：「憲法第16條規定人民有訴訟之權，旨在確保人民有依法定程序提起訴訟及受公平審判之權益。至於訴訟救濟應循之相關程序，則由立法機關衡量訴訟性質以法律妥為合理之規定，而有憲法第23條法律保留原則之適用。公務員憲法上保障之權利，雖基於公法上之職務關係，在其職務上服從義務範圍內，受有相當之限制。惟除此情形外，公務員因權益受損害而尋求法律救濟之權，如有必要加以限制時，應以法律為之，尚不得以『案例』為逾越法律之限制。」

[21] 85年2月2日司法院釋字第396號解釋文：「憲法第16條規定人民有訴訟之權，惟保障訴訟權之審級制度，得由立法機關視各種訴訟案件之性質定之。公務員因公法上職務關係而有違法失職之行為，應受懲戒處分者，憲法明定為司法權之範圍；公務員懲戒委員會對懲戒案件之議決，公務員懲戒法雖規定為終局之決定，然尚不得因其未設通常上訴救濟制度，即謂與憲法第16條有所違背。懲戒處分影響憲法上人民服公職之權利，懲戒機關之成員既屬憲法上之法官，依憲法第82條及本院釋字第162號解釋意旨，則其機關應採法院之體制，且懲戒案件之審議，亦應本正當法律程序之原則，對被付懲戒人予以充分之程序保障，例如採取直接審理、言詞辯論、對審及辯護制度，並予以被付懲戒人最後陳述之機會等，以貫徹憲法第16條保障人民訴訟權之本旨。」

仍應予以充分程序保障，例如於訴訟時採取直接審理、言詞辯論、對審理及辯護制度，並予以最後陳述的機會等。直至108年11月29日司法院釋字第785號解釋[22]公務人員訴訟權保障及外勤消防人員勤休方式與超勤補償釋憲案時，揚棄「重大影響說」，發展為公務人員與國家之公法上職務關係，得基於「有權利即有救濟」原則，提請行政爭訟，其人民訴訟權不因其公務人員身分之不同而被剝奪，傳統特別權力關係桎梏下的公務人員，與一般國民相同，同等應享有憲法保障的訴訟救濟權。觀之釋字第785號解釋見解前於97年12月26日釋字第653號解釋，於許宗力大法官協同理由書中，除將特別權力關係作完整說明外，亦論及「向特別權力關係說再見」。惟公務人員權利保障與訴訟權有關揚棄「特別權力關係」之大法官意見書，自51年釋字第95號解釋林紀東大法官不同意見書提出至108年釋字第785號解釋正式成為解釋文，一路走來已逾五十個年頭。

---

[22] 108年11月29日司法院釋字第785號解釋文：「本於憲法第16條有權利即有救濟之意旨，人民因其公務人員身分，與其服務機關或人事主管機關發生公法上爭議，認其權利遭受違法侵害，或有主張權利之必要，自得按相關措施與爭議之性質，依法提起相應之行政訴訟，並不因其公務人員身分而異其公法上爭議之訴訟救濟途徑之保障。中華民國92年5月28日修正公布之公務人員保障法第77條第1項、第78條及第84條規定，並不排除公務人員認其權利受違法侵害或有主張其權利之必要時，原即得按相關措施之性質，依法提起相應之行政訴訟，請求救濟，與憲法第16條保障人民訴訟權之意旨均尚無違背。公務員服務法第11條第2項規定：『公務員每週應有二日之休息，作為例假。業務性質特殊之機關，得以輪休或其他彈性方式行之。』及公務人員週休二日實施辦法第4條第1項規定：『交通運輸、警察、消防、海岸巡防、醫療、關務等機關（構），為全年無休服務民眾，應實施輪班、輪休制度。』並未就業務性質特殊機關實施輪班、輪休制度，設定任何有關於其所屬公務人員服勤時數之合理上限、服勤與休假之頻率、服勤日中連續休息最低時數等攸關公務人員服公職權及健康權保護要求之框架性規範，不符憲法服公職權及健康權之保護要求。於此範圍內，與憲法保障人民服公職權及健康權之意旨有違。相關機關應於本解釋公布之日起三年內，依本解釋意旨檢討修正，就上開規範不足部分，訂定符合憲法服公職權及健康權保護要求之框架性規範。」

## 第二項　考試院依法考選銓定

憲法第86條規定，公務人員任用資格與專門職業及技術人員執業資格應經考試院「依法」考選銓定，有關考選和銓定資格須有法律依據，此乃憲法明定之法律保留事項。據此考試院分別制定「公務人員考試法」及「專門職業及技術人員考試法」以為依據。然憲法明定之「公務人員任用資格」及「專門職業及技術人員執業資格」，就形式言，相當明確，然究其實質範圍及性質則至為抽象，特別是專門職業及技術人員為何，大法官解釋迄有爭議。

### 一、公務人員任用資格

80年5月17日司法院釋字第278號解釋[23] 針對原依教育人員任用條例任用之學校職員，規定其因並無取得考試及格者相同之公務人員任用資格，僅能繼續在原學校任職；85年6月7日司法院釋字第405號解釋[24] 針

---

[23] 80年5月17日司法院釋字第278號解釋文：「中華民國79年12月19日修正公布之教育人員任用條例第21條規定，學校職員之任用資格，應經學校行政人員考試及格或經高普考試相當類科考試及格，與憲法第85條所定公務人員非經考試及格不得任用之意旨相符。同條關於在該條例施行前已遴用之各類學校現任職員，其任用資格『適用各該原有關法令』之規定，並不能使未經考試及格者取得與考試及格者相同之公務人員任用資格，因之，僅能繼續在原學校任職。考試院對此類學校職員，仍得以考試定其資格。」

[24] 85年6月7日司法院釋字第405號解釋文：「憲法第85條規定，公務人員之選拔，應實行公開競爭之考試制度，非經考試及格者不得任用，明示考試用人之原則。學校職員之任用資格，自應經學校行政人員考試或經高等、普通考試相當類科考試及格。中華民國79年12月19日修正公布之教育人員任用條例第21條所稱『適用各該原有關法令』，並不能使未經考試及格者取得與考試及格者相同之公務人員任用資格，故僅能繼續在原學校任職，亦本院釋字第278號解釋在案。83年7月1日修正公布之教育人員任用條例第21條第2項中，關於『並得在各學校間調任』之規定，使未經考試及格者與取得公務人員任用資格者之法律地位幾近相同，與憲法第85條、第7條及前開解釋意旨不符，

對釋字第278號解釋，上開繼續在原學校任職者，不得「在各學校間調任」。以此，大法官解釋對於公務人員任用資格之事，雖對於無取得考試及格者仍得繼續留用，但留用之限制亦符合公務人員「依法考試」取得任用資格之憲法意旨。

## 二、專門職業及技術人員執業資格

## （一）範圍定義

　　87年5月8日司法院釋字第453號解釋理由書曾針對專門職業及技術人員有所界定，「所稱之專門職業及技術人員，係指具備經由現代教育或訓練之培養過程獲得特殊學識或技能，而其所從事之業務，與公共利益或人民之生命、身體、財產等權利有密切關係者而言。」但上開解釋因未能釋疑專門職業範疇，同號解釋蘇俊雄大法官不同意見書認為，專門職業及技術人員指涉社會生活上有專門知識與技能的主觀資格，但也涉及憲法工作權及人格權的限制，如何規範，須由立法者進一步評價並給予自由形成權限；孫森焱大法官不同意見書認為，憲法未定義專門職業及技術人員，依職業訓練法等法律規定，目前實施技術士職業證照計有「冷凍空調裝修」等類，涉及經濟部等主管機關，是以，賦予專門職業及技術人員執業資格者，並非全為考試院職權。

　　99年11月19日司法院釋字第682號解釋，針對專門職業及技術人員的標準問題，蘇永欽大法官協同意見書曾提出至少五個環環相扣的特徵。第一，技術性：需要長期累積並系統化保存及傳承的特別技能；第二，公益性：所提供服務有高度的外部效益；第三，理想性：傳統上此類職業尚有實現特定社會理想的目的，抱著某種人文的關懷，營利反而非其主要目的；第四，一身專屬的不可替代性：強調親力親為並對其服務親負其責；第五，高度自律性：其職業內容原則上不受國家干預。從這些特徵也可找

---

應自本解釋公布之日起失其效力。」

到憲法對其作特別處理的正當理由。比如正因其高度技術性，使其服務品質的優劣非一般消費者依生活經驗所能判斷，故有賴於國家以考試作進入市場的管制。以上解釋，不論釋字第453號解釋及其不同意見書，至釋字第682號解釋試圖提出專門職業及技術人員之範圍定義或標準，但似未獲得大法官的多數贊同。

## （二）個案認定

　　99年11月19日司法院釋字第682號解釋之林子儀大法官協同意見書，對於憲法規定之專門職業認為應有合適界定標準，但何種職業屬於憲法第86條第2款規定專門職業，似難予以抽象概括界定，應就個案認定，較為妥適。

　　實務上，司法院多有採個案認定之解釋；如83年6月17日司法院釋字第352號解釋「土地登記專業代理人」、87年5月8日司法院釋字第453號解釋「商業會計記帳人」、98年2月20日司法院釋字第655號解釋「記帳士」等，經大法官解釋認定為專門職業人員，其執業資格應經考試院依法考選之。

　　綜上，公務人員任用資格與專門職業及技術人員執業資格由考試院依法考選銓定為法律保留事項，至於專門職業及技術人員何所指，確實為一不確定法律概念，依司法院釋字第682號解釋林子儀大法官協同意見書見解，宜由個案認定。而此個案認定權因涉憲法第86條第2款規定，非屬由立法者以法律規定之絕對國會保留事項，考試院非不得本其職權訂定相關規範補充。但釋字第453號解釋蘇俊雄大法官不同意見書認為，憲法第86條第2款，雖然對於「專門職業及技術人員」設定資格考試的要求，但是所謂「專門職業及技術人員」的不確定法律概念，由於另外關係到人民的職業自由以及社會、市場的規範秩序，其主要內涵無疑還需要立法者做進一步的評價判斷後，才能予以確定。

## 第三項　考試委員依法律行使職權

　　憲法第88條規定：「考試委員須超出黨派以外，依據法律獨立行使職權。」相同須依據法律獨立行使職權者有「法官」與「監察委員」，此為憲法第80條規定及增修條文第7條第5項所明文。而憲法第170條規定：「本憲法所稱之法律，謂經立法院通過，總統公布之法律。」是為形式意義上之法律。有關「獨立行使職權」之內涵，已於前節「憲法保留」部分說明，至「依法律」於84年1月20日司法院釋字第371號解釋，「法律」包括憲法，因憲法為國家最高規範，法律牴觸憲法者無效，法律與憲法有無牴觸發生疑義而須予以解釋時，由司法院大法官掌理，依法公布施行之法律，法官應以其為審判之依據，不得認定法律為違憲而逕行拒絕適用。惟憲法之效力既高於法律，法官有優先遵守之義務，法官於審理案件時，對於應適用之法律，依其合理之確信，認為有牴觸憲法之疑義者，自應許其先行聲請解釋憲法，以求解決。依此解釋，考試委員依法律行使職權之「法律」自應為憲法及其形式意義之法律。換言之，考試委員行使職權須有憲法或法律依據。

## 第四項　考試院之組織

　　憲法第89條規定：「考試院之組織，以法律定之。」同屬憲定機關如行政院、立法院、司法院、監察院均有相同規定，於憲法第61、76、82、106條明定。考試院自36年行憲以來，即制定考試院組織法，並明定「考試院會議」由考試院院長、副院長、考試委員及部會首長組織之，決定憲法所定職掌政策及其他有關重大事項。

　　經查司法院並未有「憲定機關」組織如何規範之相關解釋；目前行政院以外之機關組織係依中央行政機關組織基準法第38條：「行政院以外之中央政府機關準用」之規定，而制定相關機關法律；另依該基準法第3條第2款所稱獨立機關，係指「依據法律獨立行使職權，自立運作，除法

律另有規定外，不受其他機關指揮監督之合議制機關。」然其究係行政院所屬之「獨立行政機關」，各憲定機關包括考試院組織如何參照，似有疑義。

## 第三節　考試保留

　　「考試保留」係指考試院本於五權分立，對於考試權核心事項保留由考試院加以規範，擁有不受其他國家機關之侵犯或干涉。此概念非三權分立國家制度可以參照，我國司法院大法官歷次解釋有肯定、否定兩說，惟針對考試權專屬管轄權事項中之核心考試事項或成績評定判斷多肯認有「考試保留」之適用。本節爰以大法官解釋考試權相關內容涉及「考試保留」者分三項，以考試內容及程序規定、考試成績評定判斷、考試及格標準決定等說明之。

## 第一項　考試內容及程序規定

### 一、考試內容規定

　　有關公務人員或專門職業及技術人員之考試事項，其考試內容採取筆試或口試、選擇題或問答題等事項，係屬考試權行使考試事項，於91年6月28日司法院釋字第547號解釋認為，考試院為因應事實上需要及舉辦考試目的，自得斟酌規範事物性質差異而為合理之區別對待，對於中醫師檢覈辦法已持有「僑」字中醫師考試及格證書者，於回國執業時仍應補行筆試，又因考試方法有面試、筆試、口試等之不同，無非係為拔擢人才而銓定資格，如能力求客觀公平，並不影響當事人之權益或法律上地位，並無違背信賴保護原則。[25]

---

[25] 91年6月28日司法院釋字第547號解釋文：「憲法第7條平等原則並非絕對、機械之形式

## 二、考試程序規定

考試程序有僅參加筆試及格者，亦有筆試及格後須經一定訓練或實施者，67年12月22日司法院釋字第155號解釋，肯認考試院具有相當權限決定考試程序，該號解釋針對基層特考規則之實習規定，因考試院爲國家最高考試機關，得依其法定職權訂定考試規則及決定考試方式，所以特種考試臺灣省基層公務人員考試規則規定之實習及考試院核定之考試錄取人員實習辦法，未逾越考試院職權範圍，對人民應考試權亦無侵害，與憲法並不牴觸。有學者認爲，在職權範圍內，大法官或可容任考試院於法律未有授權時，得以「命令」代替「法律」，並有意使考試權行使較爲自由。26

---

上平等，而係保障人民在法律上地位之實質平等，若爲因應事實上之需要及舉辦考試之目的，訂立法規之機關自得斟酌規範事物性質之差異而爲合理之區別對待。華僑申請中醫師檢覈，其未回國參加面試者，於審查證件合格後，即發給『僑』字中醫師考試及格證書及『僑中』字中醫師證書，其既未於78年8月22日中醫師檢覈辦法修正法前回國參加面試，或於修正法後參加筆試，即不得主張取得與參加面試或筆試及格者所得享有在國內執行中醫師業務之權利，否則反而造成得以規避面試或筆試而取得回國執行中醫師業務之資格，導致實質上之不平等。是上開辦法以申請檢覈者是否具備特定身分作爲區別對待之依據，符合公平取才之考銓目的，並未違背憲法平等原則及本院歷來解釋之旨意。又『面試』，原即包括一、筆試，二、筆試及口試等方式，是考試之方法雖有面試、筆試、口試等之區別，但無非均爲拔擢人才、銓定資格之方式，苟能在執行上力求客觀公平，並不影響當事人之權益或法律上地位，其領有『僑中』字中醫師證書者，本未取得在國內執業之資格，尚無值得保護之信賴利益可言。則前開辦法重新訂定發布後，即依中央法規標準法第13條規定，自發布日起算至第三日起發生效力而無過渡期間之規定，並無違背信賴保護原則。」

26 湯德宗針對考試權與法律保留的問題，曾評論司法院釋字第155號及第268號解釋，認爲釋字第155號解釋可分兩個面向：「一爲所謂『法律保留原則』適用於考試權（與適用於行政權）有無（程度）不同；一爲限制非經實習不予及格證書是否侵害人民應考試之權。兩者並相互關聯。」依大法官解釋見解，要求「實習」尚非侵害人民考試權，在職權範圍內，考試院得以「命令」代替「法律」，此意味大法官有意使考試權行使較爲自由，而放寬法律保留原則；針對釋字第268號解釋認爲，此牽涉考試院71

　　相同之考試程序釋憲案，86年6月6日司法院釋字第429號解釋有關公務人員高普考試及格人員是否得免除實務訓練釋憲案，考試院依據公務人員考試法所定之公務人員高等暨普通考試訓練辦法規定，公務人員高普考試筆試及格後，須經訓練，訓練期滿成績及格，始完成考試程序，訓練為法定考試程序之一部分，具有同等資歷之現職公務人員就實務訓練無免除之規定，與憲法尚無牴觸。

　　綜上，釋字第547號解釋認為考試院於執行上力求客觀公平之前提下，對於中醫師檢覈辦法補行筆試作法，可因性質差異而為合理區別對待；釋字第155號解釋考試院於職權範圍雖未有法律授權，仍可自行訂定規則，規定考試錄取人員非經「實習」不發給及格證書；釋字第429號解釋考試院針對考試程序涵攝範圍及規定具有決定權限。換言之，考試院於五權分立下之考試權事項對於考試內容及程序規定，容有「考試保留」原則之適用。

## 第二項　考試成績評定判斷

　　82年7月23日司法院釋字第325號解釋，針對立法院行使調閱權釋憲案曾提及，國家機關獨立行使職權受憲法保障者，如考試機關對於應考人成績評定，限制其資訊公開，亦即，立法院並不得要求提供考試成績評定

---

年修正考試法施行細則第9條第2項規定，公務人員考試及格人員同時取得專門職業及技術人員考試及格資格是否牴觸考試法（51年修正）第7條規定，由於多數大法官以施行細則「增設法律所無之限制」顯與考試法「使及格人員同時取得兩種資格」之規定不符；而「人民依法參加考試，為取得公務人員任用資格與專門職業及技術人員執業資格之必要途徑」，「此種資格關係人民之工作權，自為憲法所保障之人民權利，不得逕以命令限制之」。與釋字第155號併同觀察，「似可認為大法官或可容任考試院於法律未有授權時，逕以命令規範考試事項，但絕不容許考試院以命令牴觸法律之規定」。換言之，所謂「法律保留原則」或可放寬，但「法律優位原則」不容逾越。參閱湯德宗（2005），《權力分立新論卷二違憲審查與動態平衡》，臺北：元照，頁358-359。

資料。

　　然有關成績評定釋憲案，82年6月4日司法院釋字第319號解釋，對於考試院而言至為重要，其將考試成績評定判斷依時間順序有分二，一為考試成績事中評閱部分，一為考試成績事後複查部分。前者考試成績事中評閱部分，依解釋意旨，考試院依法舉行考試，其閱卷委員係於試卷彌封時評定成績，原則上不應循應考人要求任意再行評閱，亦不得應其要求告知閱卷委員姓名或其他有關資料，以維持考試客觀與公平。同號解釋翁岳生、楊日然及吳庚等三位大法官共同提出之不同意見書更進一步說明，考試評分判斷應受尊重為解釋之關鍵問題，有關國家考試評分之法律性質因有認為屬行政機關裁量權之行使者，亦有認為屬行政機關適用不確定法律概念之「判斷餘地」者，然不論從裁量權或不確定法律概念之見解，一旦經成績評定後，「除發現有顯然錯誤或違法情事者外，不應任意再行評閱，以尊重閱卷委員之判斷」，按權力相互尊重原則，閱卷委員評分為考試權行使，其他機關甚至法院應予尊重。至於後者考試成績事後複查部分，因75年係以「應考人申請複查成績處理辦法」訂定，解釋認為基於應考人權益，有關成績複查事項仍宜由法律明定。

　　綜上，釋字第325號解釋認為考試成績評定資料之資訊公開有其限制，釋字第319號解釋，基於權力相互尊重之原則，對於考試成績事中評閱則給予專業判斷的充分尊重。但對於應考人成績複查權益則應予以保障。

## 第三項　考試及格標準決定

　　評定考試及格標準的決定向有採「相對分數」及「絕對分數」之差別，或者是「任用考」及「資格考」，前者「相對分數」是指個人考試成績與他人考試成績之間高低相對關係，對於設有錄取名額考試，係依考試成績高低排序，以決定及格標準；後者「絕對分數」是指個人考試成績的分數值，是否達到考試設定之成績及格標準，並無錄取名額限制，不論分

數決定標準採取前者或後者，大法官解釋均肯認考試院於職權範圍有訂定考試規則之權限。

前者以83年3月11日司法院釋字第341號解釋理由書爲例，該號解釋援引釋字第155號及第205號解釋認爲，考試院爲國家最高考試機關，如未逾越職權範圍，或侵害人民應考試權，得依其法定職權訂定考試規則，且考試院如因應事實需要，亦得依法對有關考試事項酌爲適當限制。因此，考試院依法定職權訂定之79年特種考試臺灣省基層公務人員考試規則，係基於職權，並參酌各縣市提報缺額及應考人員考試成績，分別決定各考區各類科之錄取標準，乃屬當然。

後者相關解釋以99年11月19日司法院釋字第682號解釋爲例，此號解釋因同涉考試院是否享有「考試保留」原則，於討論過程曾引發肯定、否定兩種不同意見，以及學者撰文討論。其案例事由爲，中醫特考有一科零分或專科平均未達規定者不予及格是否違憲案，解釋理由書涵攝有「考試保留」意旨部分以：

　　憲法設考試院賦予考試權，由總統提名、經立法院同意而任命之考試委員，以合議之方式獨立行使，旨在建立公平公正之考試制度；就專門職業人員考試而言，即在確保相關考試及格者具有執業所需之知識與能力，故考試主管機關有關考試資格及方法之規定，涉及考試之專業判斷者，應給予適度之尊重，始符憲法五權分治彼此相維之精神。

　　茲依解釋協同意見、部分不同意見、不同意見及學者看法，按「考試保留」原則之肯定說及否定說分述之。

## 一、肯定說

（一）林子儀大法官協同意見書：我國憲法將考試權與行政權分離，明定考試院爲國家最高考試機關，規定由總統提名、經立法院同意後任命之考試委員以合議制方式獨立行使憲法賦予權力，有關專門職業

考試及格標準，涉及應試及格者是否具有專門職業執業所需專業素養之判斷，應屬憲法設考試院所賦予職責，並爲考試權專業判斷之核心領域，但考試院訂定規定程序應符合專業、多元參與及公開要求，其決定應受其他權力機關適度尊重。

（二）林錫堯大法官協同意見書：考試權爲憲法明文規定的國家權力，具有專業判斷特性，而憲法第88條所彰顯者爲考試院在考選功能上具有獨立性，應受其他權力機關尊重。有關專門職業及技術人員之考選，須視各該專技人員培育過程及後續執業特性而爲相關規範，立法者恐難作詳細且具體設計，爰宜承認考試機關享有一定範圍之專業判斷空間。

（三）黃茂榮大法官不同意見書：中醫特考應體諒自學徒從師自習而後參加中醫師高等檢定考試及格者之可能困難，應深思不同身分者是否在相同考試以相同及格標準，但針對考試院職權部分，則以「考試主管機關依法定程序所爲之專業判斷，與鑑別中醫師特考應考人是否具有中醫師執業所需之知識、技術與能力，有合理關聯性，並非考試主管機關之恣意選擇」爲理由，論證該門檻的設置有以國家機關權威爲基礎之制度形式上的正當性。

（四）學者意見：董保城肯認釋字第682號解釋導出考試機關應受立法機關尊重之專業判斷空間，而於法律保留原則之檢驗上採取寬鬆之審查標準，但憲法增修條文第6條第1項已肯認「考試保留」事項之存在，本號解釋理由書卻未論述此考試機關考試權於憲法的地位，殊爲可惜。[27]

## 二、否定說

（一）李震山、許玉秀、陳春生三位大法官共同提出之部分不同意見書：

---

27 董保城（2010），〈從大法官法律保留之解釋論憲法考試權〉，《國家菁英》，第6卷第4期，頁133-135。

考試權於各考試法中規定「由考試院定之」、「由考選部定之」、「由考選部報請考試院定之」等特別授權，加上施行細則的概括授權，相互交叉援引，「高授權密度下，迂迴曲折蔓藤叢生，形成綿密的規範網絡」。意在突顯其獨立專業複雜性，但憲法第86條明定須「依法考選」之考試權，其命令訂定權，仍應由司法審查其命令之合憲性，無獨厚考試權之理。如只強調尊重獨立專業，卻忽略法治國原則「依法」的民主意涵，將為專業恣意溫床形成有利條件。

（二）陳新民大法官不同意見書：本於考試事務擁有專業判斷，應給予考試院最大程度尊重。然而國家公權力若擁有裁量決定空間愈大，就更有檢驗其有無逾越授權界限的必要性。有關考試裁量權包括考試及格的要件仍適用法律保留之重要事項，並無所謂「考試保留」的憲法原則。觀諸憲法第86條規定公務人員任用資格與專門職業及技術人員執業資格應經考試院「依法考選銓定之」，即以得見考試權之裁量權限仍受到法律的限制。「考試保留」理論的存在，乃認為考試院本於五權分立，對於屬於考試權核心事項，擁有不受其他國家權力之侵犯或干涉。此係依據絕對權力分立的見解，認為此乃憲法的分權原則，而排除法律保留原則。然而依據法治國家之依法行政原則，考試保留的立論，難獲得憲法之依據，其既「依法考選」，從而相關法規範的制定及執行，均受到法治國家原則包括平等原則、比例原則、正當法律程序等的制約。

## 第四節　行政保留

「行政保留」認為凡涉及法律實施細節、行政組織組成，或人事事項等決定，由行政機關內部規章予以規範，排斥法律保留原則適用。對於考試權而言，係指應考試後服公職權之有關人事行政相關規章非由法律規定，而係由考試權組織（係指考試院所屬之銓敘部及公務人員保障暨培訓委員會或受監督行使職權之行政院人事行政總處）予以規範或由各機關逕

依職權執行；換言之，國家機關對於公務員所爲之人事行政行爲，排斥法律保留原則適用，此概念與「傳統特別權力關係」互爲表裡，然深究其內涵卻顯其複雜難明，有因「特別權力關係」限制公務人員基本權而排斥法律保留原則適用，而國家設置考試權爲既行使人事行政權管理「公務員關係」，又依憲法保障人民「服公職權」之基本權利，二者相互矛盾，如何取其平衡，困難重重，正如同機關長官裁量與公務人員權利保障之間的平衡，始終於司法院歷次解釋搖擺不定。有關「服公職權」身分保障權前已述及，本節依大法官解釋考試權相關內容之「服公職權」衍生權（含憲法保障公務員之其他工作基本權）解釋，就涉及「行政保留」擇重要者分四項，以公法上財產請求權、晉敘陞遷權、健康權（休假請求權）、限制兼職等說明之。

## 第一項　公法上財產請求權

人民服公職權所衍生之公法上財產請求權，司法院釋字解釋甚多，如以金錢給付類型可分爲基本薪俸、獎金保險及退休給與三種，依大法官解釋內容多以考試權組織以行政命令定之。

首先，在基本薪俸部分，94年7月22日司法院釋字第601號解釋針對立法院於預算審議過程刪除大法官之司法專業加給釋憲案，解釋理由書認爲，司法院大法官俸給非依法不得減俸，由於大法官俸給係依38年1月17日公布之總統副總統及特任人員月俸公費支給暫行條例及司法人員人事條例等規定，由本俸、公費及司法人員專業加給所構成，屬依法支領之法定經費，而立法院審議94年度中央政府總預算案時，既非本於法律，尤非本於懲戒性法律，逕以預算刪除方式改變大法官俸給結構，無異藉年度預算案審議而影響大法官職權行使。惟上開解釋以「依法支領」爲名，就形式面言，係以「法律」爲其規範，然實然面，所謂「司法專業加給」之「專業加給」雖依公務人員俸給法第5條規定爲法定給與項目，但「司法」專業加給之支給對象及計支內涵，係依行政院以「行政命令」訂定「全國軍

公教員工待遇支給要點」爲準，該要點規定司法專業加給「照核定數額支給」，[28] 於此係以「行政命令」替代「法律」適用於「行政給付」，隱含人事行政之「行政保留」存在必要性。[29]

其次，在獎金福利部分，79年11月9日司法院釋字第266號解釋確定考績後獎金釋憲案，該案固主要爭點在於特別權力關係是否具有訴訟權問題，但解釋文末句稱「基於已確定之考績結果所得爲之財產上請求，係事實問題，應就具體事件依法認定，不在本件解釋範圍」，而間接承認行使考績權之機關長官，享有依法認定權限；於82年1月29日司法院釋字第312號解釋亦爲「特別權力關係」重要解釋，解釋意旨：公務人員如因福利互

---

[28] 94年7月22日司法院釋字第601號解釋理由書：「行政院爲健全司法人員之俸給體制，於41年4月2日以行政院臺（41）歲三字第51號代電司法院及司法行政部之司法人員補助費支給標準第1項第1款規定，司法人員補助費應以列人員爲限：(1)大法官、行政法院評事及公務員懲戒委員會委員。……乃以司法院大法官行使司法權之職務性質，作爲其應具領司法人員補助費之依據；其第2項規定：前項1、2兩款簡任及『簡任以上』人員，月各支領補助費新臺幣280元……。則以大法官在整體司法人員職位體系上之地位及憲法上應有之職位，訂其適用範圍及支領標準，既副司法人員補助費之支給目的，無違於相同職務應領取相同工作補助費之實質平等原則，與大法官之憲法上職位亦無牴觸。司法院大法官依此支領司法人員補助費（嗣改稱司法人員專業加給），自屬有據。且此一法規經行政院、立法院及司法院等憲法機關五十餘年先後反覆適用，而被確信具有法效力之規範。」

[29] 有關公務人員薪俸有謂爲「給付行政」說或「行政給付」說。依95年7月28日司法院釋字第614號解釋文：「憲法上之法律保留原則乃現代法治國原則之具體表現，不僅規範國家與人民之關係，亦涉及行政、立法兩權之權限分配。給付行政措施如未限制人民之自由權利，固尚難謂與憲法第23條規定之限制人民基本權利之法律保留原則有違，惟如涉及公共利益或實現人民基本權利之保障等重大事項者，原則上仍應有法律或法律明確之授權爲依據，主管機關始得據以訂定法規命令。」然依103年2月19日司法院釋字第717號解釋陳新民大法官協同意見書：「薪俸視爲政府的『給付行政』……援引本院釋字第614號解釋之名，且在解釋理由書第一段也將國家給予教師的薪俸，視爲『政府之行政措施』（屬於行政給付），但值得慶幸的是，並沒有將兩者劃上等號，故不會產生將『行政給付』等同於『給付行政』的謬誤，此謬誤正如同將『蜜蜂』與『蜂蜜』混爲一談也。」

助金請領發生爭議，得提請行政救濟；但針對「法律」與「行政命令」討論意見互斥，其理由書提及「行政院發布之中央公教人員福利互助辦法或其他機關自行訂定之福利互助有關規定，……具有公法性質。」然李志鵬大法官不同意見書認爲，適用之「臺灣省稅務人員互助要點」及「司法員工節約互助辦法」，均係臺灣省政府發布或前司法行政部核定之行政命令，並非經立法院制定，總統公布之法律，此類「行政命令」請領互助金爲「契約上之請求權」。

　　在退休給與部分，同係針對公務人員優惠存款釋憲案，「如同月亮，初一十五不一樣」，前於80年6月14日司法院釋字第280號解釋理由書，針對領取一次退休金之退休公教人員再任，曾解釋不應停止其優惠存款請領，因該等人員多係基層人員，若優惠存款每月所生利息，無法維持退休生活，難以保障其退休後基本生活，其所再任工作之所得，僅係彌補性質，則不應一律停止其優惠存款；此時，優惠存款發給依據爲「退休公務人員公保養老給付金額優惠存款要點」爲行政命令；於103年2月19日司法院釋字第717號解釋認爲，基於公益考量且衡酌公益及應受保護之信賴利益，認定退休公教人員辦理優惠存款，係以定期簽約方式辦理，無涉禁止法律溯及既往原則。更進者於108年8月23日司法院釋字第782號解釋，對於各界爭議之「107年金改革案」[30] 解釋理由書略以，基於追求重要公共利益之正當目的，針對法律規定調降之退撫給與，就比例原則及信賴保護原則審查，應採寬鬆標準，而其所採取調降手段，有助於目的達成，且

---

30 106年8月9日總統公布公務人員退休資遣撫卹法（部分條文自107年7月1日實施）調降公務人員退休給與，引發社會各界爭議。嗣經立法委員林德福、李鴻鈞、高金素梅等38人提請釋憲，聲請書認爲公務人員退休資遣撫卹法第4條第4款至第6款、第7條第2項、第18條第2款、第3款、第36條至第38條、第39條第1項、第2項、第77條第1項第3款規定，提高退撫基金共同撥繳費用之基準、變更公務人員退撫給與之條件與計算基準、降低退休所得替代率、削減公務人員保險養老給付優惠存款利息、限制再任私立學校職務停止領受月退休金權利等，違反法律不溯及既往原則、信賴保護原則及比例原則，侵害受規範對象受憲法保障之財產權、生存權、服公職權、工作權及平等權，聲請解釋。

未逾必要程度，無涉法律不溯及既往原則及工作權保障，亦未牴觸比例原則，與憲法保障人民財產權之意旨尚無違背。同號解釋湯德宗大法官部分不同意見書強烈質疑，公務人員所以能對國家請求退撫給與，實由於應考試服公職所衍生的公法上財產請求權，並非一般財產權。此外，法律不溯及既往原則之所以成為法治國原則之一，實有其顛撲不破的道理，蓋人的理性有其極致，一般人都不具備遇見未來的能力，法律如能溯及既往，人民將不知何以措手足。

綜上，人民服公職權之公法上財產請求權，不論基本薪俸、獎金福利、甚或退休給與部分之支給依據多為行政命令或措施，以致規定變更時亦解釋無「法律不溯及既往原則」之適用，其於公務員個人權利保障，似存有難以平衡的困境。

## 第二項　晉敘陞遷權

人民服公職權衍生權除身分保障及公法上財產請求權外，於95年5月26日司法院釋字第611號解釋，包括公務人員任職後依法令晉敘陞遷之權；於107年1月26日司法院釋字第760號解釋指出，保障範圍尚包括受訓練完足考試程序以取得任官資格之權利，又有關晉敘陞遷權同涉及人事法制面及人事執行面亦併同說明之。

首先，在人事法制面，於司法院釋字第611號解釋針對公務人員「職務列等」補充規定，認為係依公務人員任用法授權訂定之公務人員任用法施行細則之界定「薦任第七職等以下」職務為「職務列等最高為薦任第七職等」，此係基於主管機關為適用相關任用及晉敘規定而作補充性解釋，符合相關憲法原則及法律意旨。另司法院釋字第760號解釋對於警察人員人事條例未明確規定考試訓練機構，致實務上將警察人員考試筆試錄取之未具警察教育體系學歷之人員，安排至臺灣警察專科學校受錄取人員訓練，使100年之前上開考試及格之未具警察教育體系學歷人員無從取得職務等階最高列警正三階以上職務任用資格，致其等應考試服公職權遭受系

統性之不利差別待遇，與憲法第7條保障平等權之意旨不符。其解釋理由書：「鑑於應考試服公職權為廣義之參政權，涉及人民參與國家意思之形成及公務之執行，與公共生活秩序之形塑密切相關，對此權利所為之差別待遇，原則上應受較嚴格之審查，除其目的須為追求重要公益外，所採差別待遇與目的之達成間亦須有實質關聯，始與憲法保障平等權之意旨相符。」但解釋文亦未宣告條文違憲，僅要求行政院會同考試院，基於解釋意旨，採取適當措施，除去所遭受之不利差別待遇。

　　其次，在人事執行面，於102年12月20日司法院釋字第715號解釋[31]陳新民大法官不同意見書，曾提出質疑認為，大法官沒有必要介入且取代用人機關的專業判斷，用人與考選機關應本於職權，慎重行使人事裁量權，惟有在牴觸平等原則、具備其他明顯重大瑕疵時，或明顯地出於不理智的判斷時，司法院方可介入審查，以符合權力分立之原則。另88年10月15日司法院釋字第491號解釋亦尊重機關長官裁量權限表示，憲法第18條規定人民有服公職之權利，旨在保障人民有依法令從事於公務之權利，其範圍不惟涉及人民之工作權及平等權，國家應建立相關制度，用以規範執行公權力及履行國家職責之行為，亦應兼顧對公務人員之權益之保護。公務人員之懲戒乃國家對其違法、失職行為之制裁。此項懲戒得視其性質，於合理範圍內，以法律規定由其長官為之。同號解釋吳庚大法官協同意見書引用行政法學久已存在之一項原則：「行政機關對懲戒法規之執行享有優先權」（das Vorrecht der Verwaltungsbehoerde zur Verfolgung und Androhung von Disziplinarrecht）。

　　綜上，人民服公職權之晉敘陞遷權，在人事法制面，不論司法院釋字第611號解釋及釋字第760號解釋，提供行政機關較寬廣的行政命令或措施權限；在人事執行面，司法院釋字第715號解釋亦尊重主管機關本於職權之行政裁量空間。

---

31 102年12月20日司法院釋字第715號解釋理由書：「國家機關因選用公職人員而舉辦考選，為達鑑別並選取適當人才之目的，固非不得針對其需要而限制應考資格，此係主管機關裁量範圍，本應予尊重，然其限制仍應符合憲法第23條比例原則。」

## 第三項　休假請求權

　　109年11月29日司法院釋字第785號解釋對於公務人員而言，無疑是具有關鍵性的影響。首於解釋文，本於憲法第16條有權利即有救濟之意旨，人民因其公務人員身分，與其服務機關或人事主管機關發生公法上爭議，不因其公務人員身分而異其公法上爭議之訴訟救濟途徑之保障，似已為「特別權力關係」劃下句點。再者，有關人民服公職權內涵，增列包括公務人員服勤時間及休假制度等之「健康權」權益保障，性質屬於公務人員休假請求權。[32]

　　現行規定，在「行政保留」原則適用之下，有關機關組織管理運作本質，行政機關就內部事務之分配、業務處理方式及人事管理，在不違反法律規定之前提下，得以行政規則定之。是以，公務員服務法第11條第2項規定：「公務員每週應有二日之休息，作為例假。業務性質特殊之機關，得以輪休或其他彈性方式行之。」據此訂定公務人員週休二日實施辦法第4條第1項規定：「交通運輸、警察、消防、海岸巡防、醫療、關務等機關（構），為全年無休服務民眾，應實施輪班、輪休制度。」此以法規命令規定外勤消防人員服勤時間及休假，未將公務人員健康權保護要求以法律明定，或即有以法律授權之法規命令規定，但僅有內容空泛「實施輪班輪休制度」原則，似欠缺健康權框架性保護規範，亦不符憲法服公職權。

　　健康權，旨在保障人民生理及心理機能之完整性，不受任意侵害，且

---

[32] 實務上有關休假是否為公務人員權利事項，依公務人員保障暨培訓委員會見解認為機關長官對於公務人員休假准駁乃機關內部管理措施；但若依98年12月10日公布之經濟社會文化權利國際公約第7條規定：「本公約締約國確認人人有權享受公平與良好之工作條件，尤須確保：……（四）休息、閒暇、工作時間之合理限制與照給薪資之定期休假，公共假日亦須給酬。」及公務人員請假規則第7條規定：「公務人員至年終連續服務滿一年者，第二年起，每年應給休假七日……」休假應屬公務人員法定保障之權利。

國家對人民身心健康亦負一定照顧義務。國家於涉及健康權之法律制度形成上，負有最低限度之保護義務，於形成相關法律制度時，應符合對相關人民健康權最低限度之保護要求。凡屬涉及健康權之事項，其相關法制設計不符健康權最低限度之保護要求者，即為憲法所不許。

　　上開司法院釋字第785號解釋，對於公務人員健康權最低限度保護要求的提出，除改變傳統行政機關僅求滿足組織運作目的與效能的唯一訴求外，亦關照到公務人員作為憲法上人民的基本權，對於「特別權力關係」或考試權「行政保留」原則之挑戰，具有重要且關鍵轉折。

## 第四項　兼職及退休再任範圍限制規定

　　按大法官歷來有關應考試服公職權解釋大致分為早期公務人員兼職限制問題，以及近來退休公務人員再任限制問題，[33] 有關公務人員兼職限制，於公務員服務法第14條第1項規定：「公務員除法令所規定外，不得兼任他項公職或業務。其依法令兼職者，不得兼薪及兼領公費。」是項條文自28年10月23日公布迄今未曾修改；有關退休人員再任限制，係於85年1月15日公布增訂第14條之1規定：「公務員於其離職後三年內，不得擔任與其離職前五年內之職務直接相關之營利事業董事、監察人、經理、執行業務之股東或顧問。」涉及司法院解釋說明如後。

　　早期現職之兼職限制，例如於41年9月29日司法院釋字第6號解釋公務員不得兼任新聞紙類及雜誌之發行人、編輯人；41年11月22日司法院釋字第11號解釋公務員不得兼任新聞紙類及雜誌之社長、經理、記者及其他職員；45年12月5日司法院釋字第69號解釋公務員兼職之僅能支領本職之薪及公費；46年1月9日司法院釋字第71號解釋公務員於公餘亦不得兼任外籍機構臨時工作；60年9月24日司法院釋字第131號解釋公務員不得兼任私立學校之董事長或董事；68年4月13日司法院釋字第157號解釋對於私立學

---

[33] 參考102年12月20日司法院釋字第715號解釋湯德宗大法官部分不同意見書對於兼職分類。

校不具監督權之公務員,亦不得兼任私立學校之董事長或董事。

晚近則為限制公務人員退休再任範圍限制,有寬嚴不一的釋憲結果,從嚴者於97年2月22日司法院釋字第637號解釋對於公務人員退休再任範圍予以限制,解釋理由係基於避免公務員於離職後,依其與原任職機關關係巧取私利,或利用知悉之公務資訊,於其任職營利事業從事不正競爭,並且防範公務員於在職期間預謀離職後出路,產生利益衝突或利益輸送等情形,爰限制離職公務員於一定期間內不得從事特定職務,而就此對公務員並非無法預見而不能預作準備。

從寬者於108年8月23日司法院釋字第782號解釋有關退休公務人員再任私校工作部分,認為退休公務人員再任私立學校職務而停止原退休公務人員原得領受之月退休金權利,直接限制其財產權,又因退休公務人員多為中高年齡族群,對於其工作權,構成主觀資格條件限制,與憲法保障平等權之意旨有違。此解釋雖非限制退休公務人員再任私立學校,但因限制退休再任者領取退休金之權利,形同限制再任,而大法官解釋無異放寬限制規定。

綜上,人民服公職權如基於法律得限制公務人員兼職,此於司法院釋字第6、11、69、71、131、157號歷次解釋有案且解釋意旨統一;但有關退休再任範圍限制,則似更傾向於公務人員作為憲法人民之基本權的保障,司法院釋字第637號解釋「公務員服務法」得明定限制退休公務人員再任範圍;然司法院釋字第782號解釋轉向解釋「公務人員退休資遣撫卹法」限制退休公務人員再任私立學校不能領取退休金,直接影響退休公務人員之財產權,而失其效力。

## 第五節 小結

司法院大法官解釋案自38年司法院釋字第1號至108年司法院釋字第785號解釋與國家考試權及人民應考試服公職權相關者約80則,就憲法本文或增修條文或憲法解釋案,依「保留原則」可分有憲法保留、法律保

留、考試保留、行政保留等四種。

　　第一，涉及憲法保留者：在憲法機關體制部分，於司法院釋字第3、175、461號解釋文及理由書，肯認「五權分治，平等相維」體制，憲法機關地位平等且相互尊重。在考試院職權及憲定職位部分，於司法院釋字第541號及第632號解釋意旨，考試院院長、副院長及考試委員為憲法保留之法定職位，具有憲法機關相同職位者之相同地位，且相同地必須完成憲法賦予其之特定職權；在獨立行使職權部分，司法院釋字第325、461、585、682號解釋，對於「獨立」指涉之內涵，包括應有任期保障、避免外力干涉、超越政治、表彰中立性，五院間並應遵守憲法界限而自享權限；另基於憲政慣例，獨立行使職權人員得不列席立法院備詢。在公開競爭考試部分，於司法院釋字第155號及第341號解釋除因為憲法明定而在職權範圍給予考試院相當尊重外，對於「公開競爭考試」可界定是一種「考試程序」規定。以上有關國家考試權及人民應考試服公職權之憲法解釋因所涉憲法本文並未增修，自始至終維持憲法制憲時理念，亦即憲法前言：依據孫中山先生創立中華民國遺教之五權憲法精神。

　　第二，涉及法律保留者：由於司法院釋字第546號解釋「應考試權」及「服公職權」為兩種人民基本權，非依法不得限制，且同涉及平等權、工作權、身分保障權、訴訟權等人民其他基本權，而有較嚴格之審查標準。在應考試權之公務人員任用資格考試基本條件限制部分，司法院釋字第618號解釋應考試基本條件之限制須符合比例原則；積極條件限制部分，司法院釋字第290號解釋應考人學經歷限制得由立法者為合理裁量；消極條件限制部分，司法院釋字第715號解釋受刑之宣告者不得應試，其限制亦須符合比例原則。在應考試權之專門職業及技術人員基本條件限制部分，司法院釋字第510號解釋應考試基本條件得基於公益，限制應考人之體格條件；積極條件限制部分，司法院釋字第750號解釋對於具有外國學歷之應考人得基於執業特殊資格加以限制。在服公職權之身分保障由早期傳統特別權力關係，到司法院釋字第187、243、298、323、338號解釋漸次揚棄特別權力關係，再於司法院釋字第395號及第396號解釋轉為公法上職務關係，對於服公職者因涉身分權爭議者得提請行政訴訟，更進而至

司法院釋字第785號解釋基於「有權利即有救濟」原則，人民訴訟權不因其公務人員身分之不同而被剝奪，公務人員與一般國民相同，同等應享有憲法保障的訴訟救濟權；由司法院歷次解釋觀之，「向特別權力關係說再見」的路途遙遠且艱辛困難。在考試院依法考選銓定部分，針對公務人員任用資格者，於司法院釋字第278號及第405號解釋，雖對於無取得考試及格者得繼續留用，但針對留用範圍仍有所限制；針對專門職業及技術人員執業資格者，雖於司法院釋字第453號解釋界定專門職業及技術人員為「具備經由現代教育或訓練之培養過程獲得特殊學識或技能，而其所從事之業務，與公共利益或人民之生命、身體、財產等權利有密切關係者」，而且司法院釋字第682號解釋亦試圖提出專門職業及技術人員之認定標準，但由於仍至為抽象而仍採個案認定方式，司法院釋字第352、453、655號解釋分別針對「土地登記專業代理人」、「商業會計記帳人」、「記帳士」認定為專門職業人員。在考試委員依法律行使職權部分，依司法院釋字第371號解釋包括憲法及立法院通過總統公布之法律。在考試院組織部分，經查司法院並未有「憲定機關」組織如何規範之相關解釋，但「中央行政機關組織基準法」規定之「獨立『行政』機關」得否準用或如何準用之，似有疑義。

第三，涉及考試保留者：在考試內容及程序規定部分，於司法院釋字第155號及第547號解釋，考試院於職權範圍雖未有法律授權，仍可自行訂定規則，針對考試內容可因性質差異而為合理區別對待；司法院釋字第429號解釋考試院對於考試程序規定具有決定權限。在考試成績評定判斷部分，司法院釋字第319號解釋對於應考人成績除依形式觀察發現有顯著錯誤外，不應再任意評閱，以維持考試客觀公平。在考試及格標準決定部分，不論是針對「任用考試」（相對分數）或「資格考試」（絕對分數）於司法院釋字第341號及第682號解釋均認為考試機關對於考試結果具有專業判斷權；特別在司法院釋字第682號解釋曾針對「考試保留」原則有兩種不同見解，一為肯定說，指考試權於其專業判斷核心領域具有獨立性，應受其他權力機關適度尊重，一為否定說，考試裁量權（包括考試及格要件）仍應有法律保留原則的適用，否則將造成專業恣意。

　　第四，涉及行政保留者：在公法上財產請求權部分，司法院釋字第601號及第266號解釋分別針對基本薪俸及獎金福利等「公法上財產」所為之解釋，所依據法令分別為「全國軍公教員工待遇支給要點」及「中央公教人員福利互助辦法」等行政命令或措施。至於退休給與相關解釋，因大法官審查各有立論而有不同結果，然對公務人員進行個人退休規劃時，確也無法預期未來可能，於司法院釋字第280號解釋，優惠存款不應一律停止，此優惠存款支領依據為「退休公務人員公保養老給付金額優惠存款要點」；司法院釋字第717號解釋，減少原本得辦理優惠存款金額規定合憲，司法院釋字第782號解釋，年金改革案無涉法律不溯及既往及工作權保障。此番種種，其一以行政命令訂定公務人員之「行政給付」，二再以法律溯及既往該行政給付之停止，其於公務人員個人權利保障，似存有難以平衡的困境。在晉敘陞遷權部分，有關人事法制層面，司法院釋字第760號解釋提出差別待遇的判斷標準而給與人事行政機關一定權限裁量，有關人事執行層面，司法院釋字第715號解釋，國家機關選用公職人員為主管機關裁量範圍，應予尊重。在休假請求權部分，司法院釋字第785號解釋，提出對於公務人員健康權最低限度保護的要求，改變傳統行政機關僅求滿足組織運作目的與效能的唯一訴求，關照到公務人員作為憲法上人民的基本權。在兼職限制及退休再任範圍限制規定部分，早期主要係針對限制公務人員兼職所為之解釋，司法院釋字第6、11、69、71、131、157號歷次解釋意旨大致相同；至於晚近解釋主要在於退休再任範圍之限制，司法院釋字第637號解釋「公務員服務法」得明定限制退休公務人員再任範圍，司法院釋字第782號解釋轉向解釋「公務人員退休資遣撫卹法」限制退休公務人員再任私立學校不能領取退休金，直接影響退休公務人員之財產權，而失其效力，各界評價前後解釋寬嚴不一。

　　總體言之，憲法界定為一個隨時代變遷而不能免於矛盾的整體，需要經常不斷的經由判決與學說加以現實化與具體化；憲法解釋常須於諸多差異之中轉化為可被忍受的平衡，持續不斷的時代變遷需求導致憲法

變遷。[34] 我國司法院大法官解釋之考試權相關「保留原則」涉及憲法保留、法律保留、考試保留、行政保留等四種保留原則，如以考試權內容為觀察角度，其中考試權所涉憲法保留及法律保留，係基於權力分立原則明定於憲法或由憲法明定由法律定之；繼之，考試保留及行政保留則係於五權分立之下考試權掌理之考選權與人事行政權所為之保留事項，前者涉及考試成績專業判斷可為之絕對考試保留，後者涉及主管機關行政裁量範圍之行政保留，如以考試權觀之，似可視為人事行政保留。

---

[34] 此處引用黑塞（K. Hesse）見解係轉引自黃錦堂（2010），〈權力分立之憲法解釋─兼評釋字第520、585、613、645號解釋〉，《法令月刊》，第61卷第9期，頁19。

# CHAPTER

# 3

## 國家職權：考試權的分立制衡與組織定位

　　成文憲法國家最高機關之設置前提、運作程序及其權力行使的相關原則與界限有賴憲法明文規範，由於執行憲法義務的最高國家機關之地位與構成係憲法所創設，所以，憲法機關依明文個別行使憲法所賦予的職權與功能。[1] 我國憲政結構為五權分立體制，有所謂「國家最高行政、立法、司法、考試、監察機關」，分別掌理行政權、立法權、司法權、考試權、監察權，司法院釋字第3號及第175號解釋文闡釋我國「五權分治，平等相維」之憲政精神，然何謂「五權分治，平等相維」？由第二章修憲歷程內容觀之，無論是孫中山先生演講或著作並未說明具體作法，由第三章大法官解釋觀之，有學者甚且懷疑「只是一個不具任何法規範意涵的華麗政治詞藻」，建議參考德國學說與實務「機關忠誠」想法，補充我國「機關平等相維」的內涵，[2] 司法院釋字第520號解釋蘇俊雄大法官協同意見書亦有類似見解認為，憲法忠誠規範，為憲政制度正常運作所必需，其蘊含責任政治的政治倫理，主張以機關忠誠作為權力分立法源進行相關探究。本章爰以權力分立原則，參考此具日耳曼風格之機關忠誠概念，探究我國考試權分立制衡與組織定位，並分考試權分立、考試權組織、考試權行使說明之，另以比較法觀點研究德國聯邦人事委員會、美國人事管理局及其他相關委員會、日本人事院等考試權組織與決策作成程序，以為他山之石，最後為章節小結，分五節論述於後。

---

[1] 陳愛娥認為憲法機關由於欠缺形式化及制度化規範實踐的保障，必須透過支持憲法意志的現實存在來彌補，包含對實質憲法原則的共識以及願意遵循權力分立、民主體制為基所構成的國家權力決定秩序，這項不可取代也無從強制的決定性憲法前提要件，其必須存在國家機關、政黨、各種社會力以及國民全體。參閱陳愛娥（2003），〈憲法作為政治之法與憲法解釋──以德國憲法學方法論相關論述為檢討中心〉，《全國律師》，第7卷第2期，頁27；蔡宗珍（2005），〈我國憲法解釋中的權力分立圖像〉，《憲政時代》，第40卷第4期，頁509。

[2] 許宗力（2007），〈權力分立與機關忠誠──以德國聯邦憲法法院裁判為中心〉，《法與國家權力（二）》，臺北：元照，頁339。

## 第一節　考試權分立

　　憲法明定考試院為國家最高考試機關，基於分權及制衡目的，防止政府統治權過度集中，將考試權維持相當程度獨立性，以避免機關首長「任人唯私、任人唯親、任人唯派」[3]。有學者指出我國五權憲法與其他國家之三權憲法最大不同在於特別著重「人的因素」，考試權主要功能在於「進賢」，監察院主要功能在於「去不肖」。[4]惟五權分立及制衡如何在不同憲法機關間發揮相互牽制與制衡功能，以及五權如何維持「平等相維」；而「分立制衡」與「平等相維」是否為同義詞或有否本質上的矛盾。茲先探究權力分立與制衡基礎，其次探究權力分立原則下憲法機關之核心領域及機關忠誠義務，最後以此理論分析我國考試權分立與其核心領域。

## 第一項　權力分立與制衡基礎

　　「權力分立」之主要意義在於制衡國家權力，權力分立原則為憲政主義的核心概念，也是現代法治國家創設憲法所遵循之主要原理，其決定國家政府組織與治理型態，同時指涉憲法機關權限劃分。在傳統國家由於所有權力集中於一人之手，權力可任由使用，進而造成國家專制；早期古希臘的亞里斯多德（Aristotle）研究理想城邦政體時，企圖建構一種最好而又可能實現的體制，由於人性天生自利，所以不論是富或貧者掌權，都可能掙脫法律的束縛或凌駕法律而走向極端體制，因此，亞里斯多德主張政體應「法治」大於「人治」，其權力分為審議權、行政權、司法權三權，此為權力分立思想概念的先驅。[5]時至中世紀的馬基維利

---

[3] 考試院研究發展委員會（2002），《考試院研究發展委員會專題研究報告彙編（四）》，臺北：考試院。頁440及446。

[4] 林紀東（1982），《中華民國憲法逐條釋義第三冊》修訂初版，臺北：三民，頁139。

[5] 亞里斯多德認為一位優良的立法家在建立一套政體時，如果審議、行政及司法權都組

（Niccolo B. Machiavelli）同樣主張權力間的衝突制衡。[6]17世紀英國洛克（John Locke）主張立法權與行政權兩權。[7]18世紀孟德斯鳩（Charles de Montesquieu）則改採行政權、立法權、司法權三權同位分權而制衡的政府體制。[8]由傳統理論思潮可知，經由權力分立，國家職權由各不同機關負責執行，並相互監督，讓國家行爲經由分立制衡，較有可預測性，人民基本權保障亦較有其可能性。

　　就現代憲法學者及各國憲政實務，均肯認權力分立與制衡對於政府體制具有積極的意義與價值，可分由不同面向加以闡釋。國內憲法學者曾提出探究「權力分立」應回答三個關鍵問題。第一，權力分立原則目的爲何？第二，其指涉內涵爲何？第三，也是最重要者，如何確保權力分立原則不受破壞？[9]

　　有關權力分立原則之目的，有學者認爲有二：一、爲效率的追求，在

---

織得合理時，全部政體亦會組織得很合理，其中審議機構不同形式將構成不同的政體組織如民主制、混合制、寡頭制、貴族制。參閱亞里斯多德著，淦克超譯（1987），《亞里斯多德的政治學》，臺北：水牛出版，頁173-181。

6　馬基維利認爲明智的殘酷是眞正的仁慈，君主要嚴而有度，令人畏懼要比受人愛戴更安全；而良好的制度就是設立議會讓權貴發言，但另設一裁判機構去制裁有錢人。參閱馬基維利著，閻克文譯（1998），《君王論》，臺北：臺灣商務，頁82-86及95-96。

7　洛克《政府論》第二篇第十三章〈論國家權力之從屬關係〉認爲，如果政府存在則立法權爲統治權，能對他人立法者其位必在他人之上，所以立法權必須是最高，社會上任何人的其他權力均導源於立法權且隸屬於立法權，所以行政權的授與也是來自立法權，因此行政權隸屬於立法權並對立法權負責。參閱洛克著，李永久譯（1969），《政府論》，臺北：帕米爾，頁174-179。

8　孟德斯鳩《論法的精神》第十一章〈政治自由與政治制度的關係〉認爲政治自由對於公民而言，係指一種平和而安定的心理狀態，只有建立一種政府，在此政府治理之下公民不會因另一公民而感到恐懼時，才享有此自由。而此種政府權力劃分爲立法、行政、司法三權，並且由不同機關或人員行使。參閱孟德斯鳩著，彭盛譯（2003），《論法的精神》，臺北：華立文化，頁147-150。

9　湯德宗（2005），《權力分立新論卷二違憲審查與動態平衡》，臺北：元照，頁308-322。

不同的政府部門間進行分工，可提高政府的效率；二、為減少專權以保障人民自由，經由權力分立使政府權力分散，減少專權機會，進而人民自由獲得保障；[10] 亦有從國家層次觀察認為，其目的為實現法治國作用、民主作用、以及有效分工完成國家任務；[11] 究其根本目的在於使國家權力之行使不至於集中於一人或一機關，各個國家權力機關之任務僅限於該國家權力之行使，不得兼享有另一國家權力行使之任務。[12]

　　有關權力分立之內涵，有學者由類型觀點提出三層意義，第一，從客觀事務性質觀點，權力分立原則為一個國家任務分配的型態，例如我國憲法將考試權歸屬於考試院；第二，從組織權力分立觀點，則是一種依憲法規定區分不同國家機關權限；第三，從作用上之權力分立觀點，為國家任務分配給憲法所規定之不同國家機關，個別機關均有憲法上所賦予之權限，以履行憲法上所要求之國家任務。歸結其涵義在於將國家權力行使在功能正確劃分其歸屬之國家機關，經由機關間相互制衡，以達成控制國家權力；[13] 有學者以分權型態分二：一、為垂直分權，為中央政府與地方政府間之權限劃分；二、為水平分權，為中央政府內與地方政府內各部門間之權限劃分；分權係指國家權力分屬中央與地方，再將分屬於中央與地方的權力分配予各部門，以免發生專權，危害人民自由，至於分權應使各權力間適度混合或重疊，俾能相互制衡。[14]

　　至於最重要者「如何不受破壞」的問題，由於「權力間所以需要相互制衡，既是分權無法澈底所使然，只要各權力部門彼此權能重疊之程度尚不至於百分之百，某權力部門不至完全由另一權力部門所取代，各種制衡

---

[10] 湯德宗（2005），《權力分立新論卷二違憲審查與動態平衡》，臺北：元照，頁308-322。

[11] 陳淑芳（2006），〈獨立機關之設置及其人事權—評司法院大法官釋字第六一三號解釋〉，《月旦法學雜誌》，第137期，頁55。

[12] 陳慈陽（2007），〈從權力分立原則論修憲後監察委員之定位〉，《憲法規範性與憲政現實性》二版，臺北：自印，頁228-229。

[13] 同註12，頁225-226。

[14] 同註10，頁310-322。

機制理論上皆有存在之空間（可能）」。[15] 所以，權力間應相互尊重，所言「權力相互尊重，一般係指各權力部門應避免不當干涉其他權力部門核心權力之行使，並尊重其決策」。[16]

上開憲法學者有論及權力分立相互制衡、權力無法完全分離，但亦有論及權力相互尊重，誠如美國麥迪遜（James Madison）言，「權力本身具有侵犯的本質」，所以，權力如何「相互尊重」仍是難解的問題，此外，「尊重」或大法官解釋所提之「相維」是否應有一定的標準或界限。另亦有學者針對此一難題，綜整有關權力分立界限認定之三種主要見解，一為重要性理論，二為核心領域理論，三為功能最適理論。有關重要性理論係指重要事項應經立法權審議；有關核心領域係權力分立提出的一個方法，旨在建構各該權力的權力核心，將之列為不可割捨且不可為外力侵犯者；功能最適理論從功能結構出發，權力分立並非只在確保人民自由及權力制衡，同時，也要求國家任務由最適當機關負責執行完成。惟最適與否，則是依照權力機關內部結構、組成、工作方式、決策程序整體加以判斷，凡對於國家任務之解決有正當性、具充分裝備、能有效率完成者優先，於任務分配時，尚應考量各該機關成員之特殊法律上的定位。[17] 上述核心領域理論與功能最適理論亦為美國聯邦最高法院、德國聯邦憲法法院，以及我國司法院大法官審理權力分立案件時所採取之解釋取向。

在美國聯邦最高法院，其審理權力分立案件有兩種不同的解釋取向，一為形式論取向，二為功能論取向。所謂形式論取向，對權力分立原則的觀點，強調立法、行政及司法三權的權力分立，政府的組織設計應維持三權分立，應將權限劃清，除非憲法有明文規定者外，不允許三權的混合；所謂功能論取向，對權力分立原則的觀點，則強調三權間的制衡，政府的組織設計只要不危及各權力的核心功能，以及不影響各權力間的制衡

---

[15] 湯德宗（2005），《權力分立新論卷二違憲審查與動態平衡》，臺北：元照，頁315。

[16] 同註15，頁316。

[17] 黃錦堂（2010），〈權力分立之憲法解釋─兼評釋字第520、585、613、645號解釋〉，《法令月刊》，第61卷第9期，頁8-9。

關係，應允許其可彈性地將各權力予以混合。[18]

　　在德國聯邦憲法法院，其針對權力分立案件於1953年判決曾如下定調：「權力分立的意義在於政治上的權力區分，三權的相互交錯與由此產生的對國家統治權力的抑制。但即令承認權力分立原則的國家，在其憲法秩序中，某種程度的功能重疊與一權對另一權的影響，其實都是相當普遍的。」[19] 而此權力的相互交疊，須嚴格限制不能超過各權的「核心領域」。所謂「核心領域」的範圍，德國憲法法院判決指出：「除非憲法有明定，否則沒有一個權力擁有優先於其他權力的優越地位，任何一個國家權力如果憲法所賦予的典型任務被剝奪，均不被容許。每一個權力都有其各自獨立的權限，如果某一個權力擁有無所不包的優越地位，就違反權力分立。」[20] 德國聯邦基本法並未賦予立法權在根本性決定上具有無所不包的優越地位，其所維護分配與衡平國家權力的具體制度，不許由民主原則錯誤導出的以無所不包的立法權保留形式呈現出的權力一元論所架空，僅由立法權組成是唯一直接由人民選舉產生的這個事實，尚不能導出其他國家權力制度與功能欠缺民主正當性的結論。[21]

　　在我國司法院大法官雖於憲法本文未出現「權力分立」用語，但藉由大法官釋憲援引，[22] 以及學者就實證法角度觀察，權力分立原則為我國憲法上的基本原則，例由司法院釋字第499號解釋：「權力分立與制衡之原則，具本質之重要性，亦為憲法整體基本原則之所在。」再由司法院釋字第419號解釋理由書：「立憲民主國家，莫不奉權力分立為圭臬，故就

---

[18] 林子儀（1996），〈憲政體制與機關爭議之釋憲方法之應用—美國聯邦最高法院審理權力分立案件之解釋方法〉，《憲政時代》，第27卷第4期，頁50-51及54。

[19] 許宗力（2007），〈權力分立與機關忠誠—以德國聯邦憲法法院裁判為中心〉，《法與國家權力（二）》，臺北：元照，頁295。

[20] 同註19，頁296。

[21] 同註19，頁300。

[22] 此處引用例舉司法院釋字第419、499、585、613號解釋作為說明係參考吳庚、陳淳文之整理意見。參閱吳庚、陳淳文（2017），《憲法理論與政府體制》增訂五版，自版，頁419-421。

憲法上職位之兼任是否相容，首應以有無違反權力分立之原則爲斷。」此外大法官解釋亦就權力分立原則之概念以「功能最適理論」與「核心領域理論」分別闡述，例如司法院釋字第585號解釋：「基於權力分立與機關功能最適原則、機關任務功能分配原則，權力之配置，應配置於功能上最適當，追求效能之機關擔當。」司法院釋字第613號解釋理由書：「權力之相互制衡仍有其界限，除不能牴觸憲法明文規定外，亦不能侵犯各該憲法機關之權力核心領域，或對其憲法機關權力之行使造成實質妨礙，或導致責任政治遭受破壞。」

綜上可知，權力分立目的在於使國家權力不集中於同一機關行使，而正確地歸屬不同的國家機關，國家決定達到可能正確的境地。亦即要求國家事務應由在內部組織、組成方式、功能與決定方式等各方面均具備最佳條件的機關來擔當作成。然憲政現實面各權力分立不可能完全分立，有其相互重疊或混合之處，應由功能最適機關掌理，但不論權力如何重疊或混合，亦不能超過各該權力核心領域之範圍。再由各國實務解釋可知，權力分立原則有其相對性，不同憲政體制有不同的區分標準，以美國三權分立總統制之權力分立原則，各權力之權限劃分清楚；[23] 以德國三權分立內閣制之權力分立原則，各權力之權限則相互重疊，然不論權限劃分清楚或重疊，均強調「核心領域」之不可侵犯。而我國五權分立制之權力分立原則，依大法官解釋亦有以「核心領域」作爲權力分立的界限劃分基礎。

---

[23] 由於美國總統制強調剛性的權力分立原則，行政、立法權互不相屬，並嚴格分離，因此才有探求各自核心領域或害怕對方侵犯自己權限的問題；而德國採內閣制，之所以出現核心領域的討論是因威瑪憲法前德國是一種君主（行政權）仍享有一定專屬實權的君主立憲制。參閱陳淳文（2009），〈從法國法論獨立行政機關的設置緣由與組成爭議：兼評司法院釋字第613號解釋〉，《臺大法學論叢》，第38卷第2期，頁269-270。

# 第二項　憲法機關忠誠義務

　　憲法機關忠誠的概念係指「各機關權力行使作成決定時，亦應顧及其他憲法機關利益，並尊重其權限，憲法機關忠誠雖非源於成文憲法明示，然而，經由整合而達到國家統一性，扮演著道德訴求與倫理精神輔助價值」。[24] 其理論依據源於德國西門（Rudof Smend）之「整合理論」，而該理論最經典著作則為仙克（Wolf-Rüdiger Schenke）所著《憲法機關忠誠》。前者強調各憲法機關為免各自為政，各自杯葛，必須承認「忠誠合作」作為填補實證法所欠缺權限的規範，憲法機關相互「統合」成為國家意志的憲法義務；[25] 後者認為此原則對於作為政治之法的憲法具有三個功能：第一，可作憲法解釋的原則，當解釋機關權限爭議時，如先界定憲法機關的法定權限，導入理論可讓各機關權限「無摩擦」運作；第二，可作濫權的界限，當憲法機關逾越權限，即構成權力濫用及違憲；第三，可作不成文法的權義原則，以此理論成為憲法所創設各憲法機關間的行為準則。[26]

　　在德國憲法實務於1953年德國聯邦憲法法院曾針對機關忠誠內容以：「憲法機關的協調是憲法機關獨立性的孿生物，它要求各個憲法機關在行使其憲法上之職權時均須秉和諧合作精神，任何足以傷害其他機關之尊嚴，也因而傷害憲法本身的行為，都應予以禁止。既然每一憲法機關均為憲法所創設，且因其共同協力合作，憲法才能一再獲得其政治內涵與政治生命力，則每一憲法機關當然就都負有憲法上之義務，竭盡所能，以確保憲法的存續……因此，任一憲法機關，倘於行使職權之際，未能給予其他憲法機關適度之尊重，而竟公然以言詞與行動加以貶抑，就與憲法所課

---

[24] 董保城（2003），〈機關權限爭議解釋之拘束力〉，《憲政時代》，第28卷第3期，頁95。

[25] 陳新民（2007），〈憲政僵局的解決模式—兼評「機關忠誠」的概念〉，《法治國家原則之檢驗》，臺北：元照，頁7-8。

[26] 同註25，頁11。

予的憲法義務背道而馳。」[27]

　　至於我國最早提出機關忠誠概念者爲蘇俊雄大法官，渠於論著認爲司法院釋字第185號解釋「大法官解釋具有拘束全國各機關及人民的效力與德國的機關忠誠概念相符」。[28]而於司法院釋字第520號解釋蘇俊雄大法官協同意見書提到：「憲法機關在憲政運作上負有憲法忠誠之義務，必須遵循並努力維繫憲政制度的正常運作，既不得僭越其職權，亦不容以意氣之爭癱瘓損害憲政機制的功能。此項憲法忠誠的規範要求，雖未見諸憲法明文規定，但不僅爲憲政制度之正常運作所必須，亦蘊含於責任政治之政治倫理，其規範性應不容置疑。」

　　誠如上述，憲法機關忠誠義務係屬道德倫理之訴求，即使大法官解釋明示，然在我國，學者認爲憲法與法治價值並未受到應有的重視，特別是定期選舉的過程中，人民既不在乎政治行動者是否涉及違憲或越權，也忽略國家權力從原先所應受到的憲法規範中逾越，由於不瞭解憲法存在的主要目的就是要限制國家權力，對於政治人物視憲法爲無物而無感；至於社會菁英又因各自立場對憲政體制定位見解分歧，以現代權力結構中，權力分立與制衡基礎藉由憲政機關權力分立，達到權力制衡的目標，似難以達成。[29]

　　然任何一項憲法權力的行使，並非任何單獨之憲法權力機關所能完成，必須尋求其他權力機關的同意、合作與參與，是爲權力間之制衡，也爲權力間的分享。但是學者論述之「憲法機關忠誠義務」及大法官解釋內容，期待各憲法機關於權限爭議時不只基於本位主義，而是遵守「忠誠

---

[27] 許宗力（2007），〈權力分立與機關忠誠──以德國聯邦憲法法院裁判爲中心〉，《法與國家權力（二）》，臺北：元照，頁321。

[28] 蘇俊雄（1997），〈從「整合理論」之觀點論個案憲法解釋之規範效力及其界限〉，劉孔中、李建良主編，《憲法解釋之理論與實務》，臺北：中央研究院社科所，頁1-31。

[29] 陳愛娥（1998），〈大法官憲法解釋權之界限──由功能法的觀點出發〉，《憲政時代》，第24卷第3期，頁181。

合作」不成文憲法原則，是否成為不同見解學者譏諷的「脆弱的概念內涵」。[30]

## 第三項　考試權分立與核心領域

　　我國憲政體制定位由於係獨創於三權分立國家，各國憲政制度不同而難以直接援引，就體系結構與憲法明文，考試權在五權分立體制與其他四權地位平等。正如學者所言，現代民主國家普遍出現職能交疊的情形，也就是說同一個權力部門同時行使數個不同職能，所以想要透過政府體制之基礎架構來決定某種職能或某種權力歸屬，也會變得十分困難。[31] 如何正確定位考試權，若由憲法體系結構面向觀察，首先應正視憲法整體之體系結構邏輯，其次考量體系結構邏輯與個別條文之關係；[32] 若由權力概念內涵面向觀察，亦可分由組織法上「機關」概念，及作用法上「職能」概念分別探究。[33]

### 一、憲法體系結構面向

　　首先，以憲法體系結構邏輯而言，我國五院依憲法第五章第53條行政院、第六章第62條立法院、第七章第77條司法院、第八章第83條考試院，第九章第90條監察院，均為國家最高機關為憲法明定，五院地位平等，五院間如有爭議，則由總統依憲法第44條規定召集有關各院院長會商解決。另經司法院釋字第3號及第175號解釋，基於國家最高機關相互平等，監察院及司法院與考試院同享有法律提案權，五權分立架構確立之考

---

[30] 陳新民（2007），〈憲政僵局的解決模式—兼評「機關忠誠」的概念〉，《法治國家原則之檢驗》，臺北：元照，頁53。

[31] 吳庚、陳淳文（2017），《憲法理論與政府體制》增訂五版，自版，頁402-404。

[32] 同註31，頁434-437。

[33] 黃錦堂（2010），〈權力分立之憲法解釋—兼評釋字第520、585、613、645號解釋〉，《法令月刊》，第61卷第9期，頁398。

試權分立定位，自無疑問。

　　其次，就憲法體系結構邏輯與個別條文而言，考試院與其他四院各有其對應之制衡基礎設計。在立法院對考試院的制衡監督部分，依增修條文第6條第2項規定，考試院院長、副院長及考試委員係由總統提名經「立法院」同意後任命；憲法第88條規定，考試委員須超出黨派以外，依據「法律」獨立行使職權；第89條規定之考試院組織、第63條規定之預算案及各項考銓法律，須經由「立法院」議決，方得實施；在行政院對考試院制衡監督部分，考試院所提出之年度預算，與憲法增修條文第5條第6項司法院之年度預算不同，考試院預算須經行政院核編納入中央政府總預算案，再送請立法院審議；在監察院對考試院的制衡監督部分，依憲法增修條文第7條第1項規定，監察院對考試院經費有審計權，依增修條文第7條第3項規定，考試院所屬人員如有違法失職情事，監察院得提出彈劾；在司法院對考試院的制衡監督部分，司法院依憲法第78條對考試院主管之法律及命令有釋憲權，亦得依憲法第77條規定對考試院所屬人員，施以懲戒權，並針對考試院所涉行政訴訟案件具有審判權。上開憲法及增修條文個別條文對於考試權在組織、人員、預算、業務均有相當制衡及監督機制。

　　綜上，考試權於國家憲法機關間業有明確之權限劃分，各不同憲法機關分屬不同國家權力可避免發生專權，且各權力間適度混合或重疊，得以相互制衡，爰以我國考試權分立與權力分立及制衡機制相關學說理論相去不遠，雖說創設於36年為政治妥協產物，然其體系結構邏輯明確亦不失為一憲政典範架構。惟憲法規範與憲政現實相去甚遠，如以109年1月8日考試院組織法修正之立法過程觀之，由立法委員主動提案修正考試院組織法，考試院雖有表達有違憲之虞，終未經院際協商，逕由立法院三讀通過，其中不乏涉及憲定職權或職位內容，包括考試院院長、副院長、考試委員任期由六年改為四年，及考試委員名額由19人改為7人至9人，此是否違反「五權分治平等相維」憲政精神，及是否逾越考試院核心領域而應有其修法界限；另考試委員任期及名額縮減，會否實質影響考試院之憲定職權行使，基於任一憲法機關地位不具絕對優越性，憲法保留空間予憲法機關享有各該組織形成自由，立法機關是否已逾越憲法所定權限，其自行修

法提案是否應在不影響憲法機關職權行使範圍而有其修法界限，似均有違憲之虞。[34] 若確有修改考試院組織之憲定職權或職位，究其根本仍應循修憲方式爲之，是爲正辦。

## 二、權力概念內涵面向

由於權力分立之「權力」同時指涉「機關」與「職能」兩種概念，以五權分立制考試權組織而言，「機關」爲組織法上概念，於考試權組織係爲「考試院」；「職能」爲作用法上概念，以五權分立則爲「考試權」。學者認爲，「機關分立」較之「職能分立」是最易理解的權力分立模式，因爲存有具體可見的實體機關作爲觀察的對象，機關分立之所以能夠達致限制權力的目的，正是因爲機關間互不隸屬，進而可能發揮相互牽制的效果。[35] 然就考試權組織而言，憲法本文原定考試院職掌完整考試權，嗣於憲法增修條文限縮考試院職掌之考試權，以致考試院與考試權二者混淆不清，如分由「機關分立」與「職能分立」兩個權力分立模式探究考試權組織，或較易完整理解。

就「機關分立」之考試院而言，憲法本文明定考試院職權於第83條，爲國家最高考試機關，依該條規定掌理考試、任用、銓敘、考績、級俸、陞遷、保障、褒獎、撫卹、退休、養老等十一事項，究其憲法文義係掌理完整廣義考試權（包括考選權、銓敘權、保障權），學者稱爲人事行政權。[36] 經由修憲程序於增修條文第6條第1項限縮考試院職權規定，職

---

[34] 109年2月6日考試院第12屆第272次會議紀錄決議：立法院三讀通過「考試院組織法部分條文修正草案」本院因應情形一案，交「全院審查會」審查。嗣經考試院自109年2月至7月召開8次全院審查會後，於109年8月6日考試院第12屆第296次會議決議，不提釋憲聲請，改於任期屆滿前發表聲明。此一「不提釋憲」之決議，致立法院與考試院職權爭議終未能有機會加以釐清，殊爲可惜。

[35] 吳庚、陳淳文（2017），《憲法理論與政府體制》增訂五版，自版，頁399。

[36] 董翔飛認爲考試院職權係照國父主張，原應以考試爲範圍，然依憲法第83條：「考試院爲國家最高考試機關，掌理考試、任用、銓敘、考績、級俸、陞遷、保障、褒獎、

掌對象限於「公務人員」之銓敘、保障、撫卹、退休事項，但其中任免、考績、級俸、陞遷、褒獎等限於法制事項，並刪除「養老」事項。

　　由此增修條文衍生爭議在於人事法制與人事執行歸屬不同機關分工問題，有學者主張人事法制與人事執行應由同一機關掌理，認為：考試院職掌有關公務人員任免、考績、級俸、陞遷、褒獎等事項之法制事項，行政院所屬掌理上開事項之執行事項，而法制與執行二者難以完全區分，又因人事行政職權分屬割裂，致考試院失去完整性，間接影響考試院獨立行使職權；[37] 有學者主張人事法制與人事執行宜適度分工，認為：人事法制與人事執行分屬考試院與行政院係符合實質行政上需求，一方面考試院對於人事法制事項仍具有管轄權，於立規建制仍具有主導權，另一方面行政院所屬人事機關因此擁有寬廣的運作空間，如此可維繫五權分立之基本體制於不墜；[38] 有學者更有人事職權應更向行政院傾斜的主張，認為：公務人員在全國各不同行政機關服務，考試院獨立於行政院的行政系統之外，難以有效掌理相關職權。[39]

　　就「職能分立」之考試權而言，廣義考試權或人事行政權包括職權事項之法制與執行事項，若以「功能最適理論」觀之，首先要面對問題是「考試權」職能爭議，事實上有關人事行政權之事項如待遇、進修、訓

撫卹、退休、養老等事項。」之規定，則非僅單純的考試權而已，事實上，與一般國家文官委員會的職掌並無分別，足見考試院已不僅是國家最高考試機關，同時也是全國最高人事機關，掌理人事行政職權；劉慶瑞認為憲法第83條規定，由條文可知考試院的職權，不以考試為限，是兼行考試和銓敘兩種職權，所以憲法雖規定考試院為國家最高考試機關，實則為全國最高的人事行政機關。參閱董翔飛（2000），《中國憲法與政府》大修訂四十版，臺北：自印，頁497-498；劉慶瑞（1985），《中華民國憲法要義》修訂十三版，臺北：三民書局，頁222。

37 曹伯一（1992），〈考試權獨立完整纔能適應政黨政治潮流〉，《國父遺教研究會會員大會》，錄自考試院秘書處輯印之第二階段修憲「考試院定位」問題考試院意見及同仁論述與有關新報導評論剪輯資料，頁19。
38 法治斌、董保城（2003），《憲法新論》，臺北：自版，頁300-301。
39 陳春生（2003），《憲法》，臺北：翰蘆，頁474。

練、福利等，由於各方認知不同，引起誤解已長達數十年之久。有學者認為考試權係採例示規定，依功能最適理論，考試院為糾正分贓制度任用私人之流弊，其職掌應採廣義解釋，考試院應為人事行政總機關，以超然立場處理人事行政事務。憲法第83條規定之考試院職權僅為例示規定，其他屬於「人事行政」事務，亦應解釋為屬考試院職掌，如公務人員之「保險」。[40] 如自文官制度之建全發展觀之，有關人事政策決定、人事制度建立、人事法規研擬、以及人事管理事項，由考試院以全國最高人事機關之地位，統籌規劃管理，方能建立超然獨立之文官制度。然有學者認為考試權係採列舉規定，因考試院職權列舉事項已達十項之多，恐不應認為是「例示性」規定，如果國家為了保障公務員福利，自可由立法方式創設之（如公務人員保險法），因此，公務員身分之保障即可享有一種彈性的概念；[41] 又有學者引用憲法「排除說」或「剩餘權」概念，凡性質上不屬於總統及行政院以外四院列舉職權者，在邏輯上及法理上宜解釋為屬行政院職權，以行政事項廣泛且複雜，無法一一列舉，若以剩餘權歸屬似為可行途徑。[42] 爰以此考試院職權限於憲法第83條或增修條文第6條所列舉事項，若非列舉事項之待遇、進修、訓練、福利等人事行政權因剩餘權而歸屬於行政院。

---

[40] 考試院職權之例示說，最早見於林紀東（1982），《中華民國憲法逐條釋義第三冊》修訂初版，臺北：三民，頁144-150。

[41] 陳新民（2008），《憲法導論》六版，臺北：新學林，頁346。

[42] 吳庚、陳淳文認為行政作為一種權能，通常以「排除法」界定行政權，也就是行政權就是立法權、司法權、考試權與監察權以外之國家作用或國家活動的權能，此一界定不會有掛一漏萬的問題；林紀東提出憲法對於總統與立法、司法、考試、監察各院之職權，採列舉或例示方式，獨於行政院職權，採概括方式，由歷史觀之，憲法所未明定之剩餘權力，宜解釋為屬於行政院權限；耿雲卿認為行政院之職權，係以概括方式而為規定，乃性質上使然，凡不專屬總統及其他四院所列舉之職權，宜解釋為屬行政院，此乃解決剩餘權歸屬之可行途徑。參閱吳庚、陳淳文（2017），《憲法理論與政府體制》增訂五版，臺北：自版，頁513；林紀東（1978），《中華民國憲法逐條釋義第二冊》三版，臺北：自版，頁183；耿雲卿（1982），《中華民國憲法論》上冊，臺北：華欣文化，頁231。

　　以上不論由「機關分立」與「職能分立」兩個權力分立模式探究考試權組織，發現混淆不清且爭議不斷，就機關角度出發爲考試院，如就職能角度出發除考試院外，尚含括享有部分考試權之行政院人事行政總處，其間混淆確實難解。如以權力分立原則爲憲法原則，考試權之「權力分立」尚有待改進之處。

　　綜上可知，國家考試權分立與其核心領域範圍，在憲法規範面向及憲政現實面向，呈現完全不同的憲法機關權力分立運作；在機關分立面向與職能分立面向，不同憲法機關之權力不完全分立而相互混淆。進而如將前述有關權力分立制衡與憲法機關忠誠義務之理論學說合併觀察得知：

　　第一，權力分立原則因各獨立權限機關組織相互平等，無任一機關具有優越地位，而使各國家決定達到可能正確的境地，由於制憲者於創設憲法對於機關之設置，權限如何加以規範，此爲憲法機關，其組織權限原則歸屬於制憲者或有權修改憲法機關。[43]且憲法機關對於組織方式、功能以及如何得以完成憲法賦予職權本有其組織選擇自由，其他憲法機關是否有權於未經協調之情況下逕予修改，另一憲法機關之組織，侵犯其行政組織權或組織編成權，倘眞若有變動憲法機關組織之必要性，亦可經由憲法第44條總統院際協商處理，以行政組織權乃一憲法機關之核心領域，[44]於權力分立原則之下，不可侵犯部分如有侵犯，顯現侵犯者之優越地位，而致權力分立不對等。

　　第二，憲法機關忠誠義務強調作爲憲法之最高機關共同協力賦予憲法政治生命力，確保憲法永續，而憲法永續有兩種可能，一是修憲說，認爲基於力量或權威所形成之政治意志，其有權作出對自我政治存在之類型

---

[43] 吳庚（2008），《行政法之理論與實用》增訂十版，臺北：自版，頁192。

[44] 陳慈陽引述Stern認爲在德國三權分立的組織爲基本法核心不可侵犯的部分，陳慈陽認爲權力分立原則在基本法秩序上屬於憲法核心不可侵犯部分之理由爲，該原則基於保障民主原則之不受侵害所應有之作用與組織內涵，而非數字上國家權力種類的限制。參閱陳慈陽（2007），〈論憲法核心部分理論之實證化及其難題〉，《憲法規範性與憲政現實性》二版，臺北：自印，頁99-100。

與形式的整體性決定，由政治意志決定憲法條文之性質，爲不可變更的實證憲法核心。[45] 所以主張「憲法僅能自我修正，但不能自我毀滅」的見解，[46] 但另一說認爲「一憲法秩序必須具備彈性，改變可能性與補充之必要性的能力」在此要求下，憲法是一「自我內在不斷更新進行融合的現實」[47]，而若未制憲亦未修憲，在憲法與法治主義之遵循，各憲法機關基於「最高」機關之忠誠義務，應盡其所能相互尊重，維繫憲政制度運作正常，以成就「五權分治平等相維」憲政精神。否則，一個權力對於另一個權力的蠶食何時可認爲已違反權力分立原則認定困難，[48] 倘若如權力分立原則縱已降低至核心領域的保護，將因各權力核心領域難以界定，而如空中樓閣。

## 第二節　考試權組織

我國憲法因採五權分立體制，除總統外有五個憲法機關，學者認爲其中司法院、考試院和監察院在憲法體系結構成爲憲法的獨立機關，爲我國憲法自始存在的獨立機關原型；[49] 不同機關有不同的組織結構與決策作成程序，國家事務之所以分配到各該不同機關，目的無非期將國家事務之分配，可以分配到具有適當良好的組織結構與決策作成程序機關辦理，以使國家權力運行達到正確的境地。[50] 考試權組織爲考試院，依憲法及

---

[45] 陳慈陽（2007），〈論憲法核心部分理論之實證化及其難題〉，《憲法規範性與憲政現實性》二版，臺北：自印，頁22。

[46] 同註45，頁25。

[47] 同註45，頁19。

[48] 陳淑芳（2006），〈獨立機關之設置及其人事權─評司法院大法官釋字第六一三號解釋〉，《月旦法學雜誌》，第137期，頁55。

[49] 蘇永欽（2008），〈我國憲政體制下的獨立行政機關（上）〉，《法令月刊》，第59卷第1期，頁10。

[50] 許宗力（2007），〈權力分立與機關忠誠─以德國聯邦憲法法院裁判爲中心〉，《法

增修條文具有獨立性，另以考試院組織法設置所屬機關，共同完成憲法賦予職權，本節先說明組織結構與制度設計相關理論，進而探討獨立機關概念，並以此理論分析我國考試權組織獨立與所屬機關設置。

## 第一項　組織結構與制度設計

組織結構理論有以系統結構研究者，亦有以功能結構分析者，另有以總體研究探討組織之物競天擇觀，亦有從微觀角度分析個別組織行動之策略選擇，研究範圍多元各自擁有學理基礎。[51] 在政府部門組織於現代法治國家結構下，須受法的規範，其經由組織法規之制定，而決定其職權、人員組成、內部運作，自86年7月21日憲法第四次增修條文增訂第3條第3項及第4項分別規定：「國家機關之職權、設立程序及總員額，得以法律為準則性之規定。」及「各機關之組織、編制及員額，應依前項法律，基於政策或業務需要決定之。」其目的在於放鬆法律對機關組織層次之規範，有意在組織法領域降低法律的規範密度，僅作「準則性規定」，保留機關組織自主空間。[52]

理論上之組織結構與制度設計基本原則因各自角度而不同，[53] 簡言之，因組織存在的目的係為完成使命，其運作價值首應確認組織定位，進

---

與國家權力（二）》，臺北：元照，頁302-312。

[51] Scott, W. Richard (1998), *Organizations: Rational, National, and Open Systems*, U.S.A: Prentice-Hall, pp. 1-29.

[52] 吳庚（2008），《行政法之理論與實用》增訂十版，自版，頁143。

[53] 張潤書於其《行政學》提及組織結構基本原則有1. James D. Mooney和Alan C. Reiley之梯階原則、機能原則、幕僚原則、協調原則；2. Luther Gulick和L. Urwick之目的原則、專業化原則、協調原則、權限原則、職責原則、定義原則、一致原則、控制幅度原則、平衡原則、繼續性原則；3.張金鑑之完整統一原則、協同一致原則、指揮運如原則、管理經濟原則、事權確實原則等。參閱張潤書（1991），《行政學》再修訂四版，臺北：三民，頁180-185。

而分析利害關係人。[54] 在結構與制度分工設計方面，應同時考慮垂直分工與水平分工，以及相互間之互動模式。其中「垂直分工」強調上下層級訊息傳達及控制程度，「水平分工」著重部門之間溝通及協調合作。在結構與制度設計型態方面，一般而言，有以「功能別」劃分將相同功能的工作歸屬同一部門，如人事室、會計室；有以「事業別」劃分將個別重要專案或服務對象劃分同一部門，如研究發展處、客戶服務中心。不論以何種設計邏輯，皆以共同合作完成組織使命爲其前提要件。

　　上開組織結構理論對於政府組織而言，亦有類似之設計邏輯，但因受有「法」規範而更顯其複雜性。依我國除於增修條文有放寬法律規範密度外，法位階可分三類：一、憲法設置機關，其權限憲法有原則性規定，非經修改憲法之程序，不得廢除或變更，即以法律定之，亦須爲「合憲性法律」；二、法律設置機關，依中央機關組織基準法及中央法規標準法規定，所有中央機關之組織均應有法律之依據，在現行制度中央二、三級機關編制員額已有準則性規定，保留機關組織少許自主彈性；三、命令設置機關，由於地方行政機關，並非中央法規標準法第5條第3款之國家機關，直轄市政府所屬機關之設置，係依據內政部擬訂之準則審議其自治組織條例而設置，此外，中央四級機關亦可由主管院發布法規命令加以規範。[55] 依此各該法位階設置機關再依機關組織與制度設計型態，以業務功能劃分，例如教育部、法務部；以管轄區域劃分，例如財政部北區國稅局、陽明山國家公園管理處。相同地，不論何種機關組織設計，均在法定事務有決定並對外表示國家意思，依中央機關組織基準法第14條規定，上級機關對所隸屬機關有依法規行使指揮監督權，不相隸屬之指揮監督，則應以法規有明文規定爲限。

---

[54] 吳瓊恩、李允傑、陳銘薰（2001），《公共管理》，臺北：智勝，頁126-127
[55] 吳庚（2008），《行政法之理論與實用》增訂十版，自版，頁143及199-200。

## 第二項　獨立性機關概念

政治與行政的關係，向為研究政府學領域學者所關注，在美國於1887年威爾遜（Woodrow Wilson）為文呼籲，使行政不再附屬於政治，而認為行政應著重研究政府行政體系之有效運作，強調「價值中立」。然於1947年以後「價值中立」之行政原則備受挑戰，賽蒙（Herbert A. Simon）認為所謂行政原則只是一堆諺語，所有的原則，均有「反原則」的存在，其後政治與行政之間關係時近時遠。[56] 在歐洲，行政權與政府權分離的想法，亦一直存在，在某些特定領域，希望有與一般行政機關不同而更具獨立性或自主性組織的需求產生；[57] 同一時間36年於我國憲法公布施行，憲法設置獨立機關，雖僅有簡單原則性規定，如憲法第88條規定：「考試委員須超出黨派以外，依據法律獨立行使職權。」第80條規定：「法官須超出黨派以外，依據法律獨立審判，不受任何干涉。」但在獨立性機關之追求亦與世界軌跡相互連結。

由於現代國家民主政治使國家行政組織有由不同政黨或政治輪替之可能，有學者認為政府及其行政機關在客觀上難以為其人民提供一個公平公正的權力運作想像，[58] 歐盟法院判決指出：在同一個行政機關下的不同組織，並不符合獨立的要求，[59] 若在「民主競爭與政權輪替」脈絡下獨立機關設置有五點可能理由，第一，行政機關暫時性政黨化問題：政

---

[56] 吳定（1985），《公共行政論叢》增訂再版，臺北：天一圖書，頁52-60。

[57] 陳淳文（2009），〈從法國法論獨立行政機關的設置緣由與組成爭議：兼評司法院釋字第613號解釋〉，《臺大法學論叢》，第38卷第2期，頁247。另李建良援引德國傳統學說將行政權區分為政府與行政兩部分，其中政府所掌理的範圍是屬於「政治領域」，具有「領導國家」及確立國家方針功能，行政所從事者只是個別或技術性問題。參閱李建良（1999），〈國家高權行為與公法訴訟制度─論德國「政府行為」理論與「不受法院管轄之高權行為」概念〉，《憲法理論與實踐（一）》，臺北：學林文化，頁347。

[58] 同註57陳淳文（2009），頁247。

[59] 同註57陳淳文（2009），頁249。

府公權力之行使漸失其應有的公正性，導致人民對行政機關不信任，並且憂慮民選政府會將國家或行政機關暫時性的政黨化；第二，政策與規範不確定性的問題：由於政策與規範的變動不定，令人民無法信賴執行中政策與規範的持續性，無法預測政策及法令的可能走向，從而無法理性規劃未來行動；第三，責任移轉問題：有鑑於利益衝突較大的政策領域，決策成本較高，授權由獨立機關處理，既降低交易成本，亦達到責任移轉功能；第四，資訊不對稱問題：在某些專業程度高且情勢變動快的領域，一般行政機關資訊不對稱無法有效管制，經由獨立機關設置可適時引進業界相關專家；第五，組織僵化與制度盲點問題：在傳統國家組織的分權與分工設計，或因分工而造成制度盲點，因而國家組織受限於有限資源與被限定之作用程序，缺乏彈性運作的可能。[60]

　　依我國91年政府改造委員會提出之「獨立機關的建制理念與原則」設置獨立機關主要理由是因：「憲政民主國家中，行政權所轄的官僚層級組織，基本上是由具有直接或間接民主正當性基礎的行政首長與政務人員來負責領導與指揮，並十分重視行政決策的政治責任。但是有一些管制性或調查性之公共事務的決策與執行，卻特別要專業化、去政治化或在決策時充分考慮到政治與社會的多元價值，才能夠確保公共利益的實現並獲得人民的信賴。負責處理這些事務的行政機關，因此必須比一般行政機關更為客觀、中立、具備更高的專業能力並且與政治保持一定的距離……稱為『獨立』機關，乃是因為相對於講求政治指導與控制的一般行政機關而言，它們必須超越個人或黨派利益的考量，依據專業以及法律『獨立』行使職權。」[61]

　　由上可知，36年憲法所稱獨立機關與91年政府改造時提出之獨立機關，在概念上並不相同，在我國法制架構下，若直接使用「獨立機關」這個法條用語，易產生混淆，因為事實上，現行獨立機關分為兩大類，一

---

[60] 陳淳文（2009），〈從法國法論獨立行政機關的設置緣由與組成爭議：兼評司法院釋字第613號解釋〉，《臺大法學論叢》，第38卷第2期，頁255-260。

[61] 參閱陳淳文提及總統府政府改造委員會所提會議資料，同註60，頁250。

爲憲法上的獨立機關，如前所述於36條憲法公布之考試院、監察院及司法院；一爲法律上的獨立機關，係指中央行政機關中一種特別組織類型之「獨立行政機關」，[62] 如中央選舉委員會、公平交易委員會、國家通訊傳播委員會（以上爲中央二級機關）、國家運輸安全調查委員會（爲中央三級機關）。就語意上而言，獨立行政機關是指不在行政權層層節制之下，受其指揮監督的行政組織。[63]

　　有學者認爲獨立的語意層次，至少可分決策獨立與機關獨立，所謂決策獨立係指排除外部就事物所爲之監督，得自主形成有效力的決策；至於機關獨立係指在決策獨立之外，一般行政管理也要獨立於層級行政體系，若沒有決策獨立則無機關獨立，決策獨立是機關獨立的眞正核心，並以此認爲憲法層次的獨立機關，包括考試院係兼具有決策獨立與機關獨立者。[64] 其中機關獨立又有不同類型，可分外部獨立與內部獨立，若決策獨立且機關外部獨立，也就是不受其他上級或平行機關的干預監督，即可稱爲獨立機關，機關內部未必要獨立，機關內部可能有長官部屬的指揮關係，或長官的異議保留；至於決策獨立也可從決策範圍著眼分爲個案執行獨立與通案決策獨立。[65] 至於如何監督，獨立機關因不向其任命者負責，也不向執行勢力負責，而是向其所服務對象負責，以及對其自己負責，在時序上可分爲事前監督及事後監督，在性質上亦可分爲政治監督及非政治監督。[66] 然有學者從更嚴格角度界定獨立機關，認爲若僅爲機關成員獨立行使職權，但機關本身並非自主運作，稱爲「不完全之獨立機關」；意即若僅是組織成員「依法獨立行使職權」或「依法公正行使職

---

[62] 陳淳文（2009），〈從法國法論獨立行政機關的設置緣由與組成爭議：兼評司法院釋字第613號解釋〉，《臺大法學論叢》，第38卷第2期，頁237。

[63] 同註62，頁255-260。

[64] 蘇永欽（2008），〈我國憲政體制下的獨立行政機關（上）〉，《法令月刊》，第59卷第1期，頁12。

[65] 同註64，頁12-16。

[66] 同註62，頁281。

權」者，則為不完全獨立機關。[67]

　　至於在確保獨立運作的組織成員部分，有學者認為核心關鍵不在任命者或是組成成員的黨籍比例，或是否允許政黨推薦等問題，因為組織成員之黨派色彩，及其任者的黨籍問題，是建立在一個脆弱的假設，它假設有黨籍的人較不易獨立行使職權，這個假設之所以脆弱，正是因為黨籍不是一個不可改變的特徵，根本不重要也無意義，真正重要的是性別、族群或社會階級背景的比例，如制度設計能使獨立機關之成員的任期與政黨輪替時間錯開，且享有任期保障，或組織成員競業禁止規定、落實合議制設計、決策程序法制化與透明化等事項，即可維持其獨立性。[68]

　　綜上，獨立性機關概念甚為複雜，依其分類不同而有不同標準。有嚴格標準者，將獨立機關區分為完全獨立機關與不完全獨立機關，認為機關本身須自主運作且組織成員依法獨立行使職權，方可稱為完全獨立機關；有依層次標準者，認為決策獨立為機關獨立之核心，若具決策獨立且機關外部獨立，不受其他上級機關或平等機關干預監督即可視為獨立機關。然最終究獨立性組織設置目的而言，最基本要素是指該機關組織就其主管事權內所為決策享有最終決定權，其所平行或不相隸屬之機關組織不得對之再行修改或否決其決策事項。[69]

## 第三項　考試權組織獨立與所屬機關設置

　　依上開獨立性機關概念重新檢視考試權組織獨立問題，有學者認為我國制憲者將考試權從行政權脫離，且設置考試委員以合議制獨立行使職

---

[67] 周志宏主持，黃昭元、劉靜怡、陳耀祥協同主持（2006），《我國獨立行政委員會組織建制與相關憲法問題之研究》，行政院法規委員會委託研究，頁15。

[68] 陳淳文（2009），〈從法國法論獨立行政機關的設置緣由與組成爭議：兼評司法院釋字第613號解釋〉，《臺大法學論叢》，第38卷第2期，頁260及283。

[69] 施能傑（2009），〈考試權獨立機關化定位的新討論—民主責任政治的檢驗〉，《臺灣民主季刊》，第6卷第1期，頁141。

權，但此一設計是否屬於「獨立機關」有待釐清。首先考試院正副院長之產生不具考試委員資格，相對於立法院院長、司法院院長、監察院院長，均須分別具備立法委員、大法官、監察委員資格，二者資格不同。又考試院爲合議制機關，由院長、副院長、考試委員共同決定國家考試重大方針，考試院院長爲考試院會議主席，對外代表考試院，但由於考試院正副院長不具考試委員資格，其與獨立機關首長通常具有成員資格情形而不相同，故考試院是否享有完整獨立性，不無疑義。[70] 然有學者認爲憲法上獨立機關，雖僅於憲法簡單規定，如憲法第88條規定：「考試委員須超出黨派以外，依據法律獨立行使職權。」但大法官提供若干獨立保障的解釋，如司法院釋字第325號解釋：「國家機關獨立行使職權受憲法之保障者……考試機關對於應考人成績之評定……」藉由司法院解釋的補強，已形成憲法獨立機關的某些制度性保障。[71] 亦有學者直接稱考試院爲「有實質權力的制度性獨立機關」。[72] 綜上，若以獨立性組織機關「決策獨立」角度觀之，憲法第88條規定：「考試委員須超出黨派以外，依據法律獨立行使職權。」採合議制以考試院會議爲決策單位，自主形成有效力的決策，考試權自屬決策獨立，尚無疑問；又以「機關獨立」角度觀之，由於憲法第83條及增修條文第6條規定，考試院爲國家最高考試機關，既爲「最高」在考試事項範圍內自有最終決定權，而得以不受平行或不相隸屬之機關組織任意行使監督之權；再若以「完全獨立機關」角度言，五權分立制之下考試院與行政院分立設置自主運作，憲法明定組織職權，加以組織成員之考試委員均係依法獨立行使職權，似亦難謂爲不完全獨立機關。

---

[70] 董保城（2015），〈從組織與程序之保障探討考試權〉，《考試權之理論與實務》，臺北：元照，頁142-143。

[71] 蘇永欽（2008），〈我國憲政體制下的獨立行政機關（上）〉，《法令月刊》，第59卷第1期，頁16-17。

[72] 施能傑（2009），〈考試權獨立機關化定位的新討論─民主責任政治的檢驗〉，《臺灣民主季刊》，第6卷第1期，頁136。另吳庚、陳淳文除肯認考試院之獨立機關地位外，甚至認爲考試院若沒有「院」的地位，難以捍衛其獨立性。參閱吳庚、陳淳文（2017），《憲法理論與政府體制》增訂五版，臺北：自版，頁630。

　　至於考試權組織與所屬機關設置，依學理言，組織間隸屬關係基本上有四種，一是人事隸屬，即上級機關在一定程度內任免下級機關人員；二是財務隸屬，即下級機關之財務，包括預算收入與支出等面向，依不同程度受上級機關監督控制；三是組織隸屬，即在組織架構上，上下級機關可以整合成一個整體；四是功能隸屬，不論是下級機關之抽象規範的訂定行為，或是具體個案的處分行為，上級機關皆有介入的空間。[73] 以此考試院除院本部外，在組織隸屬下設二部二會：考選部、銓敘部、公務人員保障暨培訓委員會及公務人員退休撫卹基金監理委員會；茲分別說明之。

## 一、考試院院本部

　　依考試院組織法，其院本部設置秘書長（特任政務職務）及副秘書長（簡任第十四職等常任職務），共同協助院長處理考試院日常事務，院本部內部分設處、組、會、室等十四個單位，主要負責審核所屬二部二會研議之考銓政策法令，係考試院政策幕僚性質之單位設置。[74]

　　有學者質疑，考試院職權係憲法第83條及增修條文第6條第1項所賦予，該職權係憲法委託予考試院，以其為憲法委託事項可否轉委託予其下設置考選部、銓敘部、公務人員保障暨培訓委員會、公務人員退休撫卹基金監理委員會等二部二會；況且考試院既為憲法上獨立機關，其「獨立性」可否委任下級機關負責憲法委託「獨立性」職掌內容，似有疑問。換言之，二部二會之機關竟隸屬於獨立行使職權之考試委員所組成的考試院，亦非無討論餘地。[75] 究其根本問題在於考試院職權係憲法委託且委託其獨立行使職權，此憲法委託或獨立機關性質有否再委託或授權之禁

[73] 陳淳文（2009），〈從法國法論獨立行政機關的設置緣由與組成爭議：兼評司法院釋字第613號解釋〉，《臺大法學論叢》，第38卷第2期，頁266-267。

[74] 考試院編纂室（2019），《中華民國一〇八年國家考試暨文官制度報告書》，臺北：考試院，頁18-19。

[75] 蔡政文主持，黃錦堂協同主持（2009），《「我國憲政體制問題及改革方向」憲法層級獨立機關之再檢討子計畫》，行政院研究發展考核委員會委託研究。頁33。

止，有學者更進一步建議裁撤所屬機關，改於院本部內設各委員會行使職責，分設考選委員會、人力資源政策委員會、公務人員功績制度保障暨監督委員會。[76]

## 二、考選部

依考選部組織法規定，考選部置部長（特任政務職務）、政務次長（比照簡任第十四職等政務職務）、常務次長（簡任第十四職等常任職務），係首長制機關型態。然於18年原係採委員制，[77] 設置考選委員若干人掌理全國考選事宜，36年憲法公布施行後改為考選部，主要掌理憲法第86條規定之公務人員任用資格考試與專門職業及技術人員執業資格考試之考選行政相關事宜。依考選部處務規程設考選規劃司、高普考試司、特種考試司、專技考試司、總務司、題庫管理處、資訊管理處及秘書室等單位。[78]

有學者認為為免政府用人徇私分贓，考選部具有獨立性，以中央二級機關組織設置，而我國確需要組織層級較高的機關負責考選工作，否則無法抗拒有權用人者干擾，普遍肯認考選部之組織設置；[79] 僅於89年間「政府改造白皮書」有以行政法人方式成立「試題研究中心」暨推動專責試務中心外，[80] 並未有組織職權之質疑意見。

---

[76] 施能傑（2009），〈考試權獨立機關化定位的新討論—民主責任政治的檢驗〉，《臺灣民主季刊》，第6卷第1期，頁159-160。

[77] 18年8月1日制定考選委員會組織法第2條規定，考選委員會以委員長1人，副委員長1人，委員5人至7人組織之。

[78] 考試院編纂室（2019），《中華民國一○八年國家考試暨文官制度報告書》，臺北：考試院，頁46-47。

[79] 高永光主持（2002），《考試權獨立行使之研究》，考試院研究發展委員會委託研究，頁33。

[80] 柯三吉（2008），〈我國國家公務員選用制度變革之策略性議題：美英日三國改革經驗與啟示〉，《考銓季刊》，第54期，頁12。

## 三、銓敘部

　　依銓敘部組織法規定，銓敘部置部長（特任政務職務）、政務次長（比照簡任第十四職等政務職務）、常務次長（簡任第十四職等常任職務），亦為首長制機關型態。17年時之銓敘部組織法第1條規定：掌理全國文官、法官、外交官或其他公務員及考取人員之銓敘事項；33年掌理全國文職公務員之銓敘，及各機關人事機構之管理事項；76年迄今掌理全國公務員之銓敘及各機關人事機構之管理事項，也就是憲法增修條文第6條第1項第2款及第3款除公務人員保障以外之所有事項（公務人員之銓敘、撫卹、退休；及公務人員任免、考績、級俸、陞遷、褒獎之法制事項）。依銓敘部處務規程設參事室、法規司、銓審司、特審司、退撫司、人事管理司、總務司等單位。[81] 此外，銓敘部下設有公務人員保險監理委員會及公務人員退休撫卹基金管理委員會，由部長兼任主任委員。

　　有學者認為銓敘部相關職權應移屬於行政院，爭議原因係考試院行使之考試權性質究為考試權或行政權，進而影響其組織定位，依孫中山先生考試權應獨立於行政權之外，惟考試權本身亦為行政權之一；[82] 又憲法增修條文對於考試權的獨立及權限重新界定，並於行政院增設原屬考試權功能的組織為行政院人事行政局（101年改為行政院人事行政總處），基於以下理由否認銓敘部歸屬考試院：第一，國父遺教之考選機關係專管考選權，遺教中只有設置獨立機關，專管考選權，並非由考選機關兼管銓敘權（即一般所謂的人事行政權）；第二，歐美各國人事行政理論，人事行政權均隸屬行政權之下，依人事行政理論，人事行政權之下，考選權始予獨立；第三，考試院難以推動人事管理工作，人事管理權劃在獨立於行政權之外的考試權之下，惟用人用錢之事離不開行政權；第四，唐代以後歷史傳統制度考選與任用係由兩個機關分開辦理，我國係由禮部掌考選，

---

[81] 考試院編纂室（2019），《中華民國一〇八年國家考試暨文官制度報告書》，臺北：考試院，頁145-147。

[82] 陳新民（2008），《憲法導論》六版，臺北：新學林，頁331-336。

吏部掌任用，分途辦理人事事宜，但均隸屬於君權（行政權）。[83]然肯定說，認為以上理由似是而實非，[84]銓敘部不僅應隸屬考試權組織體系下，考試院且應掌有廣泛的人事行政權，其理由如下：第一，考試院的名稱與職權乃本諸國父遺教精神納入憲法條文；第二，考銓工作必須密切配合；第三，人事權力求完整性，考試權為人事權之一，依照機能一致原則，其他人事權亦列入考試權而為其內容之一種；第四，考試二字的字義來源乃包括考選與任用的意義在內：我國說文對於試字的解釋為「試，用也」；書經亦有「用試以功」，必須用而後見功。試為用，所以國父在五權中定考試名稱時，就包括考選、任用兩項職務在內。[85]

## 四、公務人員保障暨培訓委員會

依公務人員保障暨培訓委員會組織法規定，該會置主任委員（特任政務職務）、副主任委員（比照簡任第十四職等政務職務）、副主任委員（簡任第十四職等常任職務）及專任委員（比照簡任第十三職等政務職務）。主要任務係憲法增修條文第6條第1項第2款之公務人員保障事項，包括公務人員身分、工作條件、官職等級、俸給與其他公法上財產權等有關權益保障研議及公務人員保障事件之審議、查證、調處及決定事項。除此之外，並職掌公務人員培訓事項，且於88年成立國家文官培訓所（99年改制為國家文官學院）。內部分設保障處、地方公務人員保障處、培訓發展處、培訓評鑑處等單位。[86]此外，公務人員保障暨培訓委員會下設有

---

[83] 黃耀南（1988），《考試院組織及職能之研究—考試院第七屆院會》，國立政治大學公共行政研究所碩士論文，頁291-292。

[84] 管歐另提及有學者雖謂考試院為行政機關，但考試權既係由行政權劃出，在基本觀念上，考試權即非行政權，考試機關即非行政機關。參閱管歐（2006），《中華民國憲法論》修訂十版，臺北：三民，頁232-233。

[85] 同註83，頁292-295。

[86] 考試院編纂室（2019），《中華民國一○八年國家考試暨文官制度報告書》，臺北：考試院，頁306-307。

國家文官學院，由主任委員兼任院長。

有學者認為公務人員保障權應該司法化，各方針對職掌公務人員個案保障機關究應置於行政權或司法權，見解分歧不一。主張置於行政權者，以美國為參照案例，認為可成立類似美國功績制保護委員會性質之二級獨立機關；[87] 主張置於司法權者，認為公務員的保障已經朝向司法化，故應將權益保障機關改設司法院。[88] 另有學者認為公務人員培訓事項非屬考試院憲定職權，因非憲法第83條或增修條文第6條所列舉事項，基於憲法剩餘權概念，非列舉考試院職權事項，應歸屬於行政院。

## 五、公務人員退休撫卹基金監理委員會

依公務人員退休撫卹基金監理委員會組織條例規定，該會置主任委員（考試院副院長兼任）、執行秘書（簡任第十二至十三職等之常任職務），主要任務負責公務人員退休撫卹基金審議、監督及考核，會內分設業務組及稽察組等單位。[89]

綜上可知，不論係由孫中山先生所提考試權獨立或各界避免政府任用私人徇私分贓，惟有考試權組織獨立方得以抗拒有權用人者干擾，考試院之獨立性機關設計不論係源於憲法設置或實務運作需要，由以上決策獨立或機關獨立角度觀察均肯認考試院為憲法上獨立機關，甚或有學者認為考試院若沒有「院」的地位，難以捍衛其獨立性；[90] 惟亦有學者質疑憲法機關職掌憲定職權係憲法委託，可否再委託所屬機關問題。以憲法特別規定有關國家組織應以法律定之，增修條文亦針對機關設置規定準則性立法和委任立法，目的即讓各機關組織、編制、員額等依政策需要得以命令定

---

[87] 施能傑（2009），〈考試權獨立機關化定位的新討論—民主責任政治的檢驗〉，《臺灣民主季刊》，第6卷第1期，頁160。

[88] 陳新民（2018），《憲法學釋論》，臺北：三民，頁615。

[89] 考試院編纂室（2019），《中華民國一〇八年國家考試暨文官制度報告書》，臺北：考試院，頁348。

[90] 吳庚、陳淳文（2017），《憲法理論與政府體制》增訂五版，臺北：自版，頁630。

之，具有「機關組成權」爲「準則性法律的保留」，是以，有關憲法機關組織的法律保留規定，並未排除，顯然係尊重考試院等憲法機關的「自行其是」。[91] 至於考試院獨立性機關設置理想若爲肯認，其所屬機關設置亦應朝此「獨立性」原則建制，然所屬二級機關及三級機關均置有三個由總統直接任命政務職務之所屬機關，除不符合獨立機關直接掌握決策權的原理，也使考試院暨其所屬機關難與政黨政治切割，[92] 爲確保憲法委託之「獨立性」於再委託所屬機關時仍能落實其「獨立性」，或許在組織結構與制度設計上，應設計授權與監督所屬機關「獨立性」之制度性規範。

## 第三節　考試權行使

明張居正：「天下之事，慮之貴詳，行之貴力，謀在於眾，斷在於獨。」從組織面而言，獨立機關多爲合議制，從業務性質而言，獨立機關係承辦相當專業的業務，[93] 獨立機關本身不得任意棄守獨立的立場。考試權若不獨立，而採三權分立由政治色彩濃厚之行政權掌理，對政府選拔人才及人事制度穩定執行，依功能最適理論，有所不足；更何況我國自古重情輕法，人事如不能超然獨立，人情勢將凌駕法治之上。因而我國憲政體制賦予考試院職權，本節將以職權行使獨立性爲分析角度，進而探討考試權決策程序，以及考試院與所屬機關及行政院人事行政總處間之權力行使關係如後。

---

[91] 蘇永欽（2008），〈我國憲政體制下的獨立行政機關（上）〉，《法令月刊》，第59卷第1期，頁8。

[92] 施能傑（2009），〈考試權獨立機關化定位的新討論─民主責任政治的檢驗〉，《臺灣民主季刊》，第6卷第1期，頁148-150。

[93] 黃錦堂（2008），〈德國獨立機關獨立性之研究─以通訊傳播領域爲中心並評論我國釋字第613號解釋〉，《中研院法學期刊》，第3期，頁10。

## 第一項 職權行使獨立性

　　一般而言，組織決策形態可分爲首長制、委員制及混合制。首長制係指將機關責任及職務交由一位單獨長官擔當與主持，爲個別責任，此爲管理成功及效率提高之基本條件；委員制是將機關責任及職務交由若干人共同擔當或主持，爲集體責任，易收集思廣益的效果；混合制則指政策決定及實際業務執行，採用會與部混合制，一爲議事或決策委員會，一爲業務執行部，但其部會權責應予分別確定。如以獨立機關職權行使之組織型態，通常以委員制強調集體責任及多元代表，但並非爲必要條件，若以目前憲法體制亦並非絕對。在我國獨立機關組織通常以合議制方式行使職權，但央行總裁、審計長與檢察總長爲少數例外，然屬合議制的獨立機關，其合議方式與程序不一，成員有全部專職者，如考試院考試委員，有部分專職部分兼職者，如考試院所屬公務人員保障暨培訓委員會；成員產生考量因素亦不一，有強調專業性者，有強調多元代表性者，甚有採政黨比例組成者，[94] 獨立機關的去政治力只能視爲選任程序的目標，而不能認定爲選任程序的禁令。然如專業性高的獨立機關，需要建構高度的專業能力，選任的對象只能是符合客觀條件的少數專業人才，此時適當的政黨介入，不在找政黨的代言人，確保政黨本身在政治競賽中的公平，而在確保從這個潛在專業人才庫選任出來的專業人才，不至於在政策理念上偏於特定方向，政黨反映的不同政策理念使其參與可以確保獨立機關組成的多元性。[95] 目前憲法位階的獨立機關均採兩機關提名同意模式，先由總統

---

[94] 例如國家通訊傳播委員會組織法第4條第3項規定：「本會委員應具電信、資訊、傳播、法律或財經等專業學識或實務經驗。委員中同一黨籍者不得超過委員總數二分之一。」公務人員退休撫卹基金監理委員會組織條例第5條規定：「……置委員十九人至二十三人，由中央與地方政府有關機關代表及軍公教人員代表組成……。前項軍公教人員代表不得少於委員總額三分之一，任期二年。」

[95] 蘇永欽（2008），〈我國憲政體制下的獨立行政機關（下）〉，《法令月刊》，第59卷第3期，頁10-11。

提名，再經立法院同意。

## 第二項　考試權決策程序

　　依憲法第88條規定：「考試委員須超出黨派之外，依據法律獨立行使職權。」立法院固可由法案審查及預算審議對考試院監督，但考試院院長、副院長及考試委員依司法院釋字第461號解釋不須到立法院備詢，依考試院組織法第7條第1項：「考試院設考試院會議，以院長、副院長、考試委員及前條各部會首長組織之，決定憲法所定職掌之政策及其有關重大事項。」是以，考試院決策核心係以考試院會議決定之。再依考試院會議規則第2條規定：考試院會議由院長、副院長、考試委員、考選部部長、銓敘部部長、公務人員保障暨培訓委員會主任委員及公務人員退休撫卹基金監理委員會主任委員組織之。考試院秘書長、副秘書長、考選部、銓敘部及公務人員保障暨培訓委員會副首長均應列席。[96] 第3條規定：考試院會議須有應出席人員過半數之出席，方得開會。其議決以出席人員過半數之同意為之；可否同數時，取決於主席。

　　關於考試院會議實際職掌事項，可分為報告事項及討論事項。依上開會議規則第10條：應列入報告事項者為：「一、上次會議紀錄。二、會議決議事項執行之情形。三、中央政府總預算有關本院主管之歲入歲出預算及決算。四、國外考察及國內分區視導考銓業務考察計畫。五、各種類考試及全部科目免試辦理經過。六、各種考試增加錄取名額案與依法補行錄取案。七、考選部、銓敘部或公務人員保障暨培訓委員會重要業務報告。八、其他報請核備事項及有關報告。」[97] 依第11條應列入討論事項

---

[96] 考試院會議規則於109年9月9日修正發布，原第2條第2項規定行政院人事行政總處人事長應列席考試院會議。

[97] 修正前之考試院會議規則第10條規定，報告事項包括「院部會薦任第九職等以上正副主管人員及各機關（構）、學校簡任第十職等以上人事正副主管人員之任免名冊」及「行政院人事行政總處重要人事考銓業務報告」。

者為：「一、關於考銓政策之決定。二、關於本院施政綱領、年度施政計畫及概算。三、關於向立法院提出之法律案。四、關於院部會發布及應由院核准之重要規程、規則、細則、辦法、綱要、標準、準則及事例。五、關於舉行考試與典（主）試委員長人選之決定。六、關於院部會間共同事項。七、出席人員有關考銓事項之提案。八、其他有關考銓重要事項。」其中有關國家考試之典試委員會，依典試法規定由考選部報請考試院核定；典試委員長亦係由考試院院長提經考試院會議決定後，呈請總統特派之。是以，依上開會議事項有關考試權決策核心為考試院會議，應屬無疑。

　　至有關考試權決策型態，因其組織係由考試院正副院長及考試委員組成，考試委員依據法律獨立行使職權，憲法定有明文，故考試院應解釋為合議制機關，由考試院正副院長及考試委員共同決定關於有關考銓行政之政策，似為委員制。但細究其決策程序並非絕對委員制，而兼具有首長制性質。首先，考試院會議規則定討論案件，以出席人員過半數之同意決議之，可否同數時，取決於主席，而考試院院長係由總統提名任命，並非考試委員互選產生，院長並有綜理院務及監督所屬機關之權，應總統召集會商解決院與院間爭執，究其性質，具有首長制性質。若綜整上開見解，考試院之考銓政策及其有關重大事項，均由考試院會議決定，院長負有議決執行，及綜理院務之責，以法律及事實而言，似兼具首長制及委員制之精神。

## 第三項　考試院與所屬機關間之權力行使關係

　　我國元年政府組織架構考試權屬於行政權，17年訓政時期及36年憲法公布施行後實施五權分立體制，考試權於行政權外獨立行使職權，依憲法第83條及增修條文第6條第1項職掌兼具人事執行及法制，與理論上之行政機關性質相近。又如前所述，組織或制度分工設計有以垂直分工與水平分工及其相互間互動模式之型態，在考試院職權之垂直分工而言，其下屬考選部、銓敘部、公務人員保障暨培訓委員會及公務人員退休撫卹基金

監理委員會等二部二會，以考試院會議爲決策核心而爲權力行使，該二部二會則於此指揮之下兼具幕僚與執行功能；是以，考試院之議案討論或報告，其決議或決定係交由所屬機關研究辦理，實質上既是考試院會議的幕僚機關，亦爲考試院會議所議決事項之執行機關。

　　然此考試院所屬機關垂直分工之二部二會，分別採首長制及混合制，而有不同之指揮或權力行使。例如以採首長制之考選部及銓敘部而言，考選部的前身爲考試院考選委員會，行憲後依據考試院組織法設考選部，掌理全國考選行政事宜，考選部爲肆應實際需要，得依法委託有關機關辦理試務，故對於受委託承辦考選行政事務之機關，有指示監督之權。銓敘部自17年起即爲首長制，負責全國公務人員銓敘及人事機構管理事項，二部之部長及政務次長依各該組織法均爲政務職務，由於政務官依公務人員基準法草案或學理見解，係指「依政治考量而定進退之人員」，由此觀之，獨立機關性質之考試院下設由二部政治任命之首長執行考試院會議之議決事項，而爲幕僚或執行機關，指揮及權力行使似與組織結構基本原則之「指揮運如」有所不合；再依組織隸屬四種情形之一的「人事隸屬」爲上級機關在一定程度內任免下級機關人員，就此二部之政務首長因政務官而爲總統任免，並於總統任期屆滿依法總辭，而非由考試院院長任命，呈現理論上應「人事隸屬」，但實務上「人事不隸屬」考試院之困境。[98]

　　再例如以採混合制之公務人員保障暨培訓委員會及公務人員退休撫卹基金監理委員會而言，公務人員保障暨培訓委員會依法掌理公務人員保障事項及公務人員培訓事項，前者爲個案事件審議，後者爲政策法規決定，除依組織功能別劃分，二者不宜歸屬同一機關運作外，就考試院權力行使觀之，考試院之獨立機關性質下再設置一個類似獨立機關性質個案審議「保障」委員會，無法有效行使或根本不宜界入此具有準司法性質之機關職權；再者，該會主任委員及副主任委員相同於考選部及銓敘部之首長

---

[98] 例如考試院第12屆院長任期自103年9月1日至109年8月31日止，於105年5月20日考試院院長任期雖尚未屆至，因總統換屆異動考試院所屬三部會首長。

亦為政務職務，獨立機關議決事項交由「政務官」執行，而「政務官」再指揮類似獨立機關之「委員會」審議，以機關指揮統一原則亦屬少有之組織錯置。至於公務人員退休撫卹基金監理委員會負責公務人員退休撫卹基金收支、管理、運用之審議、監督及考核，其主任委員由考試院副院長兼任，置委員19人至23人，由中央與地方政府有關機關代表及軍公教人員代表組成，究其指揮體系，考試院會議之決議或執行事項如何指揮「副院長」級之監理委員會，又依司法院釋字第461號解釋，考試院副院長為獨立行使職權人員，基於五院相互尊重得不列席備詢，立法院如何進行業務監督，亦不無疑義。

　　此外，就考試院所屬二級及三級機關之垂直指揮及權力行使，銓敘部下設公務人員退休撫卹基金管理委員會，公務人員保障暨培訓委員會下設國家文官學院，均由二級機關首長兼三級機關首長，以機關二級及三級之權力行使，三級機關首長依職權所作決定事項，應循行政程序送二級機關首長，然二級機關及三級機關首長為同一人，機關權責劃分混淆糾結難以明確；更特別者為上開銓敘部所屬之公務人員退休撫卹基金管理委員會，其既為考試院之三級機關，分依「業務隸屬」於考試院二級機關之公務人員退休撫卹基金監理委員會，及「組織隸屬」於考試院二級機關之銓敘部，而各該首長為考試院一級機關獨立行使職權之副院長及二級機關之部長政務官，若依組織結構或制度設計邏輯，亦有無法釐清之權力行使矛盾。

## 第四項　考試院與行政院人事行政總處間之權力行使關係

　　36年行憲後考試院獨立於行政院之外，彼此平行不相隸屬，56年設立「行政院人事行政局」，作為獨立考試權與行政權之間的聯繫機構。依56年行政院人事行政局組織規程第1條第2項規定：「有關人事考銓業務，並受考試院之指揮及監督。」82年公布行政院人事行政局組織條例，第1

條與考試院關係刪除「人事」及「指揮」，改爲「有關考銓業務，並受考試院之監督」。101年2月6日改制爲行政院人事行政總處，與考試院關係條文仍爲「有關考銓業務，並受考試院之監督」。若依中央行政機關組織基準法第14條第2項規定：「不相隸屬機關之指揮監督，應以法規有明文規定者爲限。」基此，考試院對於行政院人事行政總處因有法律明定得以依法行使監督之權，惟立法院於108年審議考試院組織法修正案時附帶決議：「依據中華民國憲法增修條文第6條第1項之規定，考試院僅掌理公務人員任免、考績、級俸、陞遷、褒獎之『法制事項』，法制事項以外之執行運作問題，已非考試院職權，考試院不得介入。另基於行政院與考試院應彼此尊重之憲法要求，考試院不得要求行政院所屬機關首長常態性列席考試院會議，並課予提出政務報告之義務。」[99] 爰此考試院依上開決議修正考試院會議規則，刪除行政院人事行政總處人事長列席考試院會議，並提出業務報告之規定。然原僅有會議列席及提出業務報告，即難以行使考試院對其考銓業務監督之權，更遑論不列席考試院會議報告業務。實務上考試院與行政院人事行政總處間之權力關係似亦相當薄弱，僅有少數作用法定有核備性質規定。例如公務人員任用法第6條第3項規定，各機關組織除以法律定其職稱、官等、職等及員額者外，應依其業務性質就其適用之職務列等表選置職稱，並妥適配置官等、職等職務，訂定編制表，函送考試院核備；公務人員陞遷法第18條規定，人事、主計及政風人員得由各該人事專業法規主管機關另訂陞遷規定，所定陞遷規定，應函送考試院備查。

## 第四節　各國經驗

我國考試權獨立於行政權固屬獨創，但其「獨立制」精神，在各國亦

---

[99] 參見立法院公報第108卷第101期院會紀錄。另行政院人事行政總處於109年1月31日考試院秘書長函以，依附帶決議不再列席考試院會議。

非僅有，以我國法律多繼受德國，在人事行政或公務員關係上不論理論或大法官解釋多有參照，美國在人力資源管理方面，特別是有關「職位分類制」精神，就我國57年起實施職位分類專業分工制度時曾大量引用，至於日本人事院之獨立制與我國有相近之處，茲爲參考他國經驗，爰就此三國之考試權組織及決策作成程序相互比較研究，以爲他山之石。

## 第一項　德國聯邦人事委員會

　　德國聯邦基本法第33條：「（第1項）所有德國人在各邦均享有同等之公民權利與義務。（第2項）所有德國人依其特性、能力及專業表現，享有同等服公職之權利。（第3項）市民權與公民權之享有，服公職之權利及因服公職而取得之權利，不受宗教信仰之影響。任何人不得因其信仰或不信仰某種宗教或世界觀而受有不利。（第4項）公權力之行使，原則上應作爲持續之任務交由具有公法上勤務及忠誠關係之公務員爲之。（第5項）公務人員之權利應考量職業文官制度之傳統原則予以規範，並繼續發展之。」另依德國聯邦基本法第140條規定有關1919年德國威瑪憲法第136條亦構成基本法之一部分，其第2款規定：人民及公民權利之享有，以及服公職之權，不受宗教信仰之影響。依第93條規定：任何人主張其依第33條之權利遭公權力侵害而所提之憲法訴願由聯邦憲法法院審理。[100] 是以，德國聯邦基本法亦有類似我國憲法第18條人民基本權利之應考試服公職權規定。

　　在德國考試權主管機關部分，由聯邦人事委員會負責，依德國聯邦基本法第62條規定：聯邦政府由聯邦內閣總理及聯邦內閣閣員組織之。聯邦公務人員法第119條規定，設立聯邦人事委員會，作爲德國聯邦政府之人事主管機關，係依據法律獨立行使職權，並不屬於聯邦內閣之組織。此種制度設計係爲避免人事權由聯邦政府之部會管轄而受到政治之不法或不當

---

[100] 有關〈德意志聯邦共和國基本法〉譯文，參閱司法院大法官書記處（2014），《德國聯邦憲法法院裁判選輯（十五）》，臺北：司法院，頁337-394。

干預。第120條規定，該委員會係由8名正式委員與8名代理委員組成，委員會主席為擔任主席的聯邦審計院院長。當然正式委員為擔任主席的聯邦審計院院長與聯邦內政部人事司司長；非當然正式委員則包括其他2個聯邦最高機關人事部門首長與另外4名聯邦公務人員。代理委員則包括聯邦審計院與聯邦內政部所屬之聯邦公務人員各1名，以及另外其他2個聯邦最高機關人事部門首長與另外4名聯邦公務人員。其產生方式，非當然正式委員與代理委員由聯邦內政部部長提請聯邦總統任命之，任期四年。其中，4名正式委員與4位代理委員係由管轄之工會最高組織以委派方式任用之。[101] 依聯邦公務人員法第123條第4項第2句：委員會須有至少6位委員出席，始能作成決議。若委員不能出席會議，依聯邦人事委員議事規則，應立即告知工會，並將會議文件轉交代理委員，而代理委員代理各該正式委員，成為正式委員之代理人。

　　由上開聯邦公務人員法及聯邦人事委員議事規則規定可知，委員會成員有16位（8位正式委員，以及這8位正式委員各自的代理人），開會時成員有8位（需至少6位委員出席，始得作成決議），原則上是正式委員出席會議。若正式委員無法出席會議，由該正式委員之代理人（代理委員）出席會議。

　　聯邦人事委員會委員之法律地位如我國考試委員均係獨立行使職權，依聯邦公務人員法第121條規定，聯邦人事委員會委員係獨立自主，僅服從法律規定。除任期屆滿外，僅於喪失主要職務，或從法定組成機關去職，或受到具有法律效力之刑罰或懲戒罰而終止公務員關係時。再者，聯邦人事委員會委員不得因其行使職務行為而受到懲戒或其他不利益之對待，其目的係透過身分保障讓聯邦人事委員會委員得獨立自主地行使職權；聯邦人事委員會委員職權範圍包括：一、聯邦公務人員之考選、試

---

[101] 參閱行政院人事行政局（2009），《德國公務員人事法令彙編》，臺北：行政院人事行政局。其中有關2008年版之德國聯邦公務人員法相關專有名詞及法條內容係由程明修教授翻譯，因法案內容已有修正，經比對現行條文後請留德法律博士謝碩駿教授指導酌予更新。

用、任用及陞遷規定之決定（聯邦公務人員法第8條公開甄選程序、第21條陞遷要件法定原則、第22條試用種類與期限規定、第24條限制越級陞遷所規定之決定）；二、決定是否對於人事考核事件為一般性的承認，也就是聯邦公務人員之考核由該委員會進行確認；三、對於公務人員法之執行所生的瑕疵提出排除建議，換言之，提出修法或改進執行程序之建議；四、為公務人員法之完善，提出如何貫徹男女平等及在家庭與職業之間取得協調之改進建議，例如，女性公務員之工時、上班方式、晉升、休假（產假、育嬰假等）之修正建議。

　　至於聯邦人事委員會之職權行使程序，係採取合議制，由委員會主席或其代理人主持會議程序之進行，若兩人皆無法行使職權時，由最資深委員代理。委員會會議並不公開，但得許可參與行政行為之被委託人、訴願人及其他人士出席會議程序。委員會得請求參與行政行為之被委託人陳述意見。該委員會為執行其職務，得準用行政訴訟法之相關規定調查證據；而且，於執行職務之必要範圍內得要求各機關無償提供職務協助、給予答覆及出示文件。委員會以多數決方式作成決議，但必須至少有6位委員出席。若表決之票數相同時由主席決定，委員會之決議若具有決定權限時，則拘束參與程序之相關行政機關，若其決議具普遍重要性時，得予以公布。

　　值得一提的是德國人事官制官規於2009年之後已逐漸多樣化。德國2006年因實施聯邦制度改革於2008年6月17日公布公務人員身分法就德國聯邦基本法第33條所定公務人員身分之基本權利義務予以規範，包括公務人員關係之形成（公務人員身分之得、喪、變更等）、跨邦轉任以及聯邦行政範圍內之轉任事項；依德國聯邦基本法第74條規定，於2009年2月5日制定聯邦公務人員法規範各邦統一規定事項，包括公務人員官等、職等與聯系名稱及其劃分原則、訴願與法律保障規定，以及公務人員管理組織。至於原有公務人員法制框架法業大幅修正，僅維持少數條文，各邦自得享有較大人事權空間，可自定邦公務人員法，亦可各自發展公務人員官等、職等及職系劃分規定，全德國官制官規不再完全依隨聯邦公務人員體制而

逐漸多樣化。[102] 而屬於聯邦公務人員基本法共同事項仍為聯邦職掌，而類似我國獨立機關性質，在聯邦基本法之公務人員法權限劃分，依德國聯邦基本法第74條第1款第27目及第2款規定：各邦、鄉鎮及其他公法社團法人之公務人員及各邦法官之權利與義務（不包括資歷、薪俸、撫卹）屬於聯邦立法之共同事項，其所制定之法律，須經聯邦參議院之同意。德國聯邦基本法第85條第2款亦規定，經聯邦參議院之同意，聯邦政府得發布一般性之行政規則；聯邦政府得規定公務人員及雇員之統一訓練；中級機關首長之任命，應經聯邦政府之同意。

　　德國考試權之獨立機關，除上述聯邦人事委員會外，對於依聯邦或各邦法律辦理之各種國家考試，亦設置具有判斷任務性質的考試委員會。[103]

　　綜上，德國考試權組織聯邦人事委員會之機關獨立，其委員亦獨立行使職權，均與我國考試院及考試委員「獨立性」性質相近，二者職掌內容及委員保障程度亦大致相同。不同者為機關組織層級在我國為中央一級機關，在德國為三級機關。另有關德國公務人員法制亦有朝向多元化鬆綁方向調整，僅在原則性或共同事項作框架式的立法規範。

## 第二項　美國聯邦人事管理局及其他

　　美國聯邦憲法第2條第1款規定，行政權歸屬總統，於憲法層次並無類似我國應考試服公職權之相關規定，涉及公務員者僅憲法第2條第4款規定：公務員受叛逆罪、賄賂罪或其他重罪輕罪而定讞時，應免除其職位；憲法第14修正案第3款規定：曾對美國作亂謀叛，或幫助或慰藉美國之敵人時，不得為美國政府或任何一州政府公務員職位等針對服公職權之消極

---

[102] 蔡宗珍〈德國公務人員考選制度、法律考試與醫藥考試制度考察報告〉，考選部2017年4月17日至30日國外考察報告，頁6-8。

[103] 黃錦堂（2008），〈德國獨立機關獨立性之研究—以通訊傳播領域為中心並評論我國釋字第613號解釋〉，《中研院法學期刊》，第3期，頁15。

資格限制。

　　美國之相當考試權組織，1883年起的潘德頓法（Pendleton Act）設置文官委員會，作為總統人事管理政策幕僚，兼監督總統與機關首長人事作為有否違反功績制原則或濫權情事，由於幕僚及監督角色矛盾，功能無法發揮；1978年實施文官制度改革而裁撤文官委員會，依文官改革法（Civil Service Reform Act of 1978），將原有業務依性質設置人事管理局（Office of Personnel Management）、功績制保護委員會（Merit Systems Protection Board）、聯邦勞動關係委員會（Federal Labor Relations Authority）、政府倫理局（Office of Government Ethics）等四個機關。[104] 前者人事管理局是總統的人事幕僚機關，總統在聯邦政府人力資源的代理人，負責聯邦總體人事管理政策之規劃、制定，並執行總統之人事管理作為。人事管理局的職掌範圍極廣，包括考選、任用、績效評估、俸給福利、訓練、獎勵、政治活動規範、退休撫卹、保險、勞動管理關係等各項政策及法制之制（訂）定。人事管理局採首長制，局長由總統提名經參議院同意後任命。法律規定的局長任期四年，[105] 另設副局長1人，由總統提名經參議院同意後任命；助理局長至多5人，由局長任命；[106] 功績制保護委員會負責

---

[104] 依美國聯邦人事管理局2019年報績效報告指出，1978年成立「功績制保護委員會」後再分支出一獨立機關為「特別檢察官辦公室」（Office of Special Counsel）。參閱 United States Office of Personnel Management (2020), *Annual Performance Report*, p. 8。另楊戊龍在《美國（聯邦）人事行政組織與職權分工》報告指出，美國相關考試權組織有6個機關為人事管理局、功績制保護委員會、聯邦勞動關係委員會、政府倫理局、平等僱用機會委員會。參閱楊戊龍主持（2004），《美國（聯邦）人事行政組織與職權分工》，考試院委託研究，頁3-6。

[105] 5 U.S. Code § 1102 (a) There is at the head of the Office of Personnel Management a Director of the Office of Personnel Management appointed by the President, by and with the advice and consent of the Senate. The term of office of any individual appointed as Director shall be 4 years.

[106] 5 U.S. Code § 1102 (b) There is in the Office a Deputy Director of the Office of Personnel Management appointed by the President, by and with the advice and consent of the Senate. The Deputy Director shall perform such functions as the Director may from time

聯邦公務員之申訴及懲戒（紀律處分）；聯邦勞動關係委員會職掌推動穩定及建設性的勞動管理關係，執行勞動管理關係方案，解決工會代表性爭議、團體協約爭議、不公平勞動行為及仲裁異議；政府倫理局職掌公務員倫理規範之建立與執行，預防及解決公務員的利益衝突，以確保公務員公正、廉正的執行職務。[107]

　　依據美國聯邦法律彙編（United States Code）第五篇（政府組織與公務員）第一章（政府組織）規定，行政權所屬組織分有四大類，其中「獨立機關」係指獨立於「部」、「軍事部門」、「政府企業」以外之行政權所屬各機關和審計總署。[108] 以美國定義之獨立機關，其考試權主要組織包括擔任總統幕僚性質之「人事管理局」、功績制保護委員會、聯邦勞動關係委員會、政府倫理局，和之後增設的特別檢察官辦公室均具有獨立及準司法機關性質。[109] 其中特別檢察官辦公室設置，專門負責調查針對包括總統、副總統、部會首長等在內的高級行政官員違反任何聯邦刑事法規定的行為。這種設計是否侵犯總統的任命權與免職權，美國1988年聯邦最高法院曾以7票對1票的比數，認定獨立檢察官制度並不違憲。其法院意見

---

to time prescribe and shall act as Director during the absence or disability of the Director or when the office of Director is vacant. (d) There may be within the Office of Personnel Management not more than 5 Associate Directors, as determined from time to time by the Director. Each Associate Director shall be appointed by the Director.

[107] 楊戊龍主持（2004），《美國（聯邦）人事行政組織與職權分工》，考試院委託研究，頁7-9。

[108] 5 U.S. Code § 104 For the purpose of this title, "independent establishment" means-(1) an establishment in the executive branch (other than the United States Postal Service or the Postal Regulatory Commission) which is not an Executive department, military department, Government corporation, or part thereof, or part of an independent establishment; and (2) the Government Accountability Office.

[109] 5 U.S. Code § 1101 The Office of Personnel Management is an independent establishment in the executive branch. The Office shall have an official seal, which shall be judicially noticed, and shall have its principal office in the District of Columbia, and may have field offices in other appropriate locations.

認定獨立檢察官屬於聯邦政府的下級官員，總統經由司法部部長間接地行使是否要選任獨立檢察官的決定權；此外，經由司法部部長法定免職權的行使，也提供行政部門監督獨立檢察官的足夠權力，並不至於破壞總統確保法律獲得忠實執行的憲法義務。獨立檢察官的設計，並不牽涉到國會以犧牲行政部門來增加自己權力的企圖，因此並不違反權力分立原則。[110]

　　美國考試權組織除上開由文官委員會改制機關外，另設有平等僱用機會委員會（Equal Employment Opportunity Commission），[111] 負責所有政府部門就業者之工作平等權。

　　綜上，美國考試權組織有六個機關，相互間地位平等，並無隸屬關係，聯邦人事管理局為總統幕僚，其他功績制保護委員會、聯邦勞動關係委員會、政府倫理局、特別檢察官辦公室、平等僱用機會委員會，各因特定任務職掌工作平等權而為獨立機關設置，所以，即使強調人力資源彈性化之美國，為達到人事任用公平性而亦有獨立機關設置之組織需要。

# 第三項　日本人事院

　　日本為內閣制國家，政府統治權分為行政、立法、司法三權，日本考試權與我國相同，包括考選及人事行政等職權，由人事院職掌，但歸屬於行政權之下，屬於內閣，但相關運作具有完全獨立性。又於1965年及2014年將部分人事行政職權移撥予內閣總理大臣和內閣轄下機關負責。

　　首先，人事院部分，依日本國家公務員法第3條規定，[112] 人事院為內

---

[110] 林子儀（1996），〈憲政體制與機關爭議之釋憲方法之應用—美國聯邦最高法院審理權力分立案件之解釋方法〉，《憲政時代》，第27卷第4期，頁42-43。

[111] 另有公務員相關機關為特別檢察官辦公室（Office of Special Counsel）及政府倫理局（Office of Government Ethics）負責公務倫理，對應我國較似法務部下設之政風機構。

[112] 有關〈日本國家公務員法〉譯文，參閱行政院人事行政局（2008），《日本國家公務員人事法令彙編》，臺北：行政院人事行政局，頁1-29。

閣管轄下之機關，依國家公務員法向內閣提出報告，但不受內閣首相指揮，為日本國家公務員之最高人事行政主管機關。又依同法第4條第4項規定：「人事院管理其內部機構，國家行政組織法在人事院不適用之。」是以，人事院之員額及內部組織，不受「國家行政組織法」限制，就其所掌事務為執行法律，或依法律之授權，制定人事院規則，發布人事院指令並規定其程序，並可自設內部組織，自訂員額，具有相當超然獨立之地位。日本人事院由人事官3名組成，以人事官1人為「人事院總裁」，綜理院務，其中不得有2人屬同一政黨或同一大學畢業，其任用係由內閣提出人選，經參眾兩院同意後由內閣任命，並經過天皇認證。

　　人事院掌理有關公務人員之改善給與或其他勤務條件暨人事行政之建議、職階制、考試暨任免、給與、進修、身分、懲戒、苦情處理、維持職務倫理、確保人事行政之公正等事務。又人事院為執行上開業務需要設置事務總局，事務總局下設有福利局、人才局、給與局、公平審查局等四局，國際課、會計課、人事課、企劃法制課、總務課等五課及公務員研修所，八個地方事務局及沖繩事務所。[113] 又為使公務員在執行職務時，保持其職務倫理，確保國民對公務之信賴，依據國家公務員法第3條之2規定，於人事院下設國家公務員倫理審查會。

　　其次，1965年為建立內閣總理大臣人事管理責任體制，日本將內閣總理大臣加列為中央人事主管機關，將原人事院部分主管事項移由內閣總理大臣掌理，內閣總理大臣原則上處理不屬於人事院之職掌業務，兩者間基本上屬於「分工」與「協調」關係。又依國家公務員法第18條之2規定，內閣總理大臣對於各行政機關之人事管理方針、計畫等，掌理保持統一所必要之統合調整事項，共計六項，分別如下：一、關於公務員之

---

[113] 此處引註日本人事院組織係現行網站說明之日本人事院事務總局，The NPA Secretariat is placed under the NPA as an administrative department. The Secretariat is composed of four divisions and four offices under the Secretary-General, the National Institute of Public Administration, eight regional bureaus, and the Okinawa Local Office. 資料來源：https://www.jinji.go.jp/syoukai/index.html#sosiki（最後瀏覽日：109年8月9日）。

效率、福利、勤務等事項；二、關於各行政機關人事管理方針、計畫等統一綜合調整事項；三、關於公務員之人事紀錄事項；四、關於訂定職員在職關係之統計報告制度並實施事項；五、指揮監督人事授權之機關首長；六、以政令指定設置人事管理官之機關。[114] 爲使上述掌理事項順利進行，日本於總務省下設人事恩給局及行政管理局，分別掌理國家公務員制度之企劃與籌劃、輔佐內閣總理大臣執行中央人事行政機關之業務、國家公務員退職津貼制度事項、特別職之國家公務員給與制度事項、恩給制度之企劃與籌劃、受有恩給權利之裁定、恩給給與負擔之事項；以及行政制度一般基本事項之企劃與籌劃、行政機關之機構、員額、運作之企劃與籌劃、各行政機關之新設、修正、廢止以及員額之設置、增減與廢止事項之審查等相關事項。[115]

　　再者，於2014年，日本爲依2009年之國家公務員制度改革基本法規定設立「內閣人事局」，爰修正國家公務員法部分條文，其成立旨在消除現行各省廳自行管理人事的弊端，增進內閣官邸主導的戰略性人事安排，將優秀人才安排到適合的職務，日本政府爰於該局成立時，併同調整現行部分人事機關之組織及職掌，包含廢止原總務省人事恩給局，改設爲人事政策統括官，並將人事院及總務省行政管理局部分業務改由內閣人事局統籌辦理。該局主要職掌及與相關人事機關業務調整情形如下：一、有關幹部職員人事一元化管理的相關事務；二、有關幹部候補育成課程相關事項；三、有關國家公務員的總人事費的基本方針；四、有關國家公務員相關制度的規劃、起草；進用考試的官職、種類、確保透過進用考試獲得人才之相關事務；五、有關國家公務員的任用、招聘考試、培訓等相關事務；六、有關國家公務員的人事考核、研習、效能、福利、服務、退職管理，與國際事務相關之特別職公務員給與制度相關事務；七、有關國家公

---

[114] 參見國家公務員法第18條之2內閣總理大臣、第19條人事紀錄、第20條統計報告、第21條權限之委任、第25條人事管理官等相關規定。

[115] 林文淵等（2015），《日本抑制國家公務員人數策略考察報告》，行政院人事行政總處2015年9月7日至9月12日國外考察報告，頁5-6。

務員免職、給與、辭職、懲戒等仍由人事院繼續掌理，惟如涉及制度之修正及廢止可與人事院提出改革要求；八、適用指定職俸給表職員之俸號決定方法、職級人數之設立與修正，惟仍須尊重人事院意見；九、有關機構的新設廢止、定員的增減審查相關事項。[116]

綜上，日本考試權原由人事院完全獨立職掌，嗣後因應文官制度改革移轉調整部分業務於內閣，類似我國考試權由完全考試院負責，後部分移轉至行政院所屬之行政院人事行政總處，有其相同軌跡之制度發展。

## 第五節　小結

憲法學者指出，憲法規定的結構與憲法規範對象密切相關，格林（Dieter Grimm）憲法拘束力的共識始終是歷史性的產物，然為使其能為後世所認可，不致造成回應的障礙，憲法規範必須具有一定的開放性。黑塞（Konrad Hesse）亦以類似考量說明憲法規範開放性的必要，但其同時指出其中隱含的問題：「憲法規範的不確定性、規整範圍的廣闊，事實上經常提高解決憲法問題的難度。」[117]考試權明定於憲法規定結構之中，經由五院之間權力分立運作，考試權之組織或權力關係行使，隨著歷史發展，似亦具有一定開放性，並經司法院大法官解釋賦予其不同實踐的範圍。

國家考試權歸屬考試院係憲法保留事項，[118]因權力分立原則實施五

---

[116] 林文淵等（2015），《日本抑制國家公務員人數策略考察報告》，行政院人事行政總處2015年9月7日至9月12日國外考察報告，頁5-7。

[117] 此處D. Grimm及K. Hesse內容轉引自陳愛娥（2003），〈憲法作為政治之法與憲法解釋─以德國憲法學方法論相關論述為檢討中心〉，《全國律師》，第7卷第2期，頁30-31。

[118] 依國家通訊傳播委員會定位備忘錄所稱法定的獨立行政機關，「本會非憲法規定的獨立機關，如司法院、考試院及監察院，而為依法律規定設置的獨立機關，故不僅其地位相當於行政院下二級機關，其獨立的範圍與保障也僅有法律保留，而非憲

權分立憲法架構，將國家統治權不集中於特定機關，而設置「國家最高行政、立法、司法、考試、監察機關」，分別掌理行政權、立法權、司法權、考試權、監察權，依權力分立與制衡基礎理論，五權間個別權力並不擁有優先於其他權力的優越地位，任一國家權力均有其各自獨立的權限，由於均為「最高」機關，並無「更高」機關得以限制其權力，所以各最高機關應相互尊重，並負有憲法機關忠誠義務；而相互尊重或制衡基礎的界限，於美國聯邦最高法院、德國聯邦憲法法院及我國司法院大法官均強調憲法機關「核心領域」之不可侵犯性。在我國實務憲政運作由於對於憲法機關「權力分立與制衡基礎」的混淆誤認，時而忽略憲法規範的價值與意義，時以憲政運作視為當然，二者交互作用之下，考試權運作歷經多次職權限縮，甚有廢除考試院之說。

國家考試權組織雖依憲法明定「由法律定之」係法律保留，但應為「合憲性之法律」，由於憲法除明文考試院組織依法律規定外，另有規定考試院之組織職權、人員組成（院長、副院長、考試委員）、獨立行使職權等亦屬組織法律應規範事項。是以，若以法律制定或修正時仍應於合於憲法規範意旨，以確保憲法機關有效職掌其憲定職權。再者，憲法增修條文針對各國家機關設置規定準則性立法和委任立法，目的讓各機關組織、編制、員額等依政策需要得以命令定之，具有「機關組成權」為「準則性法律的保留」，然有關憲法機關組織的法律保留規定，並未排除，顯然係尊重考試院等憲法機關的組織形成自由。

國家考試權行使兼具有憲法保留之「獨立」行使職權及法律保留之「依法」行使職權，立法者固依權力分立原則享有立法者形成自由，仍應依事物本質而有不同程度的形成自由，考試權職權行使之法律，應以「獨立」行使為其前提要件；在考試權獨立部分，由於係憲法保留層次，以此思維可知，考試院與所屬機關間權力行使，因所屬均為「政治任命」部

保留。」蘇永欽（2008），〈我國憲政體制下的獨立行政機關（上）〉，《法令月刊》，第59卷第1期，附錄二之「國家通訊傳播委員會定位備忘錄─隸屬行政院的獨立機關」，頁17。

會首長，任免權於總統（總統任期屆滿依法總辭），而非由考試院院長任免，呈現「組織隸屬」於考試院，但「人事不隸屬」於考試院之情形；又考試院之獨立行使職權下再設置一個類似獨立行使職權之個案審議「保障」委員會，似有無法釐清之權力行使矛盾。

　　再以各國經驗觀察，德國聯邦人事管理委員會係獨立制、美國除聯邦人事管理局雖為總統幕僚，但與其他功績制保護委員會、聯邦勞動關係委員會、平等僱用機會委員會等均各因特定任務職掌工作平等權而為獨立機關設置，日本人事院亦為獨立機關，嗣因文官制度改革移轉調整部分業務於內閣，整體而言，各國比較關鍵在於中央政府體制設計因各自權力分立下權力分配而有所不同，並考量何種監督、制衡甚或分工合作關係，但究其性質各國政府體制之國家考試權屬於獨立機關之設置型態是為常態。

　　我國司法院大法官解釋中，涉及權力分立之權限分配「保留」的論述演變，以「行政權」與「立法權」為多數，如司法院釋字第433、520、585、613、614、645號等解釋，國家考試權涉及憲法保留與法律保留界限劃分不明，理應適度調和，以解決紛爭。然憲法規範性與憲政現實的衝突與矛盾之中，憲法規範力道不足，憲法機關忠誠義務又屬道德自律，如何強化？在於所有人民對憲法秩序的確信，而此確信之形成源於憲法的解釋與適用。依黑塞（K. Hesse）所言應致力於「強化所有人民對憲法秩序的確信」。[119]

---

[119] 轉引自陳慈陽（2007），〈論憲法核心部分理論之實證化及其難題〉，《憲法規範性與憲政現實性》二版，臺北：自印，頁123。

# CHAPTER

# 4

## 人民應考試權：組織與程序保障功能

　　史密特（Carl Schmitt）於1928年《憲法學》認為在憲法規定與基本權規定間，存有「憲法保障」條款，稱之為「制度性保障」，其理論主張「制度」和「基本權」二分，憲法所肯認的制度須受憲法直接保護，立法者不得以法律任意變更其核心價值與內涵，此制度性保障以一定的制度為前提，其間須設置一獨立的公法權利主體，以為制度之區分與認定，而人民權益的保障惟有在制度的脈絡下始具有其意義，制度性保障是要確保人民基本權的完整實現。[1]嗣後哈伯勒（Peter Häberle）將基本權和組織與程序保障連結，其基本權之組織與程序保障功能意指課予國家提供適當組織與程序義務，以積極營造一個適合基本權實踐的環境，幫助人民基本權完全實現。一般認為組織與程序保障具有使基本權有效化的功能，學者以我國人民應考試權為例，指出應考試權更需要依賴組織與程序保障功能的制度性設計。[2]本章將依史密特有關憲法保障及哈伯勒有關組織與程序保障功能為理論基礎，先探討應考試權核心價值及其作為憲法上基本權與其他憲法基本權競合關係，再探討應考試權之組織保障功能，包括典試組織、人員及其職權，以及應考試權之程序保障功能，包括應考資格限制之限制、考試評分判斷餘地、考試資訊閱覽禁制界限及應考人行政訴訟權，最後為章節小結，分四節如後。

## 第一節　應考試權核心價值

　　揆諸各國憲法，將應考試權提升到憲法基本權位階者僅有義大利憲法

---

[1]　史密特同時亦提出，公法權利主體的存在，並非制度性保障之必要條件，亦有不具備公法主體而享有制度性保障者。參閱李建良（2004），〈「制度性保障」理論探源─尋索卡爾‧史密特學說的大義與微言〉，《公法學與政治理論吳庚大法官榮退論文集》，臺北：元照，頁233-237及243。

[2]　此處所引之哈伯勒基本權組織與程序保障功能內容，係轉引自林明鏘主持（2005），《國家考試應考資格之探討》，考試院委託研究，頁13-14；林明鏘並於研究中提及應考試權重點應置於組織與程序保障功能。

第97條第3項就任公職應經競爭考試外，[3] 多以法律位階規定，因有關應
考試權限於國民之中具有特殊資格始能報考，並非任何國民均可主張行使
之權利，由於在本質上，人民基本權不僅是人民對抗公權力的防禦權，同
時也是一種彰顯個人自由、尊嚴與自我實現的價值體系，任何國民均享有
之，而應考試權並不具普世性，非任何人皆有權不顧及學歷或專業條件而
參加考試，考試機關並得以針對應考資格條件作合理限制。[4] 然我國憲法
第18條明文規定，係以憲法層次規範人民應考試權為人民基本權，以下將
說明應考試權作為憲法人民基本權之核心價值，同時憲法第86條分別規定
之公務人員任用資格考試與服公職權有順序相關、專門職業及技術人員執
業資格考試與工作權有競合關係，將併同以下探究。

## 第一項　應考試權作為憲法基本權

我國自民初以來，民元約法第11條：「人民有應任官考試之權。」民
三約法第9條：「人民依法令所定，有應任官考試從事公務之權。」中華
民國訓政時期約法第23條：「人民依法律有應考試之權。」五五憲草第
20條：「人民有依法律應考試之權。」期成憲草條次變動，但條文內容相
同；政協憲草第19條：「人民有應考試服公職之權」。至憲法通過第18條
人民有應考試服公職之權，均以憲法位階明文保障人民之應考試權，賦予
人民受平等應考試待遇，並由國家考試權作為人民應考試權之組織保障主
體。換言之，國家考試權與人民應考試權乃一體兩面，若憲法者人民基本

---

[3] 義大利共和國憲法（2003年2月20日）第97條規定：「（第1項）公共機關之組織應依
法律之規定，以確保行政之充分正當與公正。（第2項）官員之權限、職務與責任，以
機關之組織法規定之。（第3項）任公共行政之職務，應經競爭考試；但法律別有規定
者，不在此限。」參閱江美容等（2006），《義大利憲法法院暨梵蒂岡座聖樂璽最高
法院考察報告》，司法院2006年8月12日至8月23日國外考察報告，頁1-37。

[4] 董保城（2009），〈從大法官釋字第六五五號解釋論憲法第八六條專門職業資格專業
證照之建構〉，《月旦法學雜誌》，172期，頁270-271。

權保障書，則考試院乃人民應考試基本權之保護者，此為憲法委託考試院
保障人民應考試權之重要憲政職掌。

　　憲法之人民基本權，依權利性質區分為平等權、自由權、政治參與
權、社會權；人民應考試權歸屬權利性質，有學者認為雖歸屬於政治參與
權之一種，但其與政治事務並無直接關聯；[5]有學者認為人民應考試權就
其實質內涵是一種平等權，是為平等權與工作權之特殊條款；[6]有學者再
將應考試權之工作權，依其性質區分為積極意義及消極意義，其性質分屬
社會權及自由權；[7]綜上可知，應考試權作為憲法人民基本權，較之其他
基本權更為複雜而歸屬不易，究理應依其考試本質不同而為不同的基本權
利定位。

　　若由人民基本權層級化區分可分為三：一為自然權層次，係指人之
為人當然享有之權利，先於國家而存在，具有普遍性、不可讓渡性，不因
時、地、人而有不同；一為國民權層次，係指在憲法施行的有效領域內，
國民所擁有之權利，因各國歷史、文化、政經環境而有不同；另有公民權
層次，由立法者在憲法原則之下，賦予人民的權利，合計有上開三種人民
權利，其保障順序原則上以自然權最高，國民權次之，公民權再次之。由
於人民應考試權性質因各國歷史文化不同而有不同規範，係歸屬於國民權
層次，這也可解釋為何各國應考試權多以法律規範，而我國提升為憲法位

---

5　吳庚、陳淳文認為傳統憲法教科學將基本權分為平等權、自由權、參政權及受益權，
　　由於受益權分類混淆，爰修改分類模式為平等權、自由權、政治參與權及社會權，並
　　將「應考試服公職權」歸屬政治參與權，但說明其中應考試權與政治事務並無關聯。
　　參閱吳庚、陳淳文（2017），《憲法理論與政府體制》增訂五版，臺北：自版，頁100-
　　102。

6　董保城（2009），〈從大法官釋字第六五五號解釋論憲法第八六條專門職業資格專業
　　證照之建構〉，《月旦法學雜誌》，172期，頁276-278。

7　林紀東認為工作權可有消極及積極意義之區分，消極意義之工作權具自由權性質，積
　　極意義之工作權係具有受益權性質，由於參閱註5吳庚、陳淳文（2017）之分類，此處
　　將受益權改為社會權。參閱林紀東（1970），《中華民國憲法逐條釋義第一冊》，臺
　　北：三民書局，頁243-249。

階，其主因於民國肇建初始於制憲發展歷程之中，承襲我國歷史科舉制度傳統，並納入孫中山先生獨創考試權獨立於行政權之公開競爭考試理想。

　　再者從基本權功能角度，基本權本身具有不同的保障功能，均涵括主觀公權利及客觀法秩序之功能，以其彰顯出的功能偏向，而有不同的核心功能。人民應考試權係人民請求參與公平考試程序的權利，其保障功能，偏重於組織與程序保障功能。[8]基此，學者認為其核心範圍分為組織與程序兩部分，就組織而言，考試機關組織應公正客觀，組織成員必須公正無私，並有迴避制度；就程序而言，於考試前期應透明公開，使人民得以獲知考試舉辦相關資訊，得充分準備，側重實質平等原則；在考試中期，考試評分應客觀公正，避免無關因素之進入，並保留應考人的作答餘地；在考試後期，應考人應有複查成績權利，並得請求閱覽卷宗，如涉及行政救濟事件時，應考人應得就考試程序、內容等陳述意見，並與出題委員、閱卷委員有相互意見溝通機會，若有新證據，亦得重新評定考試分數。[9]亦有學者將應考試權保障範圍，分為人與事兩部分，就人而言，受保障者並非每個人，因為考試權並非作為人即應享有的自然層次之人權，而係需具一定資格之人民方得享有。就事而言，除確保國家考試相應之組織、制度、程序之合憲性外，人民應考試權之保障範圍與人格、尊嚴、財產、工作、服公職等基本權利之保障範圍產生某種程度之競合關係。[10]

## 第二項　公務人員任用資格考試與服公職權之關係

　　憲法基本權之競合關係，係指「一個」基本權利主體的「一行為」

---

8 蕭文生、謝文明（2008），〈應考試權之價值與保障〉，《國家菁英》，第4卷第1期，頁52。

9 董保城（2005），〈應考試權與實質正當程序之保障：釋字第319號解釋再省思〉，《國家菁英》，第1卷第2期，頁158。

10 李震山（2018），〈國家考試救濟事件與正當法律程序〉，《義薄雲天、誠貫金石—論權利保護之理論與實踐—曾華松大法官古稀祝壽論文集》，臺北：元照，頁435。

同時爲數個基本權利所保障，又可分爲「眞正的基本權競合」及「非眞
正的基本權競合」，前者爲「想像競合」由基本權主體同時主張數個基
本權利；後者爲「法條競合」由於基本權間之特別關係、補充關係、吸
收關係，基本權主體僅適用一個基本權條款而排除其他基本權條款之適
用。[11] 憲法第18條：「人民有應考試服公職之權」向有一種權利或是兩
種權利的爭論。其若爲一種權利，因「一個基本權」則無任何基本權競合
關係；然若爲兩種權利，即須思考產生何種程度之競合關係，由於司法院
釋字第456號解釋，憲法第18條所規定之應考試權爲我國憲法創設之獨特
基本權利，依體系解釋的結果，將「應考試權」與「服公職權」定性爲兩
個基本權。應考試權，係指具備一定資格之人民有報考國家所舉辦公務人
員任用資格暨專門職業及技術人員執業資格考試之權利；服公職之權，則
指人民享有擔任依法進用或選舉產生之各種公職、貢獻能力服務公眾之權
利。

　　憲法第18條「應考試權」範圍之一爲憲法第86條規定公務人員任用
資格應經考試院「依法考選銓定之」，若以公務人員任用資格考試與服公
職權而言，因二者具有「階段性」補充關係，亦即先應公務人員任用資格
考試而後享有服公職權，而產生「非眞正的基本權競合」。換言之，不論
應考試服公職權，是否主張爲一種權利，若單以公務人員任用資格之應考
試權與服公職權而言，其因基本權競合而實質爲一種基本權利。

## 第三項　專門職業及技術人員執業資格考試與工作權
　　　　之關係

　　憲法第15條規定人民工作權應予保障，故人民得自由選擇工作或職
業，以維持生計。學者認爲工作權含有消極與積極兩種意義，就消極而
言，人民有自由選擇工作，從事某種工作的自由，政府不得加以侵害，亦

---

[11] 法治斌、董保城（2003），《憲法新論》，臺北：自版，頁149-151。

即所謂職業自由；就積極而言，人民失業得請求國家予以適當就業機會，以維持其基本生存權利。前者可將工作權視爲一種自由權，後者則將工作權認爲是一種社會權。[12] 換言之，工作權兼具自由權與社會權性質，人民有自由選擇工作的權利，若無法獲得相當工作時，國家應予以救助。

　　以上具有自由權性質之工作權，德國聯邦憲法法院認爲應考人在考試法上平等待遇原則應受憲法保障，考試機關規劃與就業相關考試，如涉及考試不同條件或不同評量標準，除有合理理由外，否則即侵害應考人機會平等原則。[13] 德國聯邦憲法法院對工作權的行使，大致分成三個層次，也就是所謂的三階理論，分爲職業執行自由的限制、職業選擇之主觀許可要件及職業選擇之客觀許可要件，前者表示私領域，國家干預應較小，後者與社會成員發生關係，國家的干預權限較大。[14] 我國大法官歷來解釋亦有採三階段理論，分爲「職業執行自由」、「選擇職業自由主觀要件」、「選擇職業自由客觀要件」等三種職業自由種類而各有不同之基本權保障強度，「選擇職業自由主觀要件」係採較高保障強度。[15] 若究專

---

[12] 林紀東認爲工作權可有消極及積極意義之區分，其中積極意義者工作權係具有受益權性質，惟吳庚、陳淳文認爲基本權分類中之受益權概念易生混淆，重新分類則改爲社會權。參閱林紀東（1970），《中華民國憲法逐條釋義第一冊》，臺北：三民書局，頁243-249；吳庚、陳淳文（2017），《憲法理論與政府體制》增訂五版，臺北：自版，頁100-102。

[13] 董保城（2009），〈從大法官釋字第六五五號解釋論憲法第八六條專門職業資格專業證照之建構〉，《月旦法學雜誌》，172期，頁275。

[14] 李惠宗（2015），《中華民國憲法概要─憲法生活的新思維》，臺北：元照，頁122。

[15] 司法院釋字第634、649、659、702、711號解釋可爲參照，茲以97年10月31日釋字第649號解釋爲例說明之。其理由書：「又按憲法第15條規定人民之工作權應予保障，人民從事工作並有選擇職業之自由，對職業自由之限制，因其內容之差異，在憲法上有寬嚴不同之容許標準。關於從事工作之方法、時間、地點等執行職業自由，立法者爲追求一般公共利益，非不得予以適當之限制。至人民選擇職業之自由，如屬應具備之主觀條件，乃指從事特定職業之個人本身所應具備之專業能力或資格，且該等能力或資格可經由訓練培養而獲得者，例如知識、學位、體能等，立法者欲對此加以限制，須有重要公共利益存在。而人民選擇職業應具備之客觀條件，係指對從事特定職業之

門職業及技術人員執業資格性質，固為應考試權，亦為工作權，又因須經由考試院依法考選銓定其個人所應具備之專業能力或資格，屬於「選擇職業自由主觀要件」的職業自由種類，須經專門職業及技術人員執業考試始取得資格，性質為應考試權與工作權之基本權「真正競合」，採較高保障強度之審查標準，若有採取限制基本權必要者，須符合憲法第23條規定，方具有正當性。[16]

然應考試權之專門職業及技術人員執業資格限制，有學者認為在應考試權及工作權等基本權競合之下，所謂基本權之利益權衡機制，縱然從憲法保障基本權角度，專門職業及技術人員作為職業自由之一種，須經考試始能執業就是一種限制，國家係以考試的方法來限制人民的職業自由，但若以權力分立與基本權保障之弔詭與衝突關係而言，當在面對憲法第86條規範之下，凡歸入專門職業及技術人員之範圍，國家即得以「考試」限制職業自由，其中之基本權保障似乎「自動失靈或無用武之地」；[17] 有學者亦認為憲法第86條之憲法規範，是為「憲法保留」，憲法第86條第2款保障考試院的考試權，而且是憲法保留。[18]

綜上，我國人民應考試權不同於各國，雖其性質屬於國民權層次或以法律賦予之權利，但係以憲法位階予以保障，且自民初以來迄今未曾改變。然其本質依學者分類標準而富有各種權利性質，以平等權言，有以其

---

條件限制，非個人努力所可達成，例如行業獨占制度，則應以保護特別重要之公共利益始得為之。且不論何種情形之限制，所採之手段均須與比例原則無違。」

16 吳庚、陳淳文（2017），《憲法理論與政府體制》增訂五版，臺北：自版，頁163。

17 李建良對於憲法第86條第2款之應考試權與工作權間利益權衡，認為各界多偏向於應考試權，此處所言之工作權「自動失靈」說，就文義判斷係為一種感嘆，而非支持。參閱李建良（2009），〈專門職業人員之依法考選與記帳士之執業資格／釋字第六五五號解釋〉，《臺灣法學雜誌》，第124期，頁194。

18 司法院釋字第655號解釋之許玉秀大法官不同意見書：「該號解釋（按指釋字第453號解釋）對於憲法第86條第2款僅僅作單純的文義理解，並沒有進一步的深入解釋。因為解釋內容太簡單，所透露的解釋訊息就是，憲法第86條第2款保障考試院的考試權，而且是憲法保留。」

實質內涵是一追求公平考試程序；以自由權言，不論是公務人員或任一專門職業及技術人員，均為人民職業選擇自由之一種；以政治參與權言，以其取得公務人員任用資格方取得服公職機會，為廣義之政治參與；以社會權言，在職業自由選擇之工作權範疇中若人民無法獲得工作，仍須由國家予以救助。是以，人民應考試權複雜且歸屬不易，依其考試本質不同而為不同基本權定位。若以公務人員任用資格考試，其與服公職權因有順序之階段性關係產生競合關係，本質上可視為一種人民基本權；若以專門職業及技術人員執業資格考試與工作權，既涉及人民職業自由選擇，在人民基本權保障強度宜有更高標準。然不論何者，由於我國係以憲法位階規範人民應考試權，在性質上由職掌國家考試權之考試院作為保障之組織主體。

## 第二節　應考試權之組織保障功能

## 第一項　典試組織設置

　　典試係指主持考試事宜之意，我國前於4年9月30日公布文官高等考試典試令及文官普通考試典試令規定，於舉行考試時設置「典試官」，考試事竣後即行裁撤；18年8月2日公布典試委員會組織法，亦規定於辦理考試時組設典試委員會，典試委員長由主考官兼任，典試委員由考試院院長提請國民政府簡派；24年7月31日公布典試法，明定凡舉行考試時組織典試委員會及試務處辦理有關事宜，此一架構實施迄今未曾改變。[19]

　　現行104年修正公布之典試法，於辦理國家考試前，依法組設典試委員會，其人員組成為典試委員長1人、典試委員若干人、考選部部長；其中典試委員長，由考試院院長提經考試院會議決定後，呈請總統特派；典試委員由考選部商同典試委員長遴提人選，報請考試院院長核提考試院會

---

[19] 考試院院史編撰委員會（2020），《中華民國考試院院史》，臺北：考試院，頁391-392。

議決定後由考試院聘用之。至於典試委員若干人係依考試類科或考試科目性質分為若干組，每組置召集人，由考選部商同典試委員長推請典試委員兼任之。但若因考試必要，得分別遴聘命題委員、閱卷委員、審查委員、口試委員、心理測驗委員、體能測驗委員或實地測驗委員辦理相關工作，其聘用程序與典試委員相同。[20] 設置典試組織之典試委員會於考試公告後成立，於考試完畢，將辦理典試情形與關係文件，送由考選部轉報考試院核備後裁撤。典試委員會裁撤後，如涉及該項考試之典試事項，由考選部依有關法令處理。考選部組織法第5、6、7條考選部之高普考試司、特種考試司、專技考試司掌理「關於主管之考試典試委員會組織及有關典試事項」。

此外，依典試法第17條第1項規定，上開典試人力應自典試人力資料庫中遴選聘用，考試院爰於104年10月23日訂定發布「典試人力資料庫建置運用及管理辦法」，截至108年底止共計納入33,367人，每次考試係依考試種類、性質及規模大小，遴聘十餘至百餘位典試委員（如107年警察人員升官等考試典試委員僅14人、107年公務人員高等考試三級考試暨普通考試典試委員為110人）；每年遴聘命題（含申論式及測驗式試題臨時

---

20 典試法第2條規定：「（第1項）考試之舉行，應由考選部報請考試院核定設典試委員會。同一年度同一考試舉辦二次以上者，得視需要設常設典試委員會。（第2項）典試委員會由下列人員組成：一、典試委員長。二、典試委員。三、考選部部長。」第3條規定：「（第1項）典試委員長，由考試院院長提經考試院會議決定後，呈請總統特派之。（第2項）典試委員由考選部商同典試委員長遴提人選，報請考試院院長核提考試院會議決定後，由考試院聘用之。（第3項）典試委員得依考試類科或考試科目性質分為若干組，每組置召集人一人，由考選部商同典試委員長推請典試委員兼任之。」第15條規定：「（第1項）各種考試之命題、閱卷、審查、口試、心理測驗、體能測驗或實地測驗，除由典試委員擔任者外，必要時，得分別遴聘命題委員、閱卷委員、審查委員、口試委員、心理測驗委員、體能測驗委員或實地測驗委員辦理之。（第2項）前項委員聘用程序與典試委員同；其資格分別適用第五條至第七條之規定。必要時，得由考選部商同典試委員長遴提人選，先行擔任，並報請考試院院長補行核提考試院會議決定後，由考試院聘用之。」

命題）委員人數超過2,500人；每年遴聘閱卷委員人數近3,000人；另依考試方式於口試委員、實地及體能測驗委員遴聘，100年至107年每年口試委員遴聘約500人至680人。[21]

　　綜上，典試組織設置主要係為維護國家考試之公平公正，為國掄才之目的，為一非常設臨時性機構，所涉及典試人力需求相當龐大，並於辦理各種考試任務結束後裁撤，並由考選部承接後續相關典試工作。

## 第二項　典試委員資格條件及迴避規定

### 一、資格條件

　　典試委員長地位極為崇隆，資格條件要求甚高，須現任考試院院長、副院長或考試委員；或現任中央研究院院長、院士；或任國內外公立或私立大學校長或獨立學院校（院）長四年以上；或任特任官並曾任國內外公立或私立大學或獨立學院教授三年以上。再且由於典試工作具有階段性，時須因應特殊事件臨時召開會議，遴聘確實不易，自政府遷臺至今，僅3位（共五次）典試委員長為院外人士擔任，[22] 其餘均為考試院院長、副院長及考試委員分別擔任。

　　典試委員資格條件，在高等考試部分，依典試法第5條規定，為國內外公立或私立專科以上學校教授、副教授三年、助理教授六年以上；或公務人員高等考試或相當於高等考試之特種考試及格十年以上並任簡任或相當簡任職務，對有關學科富有研究，成績卓著；或專門職業及技術人員高等考試或相當於高等考試之特種考試及格，並從事該專門職業及技術工

---

[21] 有關典試人力數據係參見109年3月5日考試院第12屆第276次會議考選部重要業務報告〈典試人力資料庫建置與管理業務報告〉。

[22] 3位院外典試委員長為葉公超先生（時任行政院政務委員或總統府資政）、黃季陸先生（時任國史館館長）、李遠哲先生（時任中央研究院院長），分別是55年、59年、61年外交特考、62年高等考試、83年高普考試。參閱考試院院史編撰委員會（2020），《中華民國考試院院史》，臺北：考試院，頁285。

作十年以上，對有關學科富有研究，成績卓著；在普初考試部分，依典試法第6條規定，為任國內外公立或私立專科以上學校副教授、助理教授三年、講師六年以上；或任國內外公立或私立高級中學或職業學校校長或有關學科教師十年以上；或公務人員高等考試或相當於高等考試之特種考試及格八年以上並任薦任或相當薦任職務，對有關學科富有研究，成績卓著；或專門職業及技術人員高等考試或相當於高等考試之特種考試及格，並從事該專門職業及技術工作八年以上，對有關學科富有研究，成績卓著，依考試院會議考選部重要業務報告，截至108年底止典試人力資料庫符合者有3萬餘人。

## 二、迴避規定

上開典試人力均應依典試法第29條規定，於其本人、配偶、三親等內之血親、姻親應考時，應行迴避；第31條規定，辦理考試時，應嚴守秘密，不得徇私舞弊、潛通關節、洩漏試題；違者依法懲處，其因而觸犯刑法者，依刑法論處。另依中華民國刑法第132條之洩漏國防以外秘密罪規定：「（第1項）公務員洩漏或交付關於中華民國國防以外應秘密之文書、圖畫、消息或物品者，處三年以下有期徒刑。（第2項）因過失犯前項之罪者，處一年以下有期徒刑、拘役或九千元以下罰金。（第3項）非公務員因職務或業務知悉或持有第一項之文書、圖畫、消息或物品，而洩漏或交付之者，處一年以下有期徒刑、拘役或九千元以下罰金。」第137條之妨害考試罪規定：「（第1項）對於依考試法舉行之考試，以詐術或其他非法之方法，使其發生不正確之結果者，處一年以下有期徒刑、拘役或九千元以下罰金。（第2項）前項之未遂犯罰之。」此外，部分考試類科在筆試錄取後辦理口試，由於應考人筆試成績接近錄取標準壓力極大，且係面對面進行，主試者之遴聘及迴避制度尤應有明確規範。因此，口試規則對於典試或試務相關人員若為應考人現任機關首長、直屬長官、學位

論文指導教授都應予以迴避；對於口試評分應嚴守秘密；[23] 閱卷規則亦有類似迴避及嚴守秘密規定。[24]

　　然若以每年數十次國家考試所需典試人力龐大，即令法律規定明確且經再三重申國家考試嚴守秘密義務重要性，亦仍不免有違反規定者。以107年公務人員特種考試警察人員考試爲例，某典試委員兼分組召集人，明知擔任典試職務，應嚴守秘密，不得徇私舞弊、潛通關節、洩漏考題，仍利用進入闈場審題時記下考題重點，於考前洩漏考題資訊，經臺灣臺北地方檢察署提起公訴，臺灣臺北地方法院判決處刑在案。[25]

---

[23] 108年9月9日修正公布口試規則第11條規定：「（第1項）典試委員、口試委員及辦理考試人員，其有配偶或三親等內之血親、姻親應考，或爲應考人現任機關首長、直屬長官、學位論文指導教授者，應行迴避。（第2項）遇有前項應行迴避之情形，辦理試務機關應調整口試委員或應考人之分組。（第3項）違反第一項規定者，爾後不再遴聘。」第12條：「典試委員、口試委員及辦理考試人員，對於口試評分情形，應嚴守秘密。如有洩漏，依典試法第三十一條規定處理。」

[24] 108年9月9日修正公布閱卷規則第28條規定：「（第1項）典試委員、閱卷委員於其本人、配偶、三親等內之血親、姻親應考時，應行迴避。違反規定經發現者，爾後不再遴聘。（第2項）典試委員、閱卷委員及辦理考試人員，關於試卷內容、閱卷情形及評分結果，應嚴守秘密。如有洩漏，依典試法第三十一條規定處理。」

[25] 107年公務人員特種考試警察人員考試等考試之消防組沈典試委員兼召集人，明知擔任典試職務，應嚴守秘密，不得徇私舞弊、潛通關節、洩漏考題，仍利用進入闈場審題時記下「消防戰術（包含消防戰術、消防機械、緊急救護）」、「消防警察情境實務（包括消防法規、實務操作標準作業程序、人權保障與正當法律程序）」、「火災學與消防化學」及「消防安全設備」等科目考題重點，於考前（107年6月1日）以向中央警察大學消防系第83期應屆畢業生及尚未通過考試考生精神喊話爲由集合期間洩漏考題資訊，使該等考生得以在考前知悉考題重點並加強準備，以此非法之方法，洩漏關於中華民國國防以外應秘密之考題資訊，致發生中央警察大學消防系第83期應屆畢業生全部及格之不正確結果。沈典試委員兼召集人因涉嫌洩漏中華民國國防以外應秘密之考題資訊及妨害考試正確性，提起公訴。本案臺灣臺北地方檢察署於108年10月7日以公務員洩漏國防以外應秘密罪、妨害考試罪起訴沈姓典試委員；並經臺灣臺北地方法院109年7月30日因被告自白犯罪，以簡易判決處有期徒刑一年二月。緩刑四年，緩刑期間付保護管束，應於判決確定之日起三年內，向公庫支付新臺幣80萬元及向指定

## 第三項　典試委員會職權

典試委員會由典試委員長召集及擔任主席，依典試法第9條規定依照法令及考試院會議之決定，行使其職權，其決議事項主要有七項：一、命題標準、評閱標準及審查標準之決定；二、擬題及閱卷之分配；三、考試成績之審查；四、分數轉換之方式及標準之採用；五、錄取或及格標準之決定；六、彌封姓名冊、著作或發明及有關文件密號之開拆與核對；七、錄取或及格人員之榜示。上開典試委員會職權之中最重要者，即為決定國家考試之命題及閱卷標準，此乃國家考試重中之重。

至於典試委員長職責，為召集並主持典試委員會議、指揮監督有關典試事宜、決定各科試題、主持考試事宜、抽閱試卷、簽署榜單、簽署考試及格證書；典試委員職責，為出席典試委員會議、主持分區考試事宜、主持或擔任試題命擬、試題疑義處理及試卷評閱之有關事項、主持或擔任著作或發明或知能有關學歷經歷證明之審查事項、主持或擔任口試、測驗或實地考試事項。上開典試委員長人選決定，依考試院會議規則第11條第1項第5款規定為考試院會議之討論事項；實務上「典試委員長」人選決定係於考試院會議時，現場抽籤產生，例如以109年中醫師、營養師、心理師等考試之典試委員長由抽籤產生專長為「中文」之考試委員擔任。[26]

---

之政府機關、政府機構、行政法人、社區或其他符合公益目的之機構或團體提供八十小時之義務勞務。其間已距考試榜示時間（107年8月20日）逾一年，典試委員會已依法裁撤。參見108年10月24日考試院第12屆第258次會議考選部重要業務報告〈107年公務人員特種考試警察人員考試沈姓典試委員涉嫌瀆職案說明〉及臺灣臺北地方法院109年度簡字第1952號刑事簡易判決書。案嗣經考試院於109年6月9日考臺組一字第10900035711號公告：「公告撤銷107年公務人員特種考試警察人員考試三等考試消防警察人員類別考試曾○信等50名之考試及格資格，並註銷考試及格證書。」及109年6月10日考臺組一字第10900035721號公告：「公告撤銷考選部民國107年8月20日107年公務人員特種考試警察人員考試三等考試消防警察人員類別考試王○澄等427名之不錄取處分。」詳見考試院公報第39卷第11期（109年6月15日），頁74-80。

26 考試院公報第39卷第8期（109年4月30日），頁13。

綜上，典試法為踐行人民應考試權之根本大法，各項典試事宜均依法辦理，包括典試組織設置、典試委員資格條件、迴避規定及各該組織或人員職權，並據以訂定口試規則、閱卷規則等考試相關規定，考試院在典試方面具有縝密完整之考試法規體系。然所涉及典試人力龐大，在典試組織方面，有學者認為以國家考試的核心在於「命好題，閱好卷」，若要國家考試能命好題，在組織安排建議略作改革，或可改經由政府採購方式，以「行政助手」將有關業務委託給特定專業領域之社團法人或財團法人辦理，在相關招標規格上要求各相關環節應納入具民主正當性的學者專家參與，並於契約中明定投標者之組織、運作及內控與外部監督機制；[27] 在典試委員長遴聘方面，由於人選資格條件要求甚高且遴聘不易，實務上均由考試院院長、副院長、考試委員擔任，此確為合適遴聘管道，惟若以抽籤決定出任者，難免有因考試類科與個人專長差距過大而影響適切主持典試工作之疑慮。

## 第三節　應考試權之程序保障功能

應考人經考試始取得公務人員任用資格或專門職業及技術人員執業資格，涉及憲法人民基本權保障，任何應考人均有權要求考試程序公平合理。其考試程序包括在考試前之應考資格若有限制，而此限制應有一定之限制，考試時之考試評分判斷餘地，考試後之考試資訊閱覽禁制界限，以及應考人行政訴訟權等說明如後。

## 第一項　應考資格限制之限制

憲法第18條人民應考試權，既為憲法人民基本權，依憲法第83條及

---

27 黃錦堂、黃婷婷（2016），〈國家考試命好題得有的組織安排—比較行政的觀察〉，《國家菁英》，第12卷第3期，頁14。

增修條文第6條第1項規定係由考試院作為公權力主體而為程序性保障，若依憲法第23條：「以上各條列舉之自由權利，除為防止妨礙他人自由、避免緊急危難、維持社會秩序，或增進公共利益所必要者外，不得以法律限制之。」之規定，應考試權之限制應以「法律」定之，並符合比例原則，包括手段合憲性、目的合憲性、手段與目的間關聯的合憲性。[28]有學者認為任何一個基本權利只要行使即會產生「社會關聯性」及隨之而來的「社會拘束力」，由於權利必須與社會連結始具有意義，憲法保障權利範圍，以不對社會造成傷害，所為之限制為憲法第23條「公益條款」，而此「公益條款」並非僅作為授權立法者用以限制基本權利之用，亦有藉此限制立法者之「限制基本權利」功能，可稱為「限制之限制」[29]。換言之，基本權限制的初始想法，是為求基本權完整實現，只有依憲法精神完全實踐的基本權利，才是公益條款得以限制人民基本權的目的，國家公權力基於對基本權之保障，僅有在例外且嚴格的條件之下始得有限度地加以干預，此亦為憲法機關之任務。[30]

我國現行公務人員考試法對於應考資格限制，有以法律直接規定者，如積極條件之學經歷資格及消極條件等（第12條至第15條），也有

---

[28] 參見大法官解釋說明憲法第23條之比例原則涵義如下。目的正當性（目的合憲性）：消極面是禁止立法者追求明顯違憲的目的；積極面是要求立法目的必須符合憲法所預設並允許的基本權限制目的如憲法第23條所揭示理由。適合性原則（手段合憲性）：係指行為應適合於目的之達成，即所採取之手段有助於實現所欲追求之目的，僅須相當程度適於達成即可，其只是用於排除完全無法達成目的之手段。必要性原則（最小侵害原則）：乃要求於眾多同樣可以達成其所追求之目的之手段中，選擇對人民基本權侵害最小的手段。狹義比例原則（衡平原則）：所採取之方法所造成之損害不得與欲達成目的之利益顯失均衡，亦即限制基本權的手段所追求或增進之公益是否大於對人民所達成之損害或不利益，此涉主觀價值判斷，並無絕對是非對錯。

[29] 陳新民（2011），〈論憲法人民基本權利的限制〔1987〕〉《法治國家公法學的理論與實踐—陳新民法學論文自選集》上冊，臺北：三民，頁272。另吳庚、陳淳文亦有提及限制基本權的法律，憲法本身限制它的規範內容，稱為基本權限制限制。參閱吳庚、陳淳文（2017），《憲法理論與政府體制》增訂五版，臺北：自版，頁147。

[30] 林明鏘主持（2005），《國家考試應考資格之探討》，考試院委託研究，頁41-42。

由法律授權考試院訂定者，如有關基本條件之應考年齡、體格、兵役、性別，及其他各種考試分類、分科之應考資格（第7條、第9條、第17條等），其背後很明顯有「重要性」考量。各國對於人民應考資格限制亦各有不同，但不論德、美、日等國均以法律規範人民應考資格，如德國聯邦公務人員法第8條及第9條規定，經公開招考職位，其應選係以其適性、能力與專門技術而定，而不應考量其性別、出身、種族、血統、身心障礙、宗教或世界觀、政治觀點、淵源、社會關係或對於性的自我認同等；[31] 美國原則禁止設定最高年齡（第3307條），例外者僅限於航空管制人員和核料運送人員可設上限，及國家公園警察、執法人員或消防人員可設最低與最高限，同時禁止設定最低教育資格（第3308條）、禁止僱用三等血姻親（第3110條）；日本國家公務員法規定各進用管道設有不同的應考資格與規定，積極的應考資格為學歷條件，學歷條件成為報名參加各類考試的門檻；消極條件為年齡上限，一般而言，日本國家公務員報考的年齡限制是較為嚴格的，「一般職」考試以大學畢業為主，報考年齡限定於21歲至30歲。茲就我國國家考試應考資格包括基本條件、積極條件及消極條件限制說明如後，並檢視各該條件限制應有之限制。

## 一、基本條件

公務人員考試法第7條規定，公務人員各種考試之應考年齡、體格標準、考試類科及其分類、分科之應考資格等，由考試院定之；第9條規定，考試院得依用人機關任用之實際需要，規定公務人員考試實施體格檢查，以及公務人員特種考試應考人之年齡、兵役及性別條件。是以，有關應考資格之基本條件限制，均係法律授權由考試院以考試規則定之。

---

31　有關德國應考年齡限制部分，按德國職務系統法制對不同的職務系統分別規定任用時的不同最高年齡，依據公務人員法制框架法第6條第1項規定，終身職公務員的任用以年滿27歲為前提要件，聯邦行政法院或聯邦憲法法院的裁判實務，傾向寬鬆審查，而認為無違憲疑義。參閱陳愛娥（2010），〈德國初任文官甄選制度—由法學角度出發的觀察〉，《國家菁英》，第6卷第1期，頁87。

有關應考年齡部分，公務人員考試除有最低年齡18歲限制外，[32]
對於各類考試設有最高年齡上限者多達十種介於最高年齡為30歲至55歲
間，[33] 其中之不一，依上開規定，雖係考試院「得」依用人機關任用之
實際需要規定，且考試院在充分尊重用人機關需求前提下為之。然若依五
權分立平等相維來看，機關間相互尊重固為當然，但考試院基於憲法賦予
考試職權，所為人民應考試權之年齡限制，亦須具有手段合憲性、目的合
憲性、手段與目的間關聯的合憲性，始得以訂定年齡上限合理比例，方不
失考試權單獨設置之憲法價值。以「公務人員特種考試法務部調查局調查
人員考試規則」為例，應考資格年齡須在30歲以下，調查人員固為確保調
查機敏任務的持續有效執行，年齡雖非不得作為公務人員考試應考資格之
限制標準，惟亦不能忽略對人民應考試權之保障，考試機關對於以年齡作
應考資格限制之必要性，及年齡門檻設定之理由，應有具體說明義務，並
分由手段及目的合憲性檢視；此外，警察人員年齡上限37歲之規定，有
學者提出質疑，應考資格限制若無限制必要性之具體說明，將對不得參加
考試之應考人難起說服效果，何以私部門依就業服務法規定不得拒絕聘僱
較高齡者，而政府部門得以為之，再者可否對於各職務有更為靈活調動可

---

[32] 公務人員考試法第12條前段規定，中華民國國民，年滿18歲，具有本法所定應考資格
者，得應本法之考試。

[33] 按公務人員考試法第9條第1項規定：「考試院得依用人機關任用之實際需要，規定
公務人員考試實施體格檢查，以及公務人員特種考試應考人之年齡、兵役及性別條
件。」考選部自90年起，即積極與設有應考年齡上限考試之用人機關協商，朝放寬或
取消應考年齡上限之規定努力，96年同意取消或放寬9項考試應考年齡上限，99年放寬
2項考試應考年齡上限。目前辦理的22項公務人員特種考試中，仍有10項考試設有應考
年齡上限規定。其中外交人員特考45歲、國際經濟商務人員特考45歲、民航人員特考
45歲（飛航管制科35歲）、調查人員特考30歲、國家安全情報人員特考35歲、司法人
員特考三等55歲、四等45歲（法院書記官不限、執行員50歲、執達員55歲）、司法官
特考55歲，警察人員及一般警察人員特考二等42歲、三等及四等37歲、海巡人員特考
55歲。參見考選部函陳考試院〈公務人員特種考試設有應考年齡上限規定檢討改進報
告〉（104年1月15日考試院第12屆第19次考試院會議通過）。

能，將不同類型工作設定不同應考年齡；[34] 至於專門職業及技術人員考試依現行規定，並無應考年齡限制。

　　有關體格檢查部分，公務人員考試得依需要實施體格檢查，主要係依用人機關任用之實際需要，而體格檢查項目主要為身高、體重、視力、四肢異常、精神疾病及其他不能治癒重症等，並依考試屬性訂有寬嚴不同標準；[35] 依公務人員考試法第9條第2項規定，若體格檢查不合格或逾期未繳送體格檢查表者，不得應考、不予錄取、不予訓練或不予核發考試及格證書。目前對於設有體格檢查之考試類科計有公務人員特種考試司法人員考試等十餘種，由於身心障礙者權利公約內國法化，現行體檢基於肢障及身高部分之限制是否合宜，是否具有手段及目的合憲性，值得再議；有學者提出有關身高、體重、視力、聽力、血壓等之限制，若能經由診斷而獲

---

[34] 林全發認為調查人員特考訂30歲以下報考限制，有侵害人民考試平等權之基本權之虞；陳靜慧針對警察人員年齡上限規定提出質疑為所有限制必須有具體說明；黃錦堂認為應考年齡規定過於一般化，建議可否將工作區分為不同類型的職務，而設定不同的上限應考年齡。參閱林全發（2012），〈論公務人員特種考試限制應考資格對人民基本權之影響〉，《文官制度季刊》，第4卷第2期，頁51；陳靜慧（2017），〈一般警察人員特考年齡限制之合憲性—評北高行一〇三年度訴字第一五七六號判決並借鏡歐盟法觀點〉，《月旦法學雜誌》，第261期，頁251-252；黃錦堂（2010），〈公務人員特種考試應考年齡、體能設限與考試無障礙之研究—兼論釋字第626號解釋〉，《法令月刊》，第61卷第2期，頁32。

[35] 以「公務人員特種考試法務部調查局調查人員考試規則」為例，其附表三之三等考試安全保防職系體格檢查標準，應考人有下列情形之一者，為體格檢查不合格：「一、身高：男性不及155.0公分；女性不及150.0公分。二、體格指標：以體重（公斤）除以身高（公尺）的平方，其小於18或大於31。三、視力：各眼裸視未達0.2，但矯正視力達1.0者不在此限。四、辨色力：無法辨識紅、黃、綠色。五、聽力：優耳聽力損失逾90分貝。六、血壓：收縮壓持續超過140毫米水銀柱（mm.Hg），舒張壓持續超過95毫米水銀柱（mm.Hg）。七、肺結核痰塗片呈陽性反應。八、單手拇指、食指或其他三手指中有二手指以上缺失或不能伸曲張握自如。九、手臂不能伸曲自如或兩手伸臂不能環繞正常。十、雙下肢明顯不能蹲下起立或原地起跳明顯不能自如。十一、有客觀事實足認其身心狀況不能執行職務。十二、五官有嚴重損傷，經化妝、配戴輔具或其他方式仍無法修飾。十三、罹患其他無法治癒之重症疾患，致不堪勝任職務。」

得控制，相關應考限制並非無可議之處；[36]再者上開檢查項目部分係屬表層檢查，其作爲報考資格限制的實質內容，不無疑義，倘若確有設定特殊體格之必要性，亦應敘明具體合理之理由，詳加審酌，以符人民應考試之憲法基本權；[37]又有關身高乃與生俱有，實乃遺傳基因所致，無法改變，不應作爲篩選標準，且身高與工作表現是否具有實質關聯性，此一限制，有違反平等權之不當連結禁止原則；[38]至於「專門職業及技術人員考試體格檢查標準」因於97年6月30日業已廢止，目前專門職業及技術人員考試並無體格檢查限制。

　　有關兵役條件部分，目前僅有法務部調查局調查人員、國防部文職人員、國家安全局國家安全情報人員等三種考試設有兵役條件。[39]以「公務人員特種考試法務部調查局調查人員考試規則」第3條爲例，其規定男性應考人須服畢兵役或經核准免服兵役或現正服役中，法定役期尚未屆滿者。上開設有兵役條件限制者，均屬於與國家調查、國防、或安全相關，其餘考試並無兵役限制。[40]惟有學者認爲服兵役的義務與人民應考試權行使，並無必然前提關聯，若須加以限制者，僅於該公務人員職務行使，必先具有執行軍事勤務經驗爲要件，始有具備得以限制之條件。[41]

---

[36] 黃錦堂認爲部分體格限制得經由診斷而獲得改善，而提出質疑；另外針對國家安全情報人員考試之體能設限，建議可否將職位類型化，讓體格較差者亦得讓有志者得以報考。參閱黃錦堂（2010），〈公務人員特種考試應考年齡、體能設限與考試無障礙之研究—兼論釋字第626號解釋〉，《法令月刊》，第61卷第2期，頁32。

[37] 懷敘（2011），〈公務人員特種考試特殊應考資格設限之研究〉，《國家菁英》，第7卷第2期，頁69-70。

[38] 林明鏘主持（2005），《國家考試應考資格之探討》，考試院委託研究，頁55。

[39] 109年4月21日修正公務人員特種考試外交領事人員外交行政人員考試規則及公務人員特種考試國際經濟商務人員考試規則，刪除應考資格須有兵役條件規定。

[40] 107年4月27日廢止公務人員特種考試水利人員及水土保持人員考試規則。原規定男性應考人須服畢兵役（含替代役）或經核准免服兵役者，但現正服役（含替代役）者，須於本考試考畢之次日起四個月內退役並持有權責單位發給之證明文件，始得報考。

[41] 同註38。

有關性別條件部分，憲法增修條文第10條第6項明定「國家應維護婦女之人格尊嚴，保障婦女之人身安全，消除性別歧視，促進兩性地位之實質平等。」考試院據以對性別平等議題訂有國家考試性別平等白皮書，致力消除各種國家考試性別條件之限制，目前在公務人員任用資格考試方面僅有監獄官及監所管理員，基於男女分別監禁，而有男女錄取名額限制；[42] 至於專門職業及技術人員執業資格考試方面，均無性別設限規定。

## 二、積極條件

有關學歷條件部分，公務人員考試法第13條規定，高考一級為博士學位，高考二級為碩士學位，高考三級為學士學位；第14條規定，普考為高中畢業；第15條規定，初等考試並無任何學歷限制。以學歷作為應考資格限制，有學者認為雖有一定形式上的認定功能，其代表應考人的學習歷程，至少證明應考人具備某些基本能力，或屬合理，但非絕對唯一指標，因為學歷高低與工作能力並無直接關聯性；[43] 司法院釋字第290號解釋：「斟酌就學有實際困難者，而為適當之規定」，若僅以學歷高低排除一般考試機會似有違平等原則，以及我關憲法公開競爭原則，若此，以學歷高低作為公務人員不同職等應考資格，似有合憲性疑慮，亦難以證明工作能

---

[42] 考選部表示：「鑑於收容人特殊屬性及性別考量，監所管理員為第一線直接戒護人員，舉凡生活管理、沐浴、更衣、如廁、檢身，隨時需嚴密戒護或處理緊急突發事故，皆需近身戒護，且不能脫離視線，其工作性質較適合由同一性別擔任；此外，若為配合取消分定男女錄取名額，我國監所硬體設備品質亦需同步提升，否則將造成不必要的人身困擾及戒護人員自身安全之危險。故為因應監所特殊勤務制度，尚有分定男女錄取名額之限制。」參見102年11月14日考試院第11屆第260次會議考選部重要業務報告〈考選部修正國家考試性別白皮書〉，頁2。

[43] 林明鏘主持（2005），《國家考試應考資格之探討》，考試院委託研究，頁23；董保城（2015），〈從平等原則探討公務人員考試〉，《考試權之理論與實務》，臺北：元照，頁73-74。

力高低與學歷有直接密切關係，甚且若能消滅學歷條件迷思，或許對於整體教育體制有一定的引導作用。[44]

　　有關特定學科條件部分，在專門職業及技術人員考試之應考資格不僅有學系限制，更有必修學分限制。以專門職業及技術人員高等考試律師考試為例，即對於應考人須為大學法律相關科系畢業，或修滿法律20個學分（其中須包括民法、刑法、民事訴訟法或刑事訴訟法等科目），[45] 作為應考資格限制，此外如社會工作師、建築師等二十餘種考試規則，均有嚴格限制應考人之畢業科系。有學者認為此無形中限制大學學術自由發展，亦因保障特殊學科領域之學者專家而違反平等原則，如改為二階段考試，於第二階段以具有相關實際工作經驗者始得以應考，並以口試進行，既可強化產學合作，亦有助大學發展。[46]

　　有關特定經歷條件部分，依公務人員考試法第17條第3項規定：「公務人員考試類科，其職務依法律規定或因用人機關業務性質之需要須具備專門職業證書者，應具有各該類科專門職業證書始得應考。」亦即應考人有執業證書始得報名考試，惟目前部分考試於取得執業證書一定年限成

---

[44] 林明鏘主持（2005），《國家考試應考資格之探討》，考試院委託研究，頁24。

[45] 例如：專門職業及技術人員高等考試律師考試規則第5條規定：「中華民國國民具有下列資格之一者，得應本考試：一、公立或立案之私立專科以上學校或符合教育部採認規定之國外專科以上學校法律、法學、司法、財經法律、財金法律、政治法律、海洋法律、科技法律科、系、組、所畢業，領有畢業證書。二、公立或立案之私立專科以上學校或符合教育部採認規定之國外專科以上學校相當科、系、組、所畢業，領有畢業證書，並曾修習民法、商事法、公司法、海商法、票據法、保險法、民事訴訟法、非訟事件法、仲裁法、公證法、強制執行法、破產法、國際私法、刑法、少年事件處理法、刑事訴訟法、證據法、行政法、證券交易法、土地法、租稅法、公平交易法、智慧財產權法、著作權法、專利法、商標法、消費者保護法、社會福利法、勞工法或勞動法、環境法、國際公法、國際貿易法、英美契約法、英美侵權行為法、法理學、法學方法論等學科至少七科，每學科至多採計三學分，合計二十學分以上，其中須包括民法、刑法、民事訴訟法或刑事訴訟法，有證明文件。……」

[46] 董保城（2015），〈從平等原則探討公務人員考試〉，《考試權之理論與實務》，臺北：元照，頁75-76。

績優良，即可取得公務人員任用資格，免經再次之公務人員任用考試，但亦有部分考試依上開規定仍須再應試一次，此涉及不同職業管理法律之差別待遇是否有違反憲法平等原則，亦涉及人民應考試權之體系正義問題。[47]

## 三、消極條件

消極應考資格的限制，造成身分上之不平等，致使部分的人，因法律規定的原因，失去應考試權，惟應考試權既經憲法明文規定，則法律對之加以限制，必須符合比例原則，並須具有手段合憲性、目的合憲性、手段與目的間關聯的合憲性。有關公務人員應考資格消極條件，規定於公務人員考試法第12條，主要有四種情形如下。[48]

第一，褫奪公權尚未復權者：公務人員考試法研訂此規定，主要係依據刑法規定，而中華民國刑法第36條第2項：「褫奪公權者，褫奪下列資格：一、為公務員之資格。二、為公職候選人之資格。」其目的乃藉特定資格限制以減少犯人再度危害社會之一種預防措施。但褫奪公權本身是從刑不是主刑，從刑乃附隨主刑而存在，又以罪刑法定主義而言，犯罪與刑罰皆須由法律明文規定，惟有關褫奪公權的部分，其構成要件並不明確，依刑法第37條第2項規定：「宣告一年以上有期徒刑，依犯罪之性質認為有褫奪公權之必要者，宣告一年以上十年以下褫奪公權。」僅以抽象的「依犯罪之性質」端視法院自由心證決定之，此雖就刑法而言，似有違反罪刑法定主義之精神。然就應考試權而言，已然間接且實質限制人民應考試資格之權利。

第二，受監護或輔助宣告尚未撤銷者：依民法第14條第1項：「對於因精神障礙或其他心智缺陷，致不能為意思表示或受意思表示，或不能辨

---

47 林明鏘主持（2005），《國家考試應考資格之探討》，考試院委託研究，頁23。

48 李以德（2004），〈由比例原則析論我國國家考試消極應考資格規定之合憲性基礎〉，《通識研究集刊》，第6期，頁250-255。

識其意思表示之效果者，法院得因本人、配偶、四親等內之親屬、最近一年有同居事實之其他親屬、檢察官、主管機關、社會福利機構、輔助人、意定監護受任人或其他利害關係人之聲請，為監護之宣告。」第15條：「受監護宣告之人，無行為能力。」第15條之1第1項規定：「對於因精神障礙或其他心智缺陷，致其為意思表示或受意思表示，或辨識其意思表示效果之能力，顯有不足者，法院得因本人、配偶、四親等內之親屬、最近一年有同居事實之其他親屬、檢察官、主管機關或社會福利機構之聲請，為輔助之宣告。」是以，不論因精神障礙或其他心智缺陷不能為意思表示或受意思表示或者是顯有不足者，既無行為能力或限制行為能力，確有無法擔任公務人員之具體理由，其限制亦尚屬合理。

　　第三，以內亂、外患罪永久褫奪公務人員考試資格者：若以內亂、外患罪永久褫奪公務人員考試資格，由於公務人員係執行國家任務，對國家負有忠實義務，而曾犯內亂、外患罪即是對於國家不忠實，就憲法第23條乃係對公益的重大侵害，尚屬合理；然細究內亂、外患罪，包括刑法第100條至第115條之1共17條，其範圍從內亂到洩漏機密不一，各罪構成要件及科處刑罰亦不一致，對社會危害程度亦有別，有些罪名並無宣告永久褫奪公權之可能與必要，但於公務人員考試法中卻等同於永久褫奪公權，例如刑法第111條（刺探收集國防秘密罪）規定：「（第1項）刺探或收集第109條第1項之文書、圖畫、消息或物品者，處五年以下有期徒刑。」並不符合刑法第37條第1項終身褫奪公權之要件，卻於公務人員應考資格有相當褫奪公權終身的效果。所以若以內亂、外患罪之概括規定，剝奪人民應考試權，似亦有違憲之虞。

　　第四，以貪污罪永久褫奪公務人員考試資格者：依貪污治罪條例第1條之立法意旨係為嚴懲貪污，澄清吏治，其規定貪污態樣依程度不同分為重大、重度及輕度三種貪污行為，均與因職務關係而竊取公有財產或貪圖不當利益有關，或有其正當性；然其類似褫奪公權終身的法律效果，等同於刑法之死刑或無期徒刑之規定，以其犯罪嚴重性限制終身不得應國家考試，並不符合比例原則。是以，若以此永久褫奪公務人員應考資格限制之程度，似亦有違憲之虞。

　　至於有關專門職業及技術人員應考資格消極條件，於102年1月23日以前之專門職業及技術人員考試法，原規定褫奪公權尚未復權者、曾服公務有侵占公有財物或收受賄賂之行爲者、施用煙毒尚未戒絕者、受禁治產宣告尚未撤銷者不得應試，經因各該專門職業及技術人員執業性質有別，且各職業管理法規均已訂定充任各該專門職業及技術人員之相關規定，爰刪除列舉應考資格消極條款限制，改爲配合各職業管理法規不得充任各該專門職業及技術人員之規定限制其應考，俾符實際。然有學者批評國家考試權以自我設限方式，將權限移轉予其他法規之零散不一規定，有違「再授權禁止原則」，其應考資格消極條件限制亦有違憲法平等原則。[49] 又倘若細究各職業管理法規不得充任專門職業人員之消極資格限制規定似並不一致，以受有期徒刑宣告爲例，律師爲「受一年有期徒刑以上刑之裁判確定」，會計師爲「受一年以上有期徒刑之宣告確定」，此種不一的限制，原應由專門職業及技術人員考試法規定，經修法改轉由其他各種職業管理法律，權限轉移的結果，除因不同的職業管理法律各有規定致缺乏明確性外，考試院亦因非各該職業法律主管機關，而無法享有應考資格條件之法律提案權。

　　綜上，人民應考試權之應考資格限制不論是基本條件或積極條件，主要是用人機關「實際需求」。然考試院以基於確保應考人憲法上人民應考試權，當實際用人需求與人民基本權保障價值相牴觸且不能併存時，應「不得以後天努力無關之因素決定考試結果之憲法誡命」，[50] 應考人之應考價值自當優先於用人機關之實際需求，更何況此種實際需求只是部分用人機關的實際需求，若將任用上之困擾往前推往考試制度加以解決，乃誤解考試權設置之眞正意義。至於其他專業職業法律，對於公務人員執行職務，有更高資格條件者，亦非考用合一的範圍，考試院應以其他特別遴用職務人力，不宜以不當限制應考人之應考試權，若有應考資格限制仍應

---

49 林明鏘主持（2005），《國家考試應考資格之探討》，考試院委託研究，頁60。

50 蕭文生、黃彥翔（2015），〈論警察人員考試雙軌制之憲法爭議〉，《國立中正大學法學集刊》，第47期，頁213。

有其「合比例性」之限制。

## 第二項　考試評分判斷餘地

　　依命題規則第4條至第6條規定，國家考試試題除國文科外，主要分為申論式試題及測驗式試題二種。其中申論式試題係指以結構完整的問句提出問題，應考人可以整合與評鑑所學得的概念，組織符合問題最佳判斷的答案，並將答案作答於試卷；其可衍生變化題型有簡答題（解釋名詞）、問答題、填充題、計算題、繪圖設計題等；[51] 至於測驗式試題係指每一道題目由一個題幹搭配四個選項，在四個選項中選擇一個正確或最佳答案的單一選擇題；[52] 司法院釋字第319號解釋翁岳生、楊日然、吳庚三位大法官不同意見書認為，國家考試評分專屬於典試委員職權，此項評分之法律性質，有認為行政機關裁量權行使者，亦有認為屬於行政機關適用不確定法律概念之判斷餘地者。然無論從裁量理論或不確定法律概念見解，典試委員之評分應受尊重，其他機關甚至法院亦不得以其自己之判斷，代替典試委員評定之分數。但三位大法官同時亦說明若有試題漏未評

---

[51] 考選部曾對外說明國家考試只有測驗題與申論題兩種題型，並無簡答題。102年9月12日考試院第11屆第253次會議考試委員胡幼圃發言：「考選部曾說國家考試無簡答題，在95年專技中醫師特考應考人陳懿琳『中醫方劑學』及『中醫眼科學與中醫傷科學』申論式試題之作答內容評分偏低，提起行政爭訟那一案中，是承審法官誤會為簡答題云云。惟就事實觀之，國家考試有些題目確實長得就像簡答題，本席入闈審題時，曾將許多看起來像簡答題的題目予以淘汰，就是為了避免給分時產生困擾。至於命題老師所命申論題是否會被認定為簡答題，並非部說了算，而是很容易判斷的，可說是公眾所周知之事實，例如名詞解釋，問：『何謂簡易交付』等，這就是簡答題，類似這種題目太多了。如果考選法令規定國家考試沒有簡答題，只有兩種題型，那就要有把握所產出之申論題像個申論題的樣子，要盡力去控管題品質，才是負責任的表現。」

[52] 105年12月29日考試院第12屆第117次會議考選部重要業務報告〈國家考試擴大採行電腦化測驗〉，頁1。

閱或計分錯誤之事實錯誤、給分超過給定之配分標準或考量與事件無關因素之逾越或濫用權限等情事，行政法院得撤銷評分，而由考試機關重新評定成績。是以，考試評分有其判斷餘地，但不同試題有不同評分標準，測驗式試題與申論式試題會產生不同程度之判斷餘地。

　　首先，測驗式試題因其題型為是非題及選擇題並附具標準答案，並以電腦讀卡判讀評分，無涉閱卷委員考試評分主觀判斷餘地，依應考人申請複查成績辦法第5條第1項第2款規定：「採用測驗式試題時，應調出試卷核對座號無訛，檢查作答方法符合規定，並以讀卡設備高低不同感度各重讀一次無誤後，將讀入之答對題數及實得分數，連同計分方式一併復知。但遇有特殊情形，致無法正確讀入答案者，得以人工方式計分。」是以，測驗式試題係客觀評分標準，除依形式有試題漏未評閱或計分錯誤等事實錯誤外，原則上僅有「試題疑義」，尚無考試評分疑義。

　　其次，申論式試題評分具有四種特性：第一，評分具高度屬人性：所謂高度屬人性係指因人而異，也就是相同專業或經驗的二人評閱同一份申論試題，相互之間評定分數並不會相同，又評分者必須全程本人評閱，不得由他人代為評閱。第二，不可辨識性（試卷彌封）：古代稱作「糊名」是將試卷上考生姓名、籍貫遮蓋，以免批閱官在閱卷中徇私，而彌封在現代測驗學中所具有深層意義乃在匿名評分，可避免印象分數干擾，此在試務過程為極重要的一環，進行彌封過程均須正確無誤，否則將影響考試公平性。第三，無法重新展現情境：考試進行中，應考人不可避免受到當時心理、生理與外界因素影響，稱為「考試經驗」，考試具有不可回復性，縱使辦理考試機關或應考人審慎地舉證亦無法在法官面前重建考試情景。第四，對比情境：評分過程乃屬評分者就不同應考人試卷相互比較的結果，高度涉及閱卷者主觀專業判斷，基於機會均等原則，評分是在所有應考人之間對比的情境下所作成的決定。[53] 實務見解以，依典試法第11條第1項規定典試委員會決定命題標準、評閱標準及審查標準，再依閱卷規

---

[53] 董保城（2016），〈國家考試排除行政程序之探討〉，《國家菁英》，第12卷第1期，頁109-112。

則第4條：「試卷評閱前，應由各組召集人、典（主）試委員、命題委員及閱卷委員共同商定評分標準，並由召集人分配試卷之評閱。」所以，上開商定評分標準或評閱標準，為考試評分之一部分，具有高度屬人性，評分人具有判斷餘地，其他機關甚至法院原則上應予尊重；特別是申論式試題係衡鑑應考人專業能力及學識程度的鑑別工具，其評分重點，並非僅就答案中個別元素評分，而係著重於應考人整體邏輯推理能力，此種鑑別工具之測驗特性，非能以制式統一方式限制閱卷委員評閱。[54] 司法院釋字第319號解釋亦肯認考試評分之判斷餘地，其他機關甚至法院不得以其自己判斷代替之。然學者引述德國聯邦憲法法院1997年4月17日兩個裁判，限縮考試評分的判斷餘地範圍及強化司法審查之必要性指出，閱卷委員與應考人專業上的歧異應受到司法審查，必要時法院須藉由鑑定人的協助判斷，以瞭解閱卷委員評定是否合理。換言之，應更細緻化界定考試評分判斷餘地的範圍，考試評分判斷餘地不及於專業問題，職業考試可推導出一個一般的評分原則，若為適切有用的答案，原則上不能評價為錯誤而為不及格，但若因類此申論式試題答案的正確性或適當性無法明確，不同意見即有存在空間，應考人應有適當的作答餘地。[55] 以此考試評分客觀化之評分標準是閱卷委員應一體適用之標準，若閱卷委員對特定試卷未依據評分標準評分，即違反考試平等原則，而出現判斷瑕疵。從憲法第7條推導而出的考試平等要求，對於國家考試閱卷委員而言，乃是其判斷餘地的憲

---

[54] 此處實務見解意見係參考101年6月7日司法院秘書長函請考試院針對司法院大法官審理卓○○聲請釋憲提請說明，考選部101年8月1日提報考試院第11屆考試委員第65次座談會，同年8月21日報請考試院審議〈典試法第23條釋憲案〉考選部之意見。案嗣經同年月30日考試院第11屆第201次會議書面報告後於101年9月11日以考試院秘書長函復司法院秘書長在案，此釋憲聲請案於103年7月25日大法官第1420號會議決定「不予受理」。

[55] 陳愛娥（2002），〈閱卷委員的學術評價餘地與應考人的訴訟權保障─最高行政法院九十年度判字第一四三三號判決評析〉，《月旦法學雜誌》，第82期，頁225；劉如慧（2016），〈開放閱覽試卷以後其他典試禁制法制之探討〉，《國家菁英》，第12卷第3期，頁68-69。

法界限，若閱卷委員在評閱試卷時，未能遵守平等原則，流於恣意，所有評分即出現判斷瑕疵。[56]

　　再者，申論式衍生試題，依命題規則明定試題方式，雖僅有測驗式試題及申論式試題，但實務上仍有簡答題（解釋名詞）、問答題、填充題、計算題、繪圖設計題等衍生試題。臺北高等行政法院101年度訴字第732號判決以，在我國考試實務上申論式試題有時包括簡答題，而簡答題有其標準答案，其既無須申論，考試評分自應無判斷餘地，法院得審查其是否依照標準答案及一致性之評分標準加以評分。

　　綜上，考試評分應依其試題是否具有標準答案而有不同之判斷餘地，學者認為判斷餘地係指針對不確定法律概念為判斷時，有其活動空間，該空間內有其自主性，司法審查應受限制，該自主性空間不限於概念本身，已擴大到概念外圍之特定範圍，例如考試成績之評定。若判斷空間絕對大不足採，判斷空間絕對小，又有不尊重專業性及自主性之虞。[57]爰若以判斷餘地實質精神而言，測驗式試題因具標準答案由電腦讀卡判讀，考試評分具有絕對客觀性，而無評分判斷餘地，至於申論式試題及其衍生變化試題，依其試題特性可區分為享有相對高低不同之判斷餘地。在申論式試題享有相對較高判斷餘地，由於試題著重於應考人整體邏輯推理能力，並無所謂「標準答案」難以限制考試評分之絕對客觀，依其性質似應充分尊重考試評分判斷餘地，但同時，應容認應考人享有相對作答餘地；至於申論式之衍生變化試題，例如簡答題，則享有相對較低判斷餘地，由於試題為開放式題型，但有標準答案，考試評分爰具有其客觀性，理應限縮考試評分判斷餘地空間，以維護應考人之應考試權。有學者引用德國聯邦憲法法院提出「閱卷委員應依一般客觀評價原則評分」建立「應

---

[56] 謝碩駿（2015），〈國家考試試務資訊公開—兼評最高行政法院一〇三年度判字第九七號判決與新修正之典試法〉，《月旦裁判時報》，第40期，頁9。

[57] 李震山（2018），〈國家考試救濟事件與正當法律程序〉，《義薄雲天、誠貫金石—論權利保護之理論與實踐—曾華松大法官古稀祝壽論文集》，臺北：元照，頁430。

考人作答餘地」理論，評分不應爲法院不可觸碰的禁區。[58]

## 第三項　考試資訊閱覽禁制界限

　　國家考試流程從考試報名、考試進行、試卷評閱、榜示名單、成績複查等各階段具有大量考試資訊，分別或同時適用典試法、政府資訊公開法、個人資料保護法等規定；以下謹就涉及應考人重大權益且偏重考試後資訊，分應考人榜示名單、命題委員名單、試題評閱標準、試題參考答案、卷宗閱覽影印等說明，並檢討各該規定若有禁制規定其應有之界限。

### 一、應考人榜示名單

　　有關應考人榜示名單所涉之法律規定有三，首先是典試法，其立法目的係爲維護國家考試之公平公正，以達爲國掄才之目的，第9條及其施行細則第11條規定，典試委員會審查決定錄取或及格標準，按考試總成績高低或座號順序排名榜示之。其次是政府資訊公開法，其立法目的係爲建立政府資訊公開制度，便利人民共享及公平利用政府資訊，保障人民知的權利，增進人民對公共事務之瞭解、信賴及監督，並促進民主參與。該法第18條第1項第5款規定，有關專門知識、技能或資格所爲之考試、檢定或鑑定等有關資料，其公開或提供將影響其公正效率之執行者應限制或不予公開。再者是個人資料保護法，其立法目的爲規範個人資料之蒐集、處理及利用，以避免人格權受侵害，並促進個人資料之合理利用。該法第15條及第16條規定，公務機關對個人資料蒐集、處理及利用，應於執行法定職務必要範圍內且有特定目的。

　　若依上開法律規定分別探究國家考試應考人榜示名單性質，依典試法規定榜示名單經典試委員會決議應依法刊登公報榜示；依政府資訊公開法

---

[58] 董保城（2005），〈應考試權與實質正當程序之保障：釋字第319號解釋再省思〉，《國家菁英》，第1卷第2期，頁168。

規定，榜示名單為未影響考試公正效率執行之考試資料；依個人資料保護法規定榜示名單之公開為考試機關於執行法定職務必要範圍且有特定目的之個人資料處理；是以，應考人榜示名單公開係依法律規定而為，我國國家考試向以「金榜題名」之姓名榜榜示之。惟於108下半年國家考試榜示名單，據考試機關說明因涉個人資料保護法規定，陸續改以部分遮蔽錄取人員姓名方式處理。[59] 經檢視凡涉及各政府公報有關公務人員身分名單公告者，有總統府公報任免官員名單、監察院公報被彈劾人姓名、司法院公報被懲戒人姓名，均採全名刊登；有學者亦提出日本司法考試與醫師或護理師等執業資格考試之例，認因其從事工作與民眾生命、身體、財產權益有直接關係，具有高度公益性及公共性，榜示名單應予公開。[60] 以我國金榜題名卻不見全名，若深究公布全名係屬執行典試法定職務必要範圍內，且有特定公告周知目的，似無違反個人資料保護法之疑慮，建議適時調整刊登榜示名單方式。

## 二、命題委員名單

典試法第27條第1項第3款規定，應考人不得要求告知典試委員、命題委員、閱卷委員、審查委員、口試委員、心理測驗委員、體能測驗委員或實地測驗委員姓名及有關資料；政府資訊公開法第6條規定，與人民權益攸關之施政、措施及其他有關之政府資訊，以主動公開為原則，並應適時為之。我國於92年前上開典試相關委員經考試院聘任後，由考選部提供委員名單及聘書字號，於考試完畢後刊載考試院公報，但自92年8月15日考試院公報第22卷第15期後僅刊登典試委員長名單，而不再刊登典試委員等委員名單。[61] 考選部於96年間針對此問題曾邀請公法學者開會討論，

---

[59] 108年7月25日考試院第12屆第246次會議考選部重要業務報告〈國家考試榜示資訊調整措施〉。

[60] 范姜眞媺（2014），〈有關國家考試之個人資料保護與公開〉，《國家菁英》，第10卷第2期，頁102。

[61] 陳靜蘭（2008），〈國家考試榜示後公布命題委員名單之評議〉，《國家菁英》，第4

有與會者認為上開名單公布後將造成當事人困擾，影響日後擔任意願，另有與會者認為應從政府資訊公開法考量，建議回歸人民依政府資訊公開法程序提出請求，採申請公開方式處理。[62]

綜上，有關典試委員資訊「公開」與「限制公開」之利益權衡，自有其價值取捨。然若以典試委員聘請不易，公布名單將增加委員心理負擔為由，而限制資訊公開，此仍似是而非之理由，學者建議可改進相關制度，而非怪罪資訊公開的規定。[63]另有學者認為典試法立法目的若僅為維持考試穩定性，卻不問資訊性質而採取全面限制資訊公開，是否符合比例原則，並非無可議之處。[64]另亦有學者認為以保障典試委員隱私之名，限制公開名單，其在與考試制度公平與公信要求兩相權衡，正當性顯有不足。[65]是以，考試主政機關若僅以考選行政實務為名，限縮人民資訊公開請求權，其合理性亦非無質疑之空間。

## 三、試題評閱標準

依據典試法第19條第3項規定：「典試委員及命題委員命題時，測驗式試題應附標準答案。申論式試題應附參考答案或計算過程及評分標準，供閱卷委員評閱試卷之參考。」再依閱卷規則第4條第1項規定：「試卷評閱前，應由分組召集人會同典試委員、命題委員及閱卷委員共同商定評分標準，並由召集人分配試卷之評閱。」另依典試法第9條規定，典試委員

---

卷第3期，頁54。

[62] 陳靜蘭（2008），〈國家考試榜示後公布命題委員名單之評議〉，《國家菁英》，第4卷第3期，頁57。

[63] 湯德宗主持，賴宇松協同主持（2005），《論複查考試成績之資訊公開限制──典試法第二十三條之檢討》，考試院委託研究，頁45-46。

[64] 范姜真媺（2014），〈有關國家考試之個人資料保護與公開〉，《國家菁英》，第10卷第2期，頁105。

[65] 程明修（2008），〈資訊公開之界限與典試人員隱私之保障──從典試法第23條加以觀察〉，《國家菁英》，第4卷第3期，頁29。

會依職權決議評閱標準。是以，國家考試試題評閱標準，係先由命題委員提出，經分組召集人會同相關委員共同商定，最後由典試委員會決行之，其之於國家考試而言，自屬重大且涉及各閱卷委員共同適用標準。惟實務上考試機關並未公開試題評閱標準，其法律依據係依行政程序法第3條第2項第8款規定，考試院有關考選命題及評分之行為不適用行政程序法規定，及政府資訊公開法第18條第1項第5款規定，有關專門知識、技能或資格所為之考試、檢定或鑑定等有關資料，其公開或提供將影響其公正效率之執行者應限制或不予公開。然學者認為「試題評閱標準應否公開」於典試法並未規定，若排除適用行政程序法，應回歸政府資訊公開法規定，究上開政府資訊公開法第18條第1項第5款所保護法益為考試公平效率之執行，無法推論成為「豁免公開」法律依據，以「試題評閱標準公開」有「維護考試平等」之憲法意義，是應考人基本權有效程序保障之必要工具。[66] 綜上，試題評閱標準係依典試程序採合議制審查決定，涉及閱卷委員一體適用之標準，對於國家考試自屬關鍵且影響重大，若以政府資訊公開法第18條第1項第5款「考試公平效率」保護法益而言，不僅不應限制，更應改朝向公開透明方式，以達合憲性考試程序保障。

## 四、試題參考答案

　　國家考試試題有測驗式試題、申論式試題及其衍生變化試題等不同題型，依典試法第23條規定，僅有測驗式試題答案於考試舉行竣事後得對外公布，申論式試題及其衍生變化試題並無公布參考答案之規定，同時依典試法第27條第1項第2款規定，應考人亦不得提出申請提供。考試機關表示，此試題參考答案為命題委員著作權，著作公開發表與否之決定權，應尊重命題委員意願，同時參考德國聯邦行政法院判決認為「參考答案」不是針對每一個個別應考人就其所答之試題所擬具，而是就整個考試某一科

---

66 謝碩駿（2015），〈國家考試試務資訊公開─兼評最高行政法院一○三年度判字第九七號判決與新修正之典試法〉，《月旦裁判時報》，第40期，頁20-21

目試題所草擬，僅是提供所有閱卷委員作為一般及不具拘束性的輔助性參考，仍需仰賴閱卷委員於個別試卷評閱專業判斷；正確的說，所有閱卷委員不完全受參考答案拘束，為保障國家考試榜示結果安定性，爰規定不得申請公布參考答案。[67]有學者認為若無「標準答案」應考人如何得以享有一定程度之作答餘地，考試評分重點若置於應考人作答內容是否「經過充分論證，而邏輯一貫地得出可受支持的答案」，[68]然若試題參考答案限制公開，應考人如何可知個人作答內容與試題參考答案之相近程度，而據以提出應考人意見，進而享有一定程度之作答餘地。

## 五、試卷閱覽影印

典試法第26條規定：「（第1項）應考人得於榜示後依規定申請複查成績或閱覽其試卷。……（第3項）應考人閱覽試卷不得有抄寫、複印、攝影、讀誦錄音或其他各種複製行為。……」依應考人申請閱覽試卷辦法規定，閱覽時間每科目以十五分鐘為限，並不得有抄寫、複印、攝影、讀誦錄音或其他各種複製行為；不能隨身攜帶紙筆、行動電話、穿戴式裝置或其他具資訊傳輸、感應、拍攝或記錄功能之器材及設備或其他通訊器具；不得窺視他人試卷影像檔（影本）或互相交談或故意將試卷影像檔（影本）供他人窺視等行為。此諸多限制規定，有學者認為典試法雖已開放應考人得於榜示後申請閱覽試卷，但僅為表面上鬆綁，尚未能真正公開，由於只能申請閱覽自己的試卷，對於違反考試平等產生的判斷瑕疵，無法經由相互比較而有所發覺，建議公開申論式試題最高分試卷，讓應考人得以比對；[69]同時為求閱覽試卷權行使之有效性，申論式試題評分應

---

[67] 本處引用之德國聯邦行政法院判決轉引自同註54之101年8月21日報請考試院審議〈典試法第23條釋憲案〉考選部之意見。

[68] 謝碩駿（2015），〈國家考試試務資訊公開——兼評最高行政法院一○三年度判字第九七號判決與新修正之典試法〉，《月旦裁判時報》，第40期，頁19-20。

[69] 同註68，頁16。

附記理由；[70] 然有學者認為上開考試評分附加理由之建議，在我國實屬不可期待的理想，建議僅能由同意閱覽及影印試卷，並請求公布評分標準等程序處理，以使應考人獲得「有效權利保障」。[71]

綜上，國家考試在榜示後，考試機關多援引典試法規定拒絕公開國家考試相關試務資訊，禁止公開者包括典試委員等委員名單、試題評閱標準、試題參考答案、試卷閱覽影印等，甚且連「金榜題名」姓名榜亦不予公開，並引用個人資料保護法及政府資訊公開法作為「豁免公開」之法律依據。然在五權分立下各憲法機關，對於國家考試權行使，基於平等相維立場，多尊重其職權行使，最高考試機關若以本應「原則公開」之政府資訊，卻以實務理由建制各項禁止規定，似與確保人民應考試權程序保障之憲法機關設置目的有所相違。

## 第四項　應考人行政訴訟權

憲法第16條規定：「人民有請願、訴願及訴訟之權。」訴願法第1條規定：「人民對於中央或地方機關之行政處分，認為違法或不當，致損害其權利或利益者，得依本法提起訴願。……」同法第3條第1項：「本法所稱行政處分，係指中央或地方機關就公法上具體事件所為之決定或其他公權力措施而對外直接發生法律效果之單方行政行為。」是以，人民依法參加國家考試經考試機關公布錄取或及格名單，即形成對外直接發生法律效

---

[70] 謝碩駿（2015），〈國家考試試務資訊公開—兼評最高行政法院一〇三年度判字第九七號判決與新修正之典試法〉，《月旦裁判時報》，第40期，頁18；劉如慧（2016），〈開放閱覽試卷以後其他典試禁制法制之探討〉，《國家菁英》，第12卷第3期，頁71-73。

[71] 陳愛娥及董保城兩位學者針對此申論式試題評分應附記理由問題，係採取相同見解，均認為實務上並不可行。參閱陳愛娥（2002），〈閱卷委員的學術評價餘地與應考人的訴訟權保障—最高行政法院九十年度判字第一四三三號判決評析〉，《月旦法學雜誌》，第82期，頁228；董保城（2005），〈應考試權與實質正當程序之保障：釋字第319號解釋再省思〉，《國家菁英》，第1卷第2期，頁165。

果之行政處分，並得以據此提出行政救濟案件。以各項國家考試應考人提起行政救濟案件觀之，有以應考資格不符者，有不服未獲錄取或不予及格之考試結果者，其中未錄取或未及格結果主要係繫於國家考試之試題合宜性與評分合宜性二者。[72] 茲就應考人行政訴訟權分應考資格、試題合宜性、評分合宜性等三方面分述之。

首先，在應考資格方面，前業已針對應考資格基本條件之應考年齡、體格檢查、兵役條件、性別條件，積極條件之學歷、特定學科、特定經歷，消極條件之褫奪公權、受監護或輔助宣告、曾犯內亂外患罪、曾犯貪污罪等部分，說明各該限制之合憲性疑慮，在應考人行政訴訟權行使，以考試院訴願決定書針對應考資格者，多僅以形式論說「與考試應考年齡規定不合，未准其報名之處分，洵無違誤」，[73] 對於各該考試規則限制應考資格之合法性，甚或合憲性，並未進一步說明。有學者認為此應考資格限制雖有法理論據，但若能通盤檢討各應考年齡上限之參差不齊規定，設定年齡上限之必要性，應屬考試院理所當為，倘若過分尊重用人機關實際需求，將考試權核心權限讓渡，則失去考試權統籌規劃的憲法制度安排意義與功能；[74] 同時在權力分立理論，立法權的框架式立法下，考試權應該也必須負起憲法賦予權力，以及貫徹該等義務。[75]

其次，在試題合宜性方面，依典試法第24條規定：「（第1項）應考人於考試後對試題或公布之測驗式試題答案如有疑義，應於規定期限內提出，逾期不予受理。（第2項）試題疑義提出之期限、程序、處理原則及其他有關事項之辦法，由考選部報請考試院定之。」再依國家考試試題疑義處理辦法第3條第1項規定：「應考人所提疑義除有非試題實質內容疑義，由試務機關逕行復知應考人外，依下列程序處理：一、將應考人所

---

[72] 108年8月29日考試院第12屆第251次會議考選部重要業務報告〈107年度國家考試行政救濟案件統計分析〉，頁2。

[73] 參見108年8月5日考試院108考臺訴決字第133號訴願決定書。

[74] 林明鏘主持（2005），《國家考試應考資格之探討》，考試院委託研究，頁68-69。

[75] 同註74，頁84。

提疑義資料、試題及答案，送請典試委員、命題委員、試題審查委員或閱卷委員於七日內提出書面處理意見。二、將書面處理意見提請各組召集人邀集典試委員、命題委員、試題審查委員、閱卷委員或其他具典試委員資格之學者專家，召開會議研商之。三、將會議處理結果送請典試委員長核定，據以評閱試卷並復知應考人。四、將會議處理結果提報典試委員會。」按試題疑義係對「試題」不服，亦隱含對命該「試題」之學術專業提出質疑，若疑義試題之瑕疵，依上開規定程序仍由原命題委員、原審查委員、原分組召集人提出釋復「處理意見」，不免有「球員兼裁判」之嫌。[76] 再者，國家考試試題疑義處理辦法第7條規定：「應考人提出疑義，不得要求告知典試委員、命題委員、閱卷委員或試題審查委員姓名及有關資料，亦不得對未公布答案之試題要求提供參考答案。」據此，應考人對於試題及其參考答案因資訊相對不足，恐亦造成行政訴訟權行使之相對不平等。

再者，在評分合宜性方面，此為應考人參加國家考試錄取或及格之關鍵因素，依典試法第27條第1項規定：「應考人不得為下列之申請：一、任何複製行為。二、提供申論式試題參考答案。三、告知典試委員、命題委員、閱卷委員、審查委員、口試委員、心理測驗委員、體能測驗委員或實地測驗委員姓名及有關資料。」所以，應考人的國家考試試務資訊公開請求權，依上開法律規定過於速斷予以否定。學者認為至少應在程序上必須保障應考人有權「能及時有效地向考試機關提出考試評分可能有錯誤或違法之處，從而讓已評定的成績與考試結果可以有再重新斟酌的機會」，若此基本的程序保障無法達到，應考人的行政訴訟權無法獲得保障。[77] 再者學者亦認為應考人試卷閱覽影印及陳述意見之權利，為人民應考試權之保障範圍，考試機關即使顧慮開放應考人試卷閱覽影印，將使試題疑義

---

[76] 陳榮坤（2011），〈國家考試試題疑義處理之探討〉，《考選論壇季刊》，第1卷第2期，頁109-110。

[77] 謝碩駿（2015），〈國家考試試務資訊公開—兼評最高行政法院一○三年度判字第九七號判決與新修正之典試法〉，《月旦裁判時報》，第40期，頁9。

與訴訟案件增加,仍應讓應考人於考試程序中脫離彷彿停留於特別權力關係之支配地位,進而提升應考人與考試機關平等對待之法律關係。[78] 此外,由於國內學者參考德國判決案例多認為國家考試閱卷委員雖具有判斷餘地,應考人亦享有適當的作答餘地,若賦予應考人試卷閱覽影印之程序性權利,將使應考人作答餘地受到閱卷委員的尊重,從而得以落實應考人之應考試權。[79] 然若全然排除應考人試卷閱覽影印權利,恐與憲法第18條保障人民應考試權之意旨未合。[80] 學者同時指出,應考人相對於閱卷委員之評分決定的全然無力防衛,是法律領域內公知的事實。[81]

綜上,基於國家考試試務資訊公開在憲法上的重要意義,法官在憲法誡命的拘束下,於適用法律審判時,若法有多種解釋可能性,應該遵循從寬解釋保障公開之規定,從嚴解釋限制公開之規定的原則,方屬尊重立法者「無意制定違憲法律」的立法意思。[82] 然若所有國家考試試務資訊均採限制公開方式處理,則應考人行政訴訟權將無法獲得「有效權利保障」。此外,在應考資格保障方面,於實體審查時應給予應考人陳述意見機會;在試題合宜性方面,審議組織之球員兼裁判問題理應作適時調整;在評分合宜性方面,惟有落實訴訟權武器平等原則,擴大國家考試試務資訊公開範圍,包括試題評閱標準、試題參考答案,試卷閱覽影印,國家考試方得在閱卷委員判斷餘地與應考人作答餘地之間取得平衡。

---

[78] 董保城(2005),〈應考試權與實質正當程序之保障:釋字第319號解釋再省思〉,《國家菁英》,第1卷第2期,頁153-155。

[79] 同註78,頁161。

[80] 同註78,頁167。

[81] 陳愛娥(2002),〈閱卷委員的學術評價餘地與應考人的訴訟權保障—最高行政法院九十年度判字第一四三三號判決評析〉,《月旦法學雜誌》,第82期,頁227-230。

[82] 謝碩駿(2015),〈國家考試試務資訊公開—兼評最高行政法院一〇三年度判字第九七號判決與新修正之典試法〉,《月旦裁判時報》,第40期,頁10。

## 第四節　小結

　　應考試權係憲法位階規範之人民基本權，自民國初年迄今未曾改變。究其權利性質複雜且歸屬不易，應依其考試本質不同而為不同基本權定位，若以公務人員任用資格考試，其與服公職權因有順序之階段性關係產生競合關係；若以專門職業及技術人員執業資格考試與工作權，因涉及選擇職業自由，在基本權保障強度應有較嚴格標準。[83] 然不論何者，考試院基於五權分治平等相維體制，以憲法機關地位守護人民應考試權，所為職權行使應以憲法為準據，應受合憲性的自我檢驗。

　　應考試權之組織保障功能，依憲法第86條規定公務人員任用資格與專門職業及技術人員執業資格依法考選銓定，係屬法律保留事項，目前考試院各項典試事宜均依典試法規定辦理，包括典試組織設置、典試委員資格條件、迴避規定及各該組織或人員職權；然為完備應考試權組織保障功能，典試委員長或相關委員遴聘程序及其產生方式，因屬典試重要關鍵，應依法律規範之，若任由實務抽籤決定出任者，難免影響組織健全及考試程序公平。

　　應考試權之程序保障功能，為確保應考試權得以合理實現，一方面人民據以請求參與公平考試程序之權利，另一方面，受基本權拘束之公權力主體，應建立公平合理之考試程序與制度。首先在應考資格限制方面，因涉及人民基本權限制，依憲法授權為法律保留事項，依據憲法第23條規定，除以法律限制外，並應符合手段合憲性、目的合憲性、手段與目的間關聯的合憲性。然我國現行公務人員考試法對於應考資格限制，有以法律直接規定者，也有由法律授權考試院訂定者（如有關應考年齡、體格條件、兵役條件及性別），以此若為應考資格限制應以法律定之，其限制亦應有其限制並經合憲性檢驗。司法院大法官解釋針對應考資格限制分別有釋字第510號解釋之體格限制、釋字第618號解釋身分限制、釋字第750

---

[83] 司法院釋字第760號解釋，廣義參政權所為之差別待遇應受較嚴格審查，除為追求重要公益，所為差別待遇與目的達成應有實質關聯性。

號解釋學歷限制等，不論係由法律規定或由考試院以考試規則訂定，均爲宣告合憲；考試院作爲人民應考試權保護者，若凡基本權限制均以憲法機關地位齊一標準，使不分性別、年齡或任何非後天努力無關因素之人民享有應考試權，自得具體而實質維護考試平等。此外，在專門職業及技術人員應考資格限制部分，原以是項考試法明定應考消極資格條件，改以法律轉予行政權屬各該職業管理法律規定不得充任者爲限制應考資格條件，此涉及五權分立原則中應由國家考試權執掌憲法賦予職權，但轉予行政權且任由應考消極條件零散不一，似有違法律明確性原則及權限自我設限之疑慮。

　　其次，在考試評分判斷餘地方面，因考試本身具有相當程度專業判斷空間，甚至考試用人爲考試權的核心領域，形成一行政自我負責的核心領域，法律不能也無法以高密度規範之。[84] 依司法院釋字第319號解釋有關國家考試評分之法律性質因有認爲屬行政機關裁量權之行使者，亦有認爲屬行政機關適用不確定法律概念之「判斷餘地」者，基於權力相互尊重原則，對於考試成績事中評閱給予專業判斷的充分尊重。考試院若能基於憲法保障人民應考試權，進一步細緻化界定考試機關享有判斷餘地的範圍，同時尊重閱卷委員判斷餘地與提供應考人適當作答餘地，方能給予人民應考試基本權更有效之程序保障。

　　再者，在考試資訊閱覽禁制界限及應考人行政訴訟權方面，由於對於國家考試權尊重，國家考試試務資訊雖以法律定之，但在典試法規定之試務資訊以禁止公開爲原則，包括命題委員名單、試題評閱標準、試題參考答案、試卷閱覽影印等。然若考試機關將所有資訊對應考人均不公開，則應考人居於相對不平等地位，於訴訟權行使時，即使有評分瑕疵卻因無資料而無法詳加舉證或具體指陳，則應考人負有具體指陳的程序義務，在資訊不足的情況下，就不具期待可能性。[85] 是以，有關考試內容或程序規

---

[84] 林明鏘主持（2005），《國家考試應考資格之探討》，考試院委託研究，頁25-26。

[85] 謝碩駿（2015），〈國家考試試務資訊公開─兼評最高行政法院一○三年度判字第九七號判決與新修正之典試法〉，《月旦裁判時報》，第40期，頁9。

定事項，若在國家考試權行使內增加考試自主審查機制，並且對於國家考試試務資訊採取「原則公開例外限制」，方能以實質程序保障應考人之應考試權。

　　國家考試權存在目的之一，係爲維護憲法第18條人民有應考試之基本權，藉此選擇合適人才爲民服務，考試過程涉及工作權之選擇職業自由，及參與國家意見形成之廣義參政權。[86] 站在憲法最高考試機關立場，考試院應本於遵守其憲法機關忠誠義務，忠誠地完成憲法委託維護人民應考試之權。——拉丁法諺：法乃至善與公平之藝術。

---

86 李震山（2018），〈國家考試救濟事件與正當法律程序〉，《義薄雲天、誠貫金石——論權利保護之理論與實踐——曾華松大法官古稀祝壽論文集》，臺北：元照，頁416。

CHAPTER

# 5

## 人民服公職權：組織與程序保障功能

耶林內克（Georg Jellinek）於1892年《主觀公權利體系》提出「身分理論」或稱「地位理論」，認為國家與人民之間因不同身分或地位而有不同關係及其請求權基礎，此身分或地位分別為被動身分（或臣屬身分）、消極身分、積極身分、主動身分等四種；其中被動身分富有「特別權力關係」色彩，處於其間者只有全然義務與受支配關係，而無享有權利空間，其權利因「凡是法律所未禁止的事項，即屬允許」限制，而無法律保留原則。[1] 嗣後黑塞（Konrad Hesse）指出，身分理論僅是「純粹形式身分」，應以「實質法律身分」取而代之，並由德國聯邦基本法規範的基本權充實其內涵，另透過組織及程序實現及確保人民基本權。[2] 本章參考有關影響我國服公職權甚深之特別權力關係相關理論及其應有之組織與程序保障功能為探究基礎，繼之探討服公職權與其他憲法人民基本權之競合關係，及其衍生基本權內涵；再者在組織保障功能方面，說明有關人民服公職權在機關內部及外部之保障組織設置、組織成員專兼任資格條件、迴避規定、以及作為外部保障組織之公務人員保障暨培訓委員會職權；在程序保障功能方面，說明公務人員保障法保障對象及除外範圍界限、機關長官判斷或裁量餘地、不利人事資料閱覽禁制界限、保障事件審議類型差別待遇、複合身分公務人員行政訴訟權；最後為章節小結，分四節如後。

## 第一節　服公職權核心價值

撲諸各國憲法，例如以義大利憲法第51條第1項規定，凡國民不分男

---

[1] 李建良（2003），〈基本權利的理念變遷與功能體系─從耶林內克「身分理論」談起（上）〉，《憲政時代》，第29卷第1期，頁5-29。

[2] K. Hesse於1978年參加第4屆歐洲各國憲法法院會議提出《德國基本權利的現況與意義》論及「透過組織及程序實現及確保基本權利」。基本權利的行使，若以一定制度或給付的存在為前提，當該制度或給付資源有限時，可透過組織及程序作為確保基本權的機制。參閱李建良（2004），〈論基本權利之程序功能與程序基本權─德國理論的借鑑與反思〉，《憲政時代》，第29卷第4期，頁498-500。

女，得依法定條件，基於平等原則擔任公職；[3] 德國聯邦基本法第33條第2項規定，所有德國人依其特性、能力及專業表現，享有同等服公職之權利；均有以憲法位階規定服公職權者，但因其權利性質為具有「法定要件者」始得擔任，並非任何人民均得以主張行使，此與我國憲法第18條人民有服公職之權規定略有不同。另因司法院釋字第456號解釋定性服公職權與應考試權為二種不同權利，因此人民服公職者除經應考試外，亦尚有其他進入途徑。以下將說明服公職權作為憲法人民基本權之核心價值，及與其他基本權之間關係，及其蘊含衍生基本權之實質意義。

## 第一項　服公職權作為憲法基本權

我國自民初以來，民三約法第9條：「人民依法令所定，有應任官考試從事公務之權。」天壇憲草第16條：「中華民國人民，依法律有從事公職之權。」民八憲草第15條：「中華民國人民，依法得從事公職。」雙十憲法第18條：「中華民國人民，依法律有從事公職之權。」中華民國訓政時期約法第24條：「人民依法律有服公務之權。」五五憲草第23條：「人民有依法律服公務之義務。」期成憲草條次變動，但條文內容相同，以上均有「依法」服公職權規定；直至政協憲草第19條刪除「依法」等文字，改為：「人民有應考試服公職之權」及憲法通過第18條人民有應考試服公職之權，因此服公職權之憲法規定形式與憲法第二章之其他人民基本權規定相同。

有學者針對憲法人民基本權保障區分為直接保障主義及間接保障主義，前者係指人民基本權利直接予以保障，而無「依法律」或「非依法律

---

[3] 義大利憲法第51條規定：「（第1項）凡國民不分男女，得依法定條件，基於平等原則擔任公職與民選職務。為實現此一目標，國家應訂特別之法令，以促進男女之機會平等。（第2項）法律得賦予不居住於共和國境內之義大利國民，擔任公職與民選職務之同等權利。」參閱江美容等（2006），《義大利憲法法院暨梵蒂岡座聖璽最高法院考察報告》，司法院2006年8月12日至8月23日國外考察報告，頁1-37。

不得限制」等字句規定，後者爲有附加條件得以法律限制之權利。[4] 若究
我國憲法「服公職權」歸類於憲法第二章之人民基本權，依憲法第23條
規定：「以上各條列舉之自由權利，除爲防止妨礙他人自由、避免緊急危
難、維持社會秩序或增進公共利益所必要者外，不得以法律限制之。」因
而歸屬於直接保障主義，亦即服公職權是爲人民基本權利，非經由合憲性
法律不得予以限制之。

　　然有關合憲性法律限制人民基本權議題，學者曾指出兩種理解方
式，一是「最佳化命令」，係指基本權作爲原則而在規範結構上具有最佳
化命令性質，釋憲者有權審理立法者是否以最佳方式實現基本權規定；[5]
一是「框架秩序」，強調基本權應劃定立法者「得爲」與「不得爲」事項
之界限，並預留立法者在界限內的自由形成空間，以憲法作爲立法者的框
架秩序，此「框架」定義爲「憲法所命令與禁止之事項」，區分憲法的框
架與立法者政治形成自由，才能確保立法者自由形成餘地。[6] 若以上兩種
方式理解「服公職權」，在德國因其基本法第33條第5項規定：「公務人
員之權利應考量職業文官制度之傳統原則予以規範，並繼續發展之。」由
於公務員制度傳統原則既爲基本法明定之最佳命令化原則，至其傳統原則
內涵亦賦予立法者考量當前時空而對公務員法有爲寬廣的形成空間，亦兼
具「框架秩序」意義。

　　然之於我國「服公職權」除於第18條概括規定外，並無其他規範，
僅於考試院組織職權之憲法增修條文第6條第1項有相應規定，勢須經由
法律形成或具體化規範後方有行使之可能。若以憲法增修條文第6條第1項
考試院組織職權觀之，考試院據以制定之各種公務員法，計有銓敘任免職
權之公務人員任用法、保障職權之公務人員保障法、撫卹退休職權之公務

---

4　管歐（2006），《中華民國憲法論》修訂十版，臺北：三民，頁77。

5　王鵬翔（2007），〈基本權作爲最佳化命令與框架秩序─從原則理論初探立法餘地
　　（gesetzgeberische Spielräume）問題〉，《東吳法律學報》，第18卷第3期，頁3。

6　王鵬翔分別整理Ernst-Wolfgang Böckenförde、Rainer Wahl、Christian Starck、Karl-
　　Eberhard Hain等德國學者有關框架理論或框架秩序之學說見解。參閱同註5，頁14-22。

人員退休資遣撫卹法、考績職權之公務人員考績法、級俸職權之公務人員俸給法、陞遷職權之公務人員陞遷法、褒獎職權之獎章條例；[7]以及非依憲法職權規定之公務人員保險法及公務人員訓練進修法等。此公務員法制作爲服公職權之具體化規範，倘若有以法律限制基本權仍自應符合「合憲性」，以發揮憲法保障基本權之規範效力。

## 第二項　服公職權與其他基本權之關係

43年11月17日司法院釋字第42號解釋：「憲法第18條所稱之公職，涵蓋甚廣，凡各級民意代表、中央與地方相關之公務員，及其他依法令從事於公務者皆屬之。」此解釋「公職」範圍包括各級民意代表及政務官等，範圍之廣遠大於公務人員範疇，非僅指憲法第85條規定須經考試及格任用的公務人員而言。學者認爲「服公職權」係指如人民具有法定資格，均有擔任公職之權，非謂國家對於具有法定資格者，必須全部給予公職，不過一旦就任公職，即受有關法定保障。[8]服公職權並與憲法第7條平等權、第15條工作權及財產權具有競合關係。[9]

首先，服公職權與平等權方面，憲法第7條平等權規定：「中華民國人民，無分男女、宗教、種族、階級、黨派，在法律上一律平等。」88年5月28日司法院釋字第485號解釋文：「憲法第7條平等原則並非指絕對、

---

[7]　目前獎章條例係行政院主管法規，獎章條例施行細則爲行政院與考試院會銜發布法規命令。

[8]　管歐（2006），《中華民國憲法論》修訂十版，臺北：三民，頁75；耿雲卿（1982），《中華民國憲法論》上冊，臺北：華欣文化，頁147。

[9]　陳新民認爲服公職權與平等權及工作權有關；吳庚認爲服公職權與財產權有關。參閱陳新民（2008），《憲法導論》六版，臺北：新學林，頁140；吳庚（2004），《憲法的解釋與適用》三版，臺北：自版，頁246。另司法院釋字491號解釋文：「憲法第18條規定人民有服公職之權利，旨在保障人民有依法令從事於公務之權利，其範圍不惟涉及人民之工作權及平等權，國家應建立相關制度，用以規範執行公權力及履行國家職責之行爲，亦應兼顧對公務人員之權益之保護。」

機械之形式平等，而係保障人民在法律上地位之實質平等，立法機關基於憲法之價值體系及立法目的，自得斟酌規範事物性質之差異而爲合理之區別對待。」[10]也就是所謂「等者等之，不等者不等之」的實質平等，93年1月2日司法院釋字第571號解釋林子儀大法官協同意見書認爲所稱之「實質平等」係指「容許差別待遇」，亦即「容許法律基於人民之年齡、職業、經濟狀況及彼此間之特別關係等情事，而爲合理之不同規定」。然而單憑「等者等之，不等者不等之」公式卻無從指引我們，此毋寧僅是形式、空洞且同義反覆的說法。若此，當深入探究服公職權與平等權二種基本權競合問題，服公職權應如何適用「實質平等」？學者認爲實質平等觀在憲法適用上有四個難題，第一，「誰」的平等？誰是弱勢？誰是個人或群體？第二，「是否」平等？如何認定歧視存在？直接與間接歧視或主觀與客觀歧視？第三，「如何」促進平等？積極優惠措施與受歧視領域間是否有對應關聯？優惠性差別待遇是得爲或應爲？第四，形式平等與實質平等是取代或並存關係？[11]以其涉及人性複雜或社會正義確有應解而難解之處；學者另有論及形式平等與實質平等應以相對概念作爲區分，憲政理論與實踐有其形式面與實質面，各有所重，不可偏廢，二者無位階次序關係，如何權衡應視個案而定；[12]若在服公職權之平等權領域，司法院釋字第715號解釋陳新民大法官不同意見書認爲在高度裁量權領域，惟有運用平等原則方能遏止可能的濫用，由於機關選才用人均基於功能主義考量，釋憲機關對於人事裁量尊重，運用平等原則檢驗服公職權多採寬鬆審查標準。

---

[10] 大法官解釋針對憲法平等權或憲法平等原則，往往併用或混用，並未有明確區別。參閱黃昭元（2017），〈從平等理論的演進檢討實質平等觀在憲法適用上的難題〉，李建良主編，《憲政主義與人權理論的移植與深耕—憲法解釋之理論與實務第九輯》，臺北：中央研究院法律學研究所，頁272之註釋1説明。

[11] 同註10，頁293-305。

[12] 李建良（2017），〈憲政主義與人權理論的移植與深耕—兼從形式平等與實質平等的語辯闡析比較憲法學方法論的諸課題〉，李建良主編，《憲政主義與人權理論的移植與深耕—憲法解釋之理論與實務第九輯》，臺北：中央研究院法律學研究所，頁56。

　　其次，服公職權與工作權方面，憲法第15條「工作權」有其積極與消極意義，並兼具自由權與社會權性質，人民有自由選擇工作權利，若無法獲得相當工作時，國家應予以救助；概念緣起於工業革命，因資本主義漸次形成受薪勞動階級，德國1919年威瑪憲法是第一部將工作權入憲的憲法，但於德國聯邦基本法時以「職業自由」取代「工作權」規定；[13] 學者認為我國憲法第15條工作權與德國相同，係具有「營業自由」或「職業自由」意義，並經司法院釋字第404號及第510號解釋在案。[14] 另有學者認為服公職權經由工作權之反射保護，使公務員更能發揮「服公職」本質目的，但其目標並非保障公務員之工作權，亦即並非以人民維持生計及發展人格為目標，而係保障服公職不造成不合乎本質的影響。[15] 換言之，服公職權行使可分為二階段，前階段在進入公職之前具有工作權之選擇職業自由，但在進入公職之後即著重於「服公職本質目的」是否有效達成。

　　再者，服公職權與財產權方面，憲法第15條「財產權」係指一個「所有權組合體」，人民以合法方式所獲得之財產，均應受國家的保障，自法國大革命以來與平等權、自由權並稱為三大古典人權；[16] 其旨在確保人民依財產存續狀態，應有使其自由使用收益處分之權能，並免於遭受公權力或第三人之侵害；[17] 原於18世紀認為財產權為天賦人權，神聖而不可侵犯，嗣因社會貧富懸殊而有社會聯帶說提出，認為財產權非天賦人權，財產所有人有其社會職務，財產權並非無限絕對權利，而是得予限制

---

[13] 李惠宗（2003），〈憲法工作權保障系譜之再探—以司法院大法官解釋為中心〉，《憲政時代》，第29卷第1期，頁124-125。另黃程貫提及1933年時德國經濟崩潰，失業人口高達600萬人，政府無法保障人民工作權，工作權入憲毫無意義，此一失敗的經驗造成請求工作權利不再納入基本法之中。參閱黃程貫（2003），〈德國勞動法上關於工作權保障之討論〉，《憲政時代》，第29卷第1期，頁73-74。

[14] 同註13李惠宗（2003），頁125-126。該文並提出工作權無法推論出「勞動權」之結論。

[15] 同註13李惠宗（2003），頁131-32。

[16] 陳新民（2008），《憲法導論》六版，臺北：新學林，頁121。

[17] 管歐（2006），《中華民國憲法論》修訂十版，臺北：三民，頁66。

的相對權利。在此基礎之下，我國之財產權既承認私有財產制，但亦得限制之。[18] 另有學者以財產權與服公職權競合，由司法院釋字第312號解釋公務人員退休領取福利互助金、釋字第280、717、782號解釋公務人員優惠存款等解釋觀之，可導引出「公法上財產請求權」基礎。[19]

　　綜上，憲法人民各基本權連結服公職權在憲法上具有不同意義。以平等權而言，平等原則因無特定保障內涵，與服公職權競合為複數基本權，提供服公職權之平等量尺，於服公職範圍內因機關人事行政高度裁量更須以平等原則檢驗其形式或實質平等，以維人民服公職權合理保障。以工作權而言，工作權原係職業自由以維持人民生計及發展人格，其之於服公職重點在於促使發揮「服公職本質目的」；以財產權而言，由於財產權既非絕對權利，若與服公職權競合所導引出之公法上財產請求權，或亦有其限制。

## 第三項　服公職權及其衍生基本權

　　憲法人民服公職權係概括性規範，具有抽象性及開放性內涵，尤以服公職權範圍界定較之其他人民基本權更為複雜而呈現難解之三角習題。一源於得由憲法第23條五權分立之立法權以法律限制之，二得由憲法增修條文第6條第1項五權分立之考試權另依組織職權以法律規定之，三亦得由憲法第78條五權分立之司法權解釋憲法並統一解釋法律之。是以，服公職權及其衍生權內涵填補得由三者基於各自權力基礎而共同構築。實務上，除考試院本於職權制定各項公務員法草案送經立法院審議通過制定法律外，

---

[18] 劉慶瑞（1985），《中華民國憲法要義》修訂十三版，臺北：三民，頁83-84。另94年5月13日司法院釋字第596號解釋理由書：「憲法第15條保障人民之財產權，使財產所有人得依財產之存續狀態行使其自由使用、收益及處分之權能，以確保人民所賴以維繫個人生存及自由發展其人格之生活資源。惟為求資源之合理分配，國家自得於不違反憲法第23條比例原則之範圍內，以法律對於人民之財產權予以限制。」

[19] 法治斌、董保城（2003），《憲法新論》，臺北：自版，頁198。

司法院大法官亦於歷次解釋發展出多項服公職權之衍生權；然實務上雖有多項衍生權，但衍生權如何由基本權衍生？又衍生權與原基本權應否享有相同保障強度？衍生權範圍大小或多少各為何？均不無討論空間。茲就服公職權及其衍生基本權之實務見解及學說理論分別說明之。

## 一、實務見解

　　首先，實務見解須先探究一重要且基礎問題，是為國家與公務員之關係究為何？傳統定位二者關係為「特別權力關係」，但其詞從未見諸於憲法本文，亦未顯於歷次大法官解釋文，第一次出現於司法院釋字內容為51年2月28日司法院釋字第95號解釋林紀東大法官不同意見書提及：「國家與公務員之關係為特別權力關係，依照特別權力關係之理論，國家對於基於其任意承諾成立特別權力關係而違反特別權力關係之秩序者，原可加以懲戒毋俟法律之特別規定。」第一次出現於正式解釋內容為79年10月5日司法院釋字第266號解釋解釋理由書：「基於特別權力關係所生之事項，或因私法關係發生爭執，則依法自不得提起訴願。」以上縱雖未有憲法或解釋文明定，但其理論內涵卻深植於大法官解釋內容之中，分別於司法院釋字第187、243、298、323、338號解釋均有提及但漸次揚棄，再於司法院釋字第395號及第396號解釋轉為公法上職務關係，更進而於司法院釋字第785號解釋基於「有權利即有救濟」原則，人民訴訟權不因其公務人員身分之不同而被剝奪，乃有完全廢棄之趨向。實務上「特別權力關係」概念支配我國逾七十年，學者認為我國特別權力關係源自於德國，繼之日本全盤接受，並將之擴而大之，我國昔日直接受日本，而間接受德國影響。[20]

　　至於服公職權之個別衍生權範圍問題，依大法官解釋內容主要有四

---

20 吳庚（2008），《行政法之理論與實用》增訂十版，臺北：自版，頁220-225。

項衍生權,分為身分保障權、[21] 公法上財產請求權、[22] 晉敘陞遷權、[23] 健康權或休假請求權。[24] 有關身分保障權部分,93年4月2日司法院釋字第575號解釋:「憲法第18條規定人民有服公職之權利,旨在保障人民有依法令從事公務,暨由此衍生享有之身分保障、俸給與退休金等權利。」有關公法上財產請求權部分,82年1月29日司法院釋字第312號解釋:「公務人員之財產權,不論其係基於公法關係或私法關係而發生,國家均應予以保障,……請領福利互助金,乃屬公法上財產請求權之行使……。」有關晉敘陞遷權部分,95年5月26日司法院釋字第611號解釋:「憲法第18條保障人民服公職之權利,包括公務人員任職後依法令晉敘陞遷之權。」有關健康權或休假請求權部分,108年11月29日司法院釋字第785號解釋理由書:「人民擔任公職後,服勤務為其與國家間公法上職務關係之核心內容,包括公務人員服勤時間及休假制度等攸關公務人員權益之事項,自應受憲法第18條服公職權之保障。」

## 二、學說理論

對應以上有關國家與公務員關係之實務見解,影響我國極為深遠之特別權力關係,學者雖有論及直接受日本,而間接受德國影響。然若分由德國聯邦基本法及日本憲法探究可知,德日規定與我國相關規範架構或邏輯截然不同,就法理論言,德日特別權力關係理論完全無法援引比照於我國。

若觀德國,德國聯邦基本法第33條第5項規定,針對公務人員應考量職業文官制度之傳統原則,旨在於給予立法者考量當前時空而對公務人員法有為寬廣的形成空間;但所稱職業文官制度之傳統原則依比較「古典」

---

[21] 參見司法院釋字第187、243、298、323、338、395、396號解釋。

[22] 參見司法院釋字第266、280、601、717、782號解釋。

[23] 參見司法院釋字第611、760號解釋。

[24] 參見司法院釋字第785號解釋。

的蒙茲（Theodor Maunz）列舉提出傳統原則應包括：公務人員制度的存續保障、單向的公法上之形成形式終身任用制、不得兼職原則、職務晉升原則、勤務主照顧義務、既得權利之保障、公務人員忠誠義務、政治中立原則、法律救濟途徑之保障、享有組織參與形成之人事代表會權利。[25] 其國家與公務人員特別權力關係於德國聯邦基本法第33條第5項因其傳統原則而有相關授權立法之規定。

　　再觀日本，日本憲法第15條第1項規定：「選舉及罷免公務員，乃國民固有之權利。」第2項規定：「所有公務員乃為全體服務，而非為部分人服務者。」[26] 憲法學者美濃部達吉針對該條釋義「凡是公務員都是國民的機關也是國民的使用人」，既是國民的使用人，其選定及罷免即屬於國民的權利，受國民委託而執行職務，有為國民全體利益服務的責任；[27] 該條文強調者係國民主權主義原則，並非國民得以直接罷免各公務員之權利，公務員罷免仍應依國家公務員法及地方公務員法等法律為之。[28] 依日本國家公務員法第75條規定：「職員非依法律或人事院規則所定事由，不得違其本意而予降任、休職或免職。職員如有人事院規定之事由時，得予降給。」其國家與公務員特別權力關係因日本憲法第15條規

---

[25] 林佳和等除提出Maunz認為的傳統原則外，另提出Grigoleit的傳統原則，區分為公務人員法之法律拘束、公務人員身分關係之形成、忠誠與照顧義務等三類。參閱林佳和主持，徐婉寧協同主持（2012），《公務人員執行職務安全保障法制之研究》，公務人員保障暨培訓委員會委託研究，頁20-21。

[26] 有關日本國憲法譯文，參見司法院秘書處（1990），《日本國憲法判例譯本第一輯》再版，臺北：司法週刊雜誌社，頁81。

[27] 參閱美濃部達吉著，陳固亭譯（1951），《日本新憲法釋義》，臺北：正中，頁45-46。

[28] 昭和26年（行）16號：憲法第15條乃國民主權主義原則之公務員制度中表現之一，並非直接對國民設定罷免各公務員之權利，請求罷免稅務署職員之訴，並不合法。其理由為：「關於原告罷免之請求，在行政事件訴訟之裁判，裁判所僅得判斷行政處分之適當與否，如命行政機關為一定之行為，或判決由自己代行行政機關應為之行為等，則逾越司法權之範圍，尤其法無明文時，應解為不得為之。」參見同註26，頁81。

定，公務員居於國民之使用人地位，經由國家公務員法規定得由「人事院規則」而為限制公務員權利規定。

　　以上德日特別權力關係之法規範基礎之於我國完全無法比擬，然於我國實務解釋卻以理所當然方式相互參照運用，究其根本，或因我國自先秦以來「為吏之道」五善：一曰中信敬上，二曰精廉毋謗，三曰舉事審當，四曰喜為善行，五曰龔敬多讓，以傳統官吏倫理或文化傳統蘊含特別權力關係概念。[29] 再者2年1月9日頒布文官考試法草案等十種人事法規，[30] 僅「官吏服務令」以命令定之，爰自民國以來，我國公務員服務義務向非絕對法律保留事項。惟自行憲以來，服公職權業已定性為人民基本權，依基本權核心理論，在消極面，要求不受國家侵害而形成自由私人生活空間，在積極面，請求個人生活領域擴展與人格自我發展。是以，人民基本權限制至少在人民消極生活領域須為一定法律保留，[31] 歷史傳統中之倫理文化或民國初年公務員服務義務規制，業因行憲而應與時俱進，斷無因人民行使服公職權，致既不得提起民事訴訟，亦不能以行政爭訟為救濟手段。[32] 正本清源究其法理，德日特別權力關係理論之於我國全盤不能接受，須由我國憲法觀點建構一以人民基本權作為「服公職權」之基礎架構，因我國並無德國聯邦基本法第33條第5項之職業文官制度傳統原則及

---

[29] 繆全吉（1991），〈為吏之道─秦竹簡良吏與惡吏比較〉，《人事月刊》，第12卷第3期，頁45。

[30] 2年1月9日制定文官考試法草案、典試委員會編制法草案、文官任用法草案、文官任用法施行法草案、秘書任用法草案、文官保障法草案、文官懲戒法草案、文官懲戒委員會編制法草案、文官甄別法草案、官吏服務令等。同日並以臨時大總統令公布文官任免執行令：「各草案於其本法未公布以前關於文官之考試任免適用之。」參見政府公報第243號（2年1月9日），頁165-186。

[31] 陳慈陽（1997），《基本權核心理論之實證化及其難題》，臺北：翰蘆圖書，頁188。

[32] 吳庚書中提及學者通說特別權力關係有五項原則，一、當事人地位不對等；二、義務不確定；三、有特別規則；四、有懲戒權；五、不得爭訟，包括不得提起民事訴訟，亦不能以行政爭訟為救濟手段。參閱吳庚（2008），《行政法之理論與實用》增訂十版，臺北：自版，頁224。

日本憲法第15條之公務員為國民使用人的憲法制度，學者亦云應將特別權力關係概念製作成標本放進法學歷史博物館，或乾脆直接就地掩埋，而在墓碑上刻上「它曾經如此深深地傷害法治國」。[33]

　　繼之，對應以上有關服公職權之個別衍生權之實務見解，我國係以大法官解釋內容補充服公職權有四項衍生權。以此，有學者認為任何基本權含其衍生權範圍，確實無法藉由單一憲法訴訟案件予以劃定，須經由個案累積方得產生具體見解，然可依學理上界定方法衡酌日常生活觀念、傳統意涵及前瞻思考而作出合理適切之規範內容。[34] 亦有學者認為各種基本權受憲法保護範圍與所涉及生活領域容有不同，可由「基本權利之構成要件」針對各保障範圍之行為、法益、特性作為判斷標準，而歸結基本權及其衍生權保障範圍。[35] 換言之，「應以法學方法論之解釋法則為基礎，分析各該規範之文義，並探知其發展沿革、特性及體系，再參酌社會通念與價值秩序，以作出妥善適切之界定。」[36] 然若由以上基本權利之構成要件檢驗服公職權及其衍生權，因服公職之行為、法益、特性的探求確屬不易，致有陷入界定困境之虞，此又再度回到原初以個案累積以產生具體見解之迴圈之中。另有學者因我國服公職權及其衍生權內涵深受德國職業文官傳統原則影響，[37] 建議可分「公法形成形式」、「國家保護照顧義務」、「公務人員利益代表組織參與」等三個面向，涵括為公務人員身分

---

[33] 程明修（2013），〈法治國中「特別權力關係理論」之殘存價值？〉，《中原財經法律》，第31期，頁237。

[34] 吳庚同時提出基本權保障範圍通常不採列舉保障事項，而以概括說明，以免不夠周延。參閱吳庚（2004），《憲法的解釋與適用》三版，臺北：自版，頁128-129。

[35] 李建良（1999），〈基本權利理論體系之構成及其思考層次〉，《憲法理論與實踐（一）》，臺北：學林文化，頁77-81。

[36] 同註35，頁83。

[37] 林佳和等研究非專為服公職權，但其針對公務員制度相關問題提及我國公務員法制建構深受德國影響，並提及「我國文官體制所仿效之德國，特別是憲法學上所謂公法的制度性保障脈絡下之職業公務員制度」。參閱林佳和主持，徐婉寧協同主持（2012），《公務人員執行職務安全保障法制之研究》，公務人員保障暨培訓委員會委託研究，頁10-16。

關係應以公法形式規範，國家對於公務人員有其保護照顧義務，凡涉及公務人員權益部分則由共同利益代表組織分享主動建議權或共同決定權，並以此建構服公職之範圍。[38]

綜上，憲法係確認國家規範秩序中的最高效力，國家有加以維護的義務，不僅立法者不得任意限縮，制憲者如有侵犯也視為一種憲法破毀的行為。[39] 我國服公職權既係概括性規範，其內涵填補得由立法權、考試權、司法權三者基於各自權力基礎共同構築之，若能由學說理論之基本權構成要件為架構，衡酌日常生活觀念、傳統意涵及前瞻思考，分析服公職權之行為、法益、特性，進而服公職權範圍或能明確界定，保障得以完備周全，然此確屬不易。再若能適時納入服公職權之參與建議權或共同決定權，或因更貼近服公職權之日常生活觀念或生活領域，法制度規範因而具體合理可行，人民基本權保障或將是不再遙遠之路。

## 第二節　服公職權之組織保障功能

為職掌服公職權之各項人事實務，國家考試權以各項公務員法作為制度性保障規範，在機關內部及外部均設置保障組織。以下分就服公職權之機關內外部保障組織、人員組成及職權說明之。

## 第一項　機關內部及外部保障組織設置

31年11月1日公布施行「人事管理條例」，於各機關內部設置人事處或人事室或人事管理員，[40] 稱為「人事機構」，用以處理中央及地方機

---

[38] 林佳和主持，徐婉寧協同主持（2012），《公務人員執行職務安全保障法制之研究》，公務人員保障暨培訓委員會委託研究，頁142。

[39] 吳庚（2004），《憲法的解釋與適用》三版，臺北：自版，頁90。

[40] 人事管理條例第2條及第3條規定，總統府、五院、各部、會、處、局、署，各省

關人事管理事項。依現行該條例第4條規定，各人事機構職掌機關內部職員任免（含遷調、獎懲）登記事項、職員考績籌辦事項、職員俸級簽擬事項、職員福利規劃事項、人事管理建議改進事項等，凡此均為憲法第83條考試院之組織職權，且於憲法增修條文第6條第1項亦屬之。在機關內部保障組織除由各人事機構落實執行各該人事職權外，依公務人員陞遷法第8條第1項規定於辦理公務人員甄審（選）相關事宜應組織「甄審委員會」；依公務人員考績法第15條規定辦理公務人員考績事宜應設「考績委員會」；依公務人員訓練進修法第9條第2項各機關學校選送進修公務人員須經服務機關甄審委員會審議通過；基此，各該人事機構及組設委員會係人民服公職權之機關內部保障組織。

至於機關外部保障組織設置，依考試院組織法第6條規定於考試院下設公務人員保障暨培訓委員會（以下簡稱保訓會）為院屬二級機關，針對公務人員身分保障、官等職等、俸給、工作條件、管理措施等權益進行實體及程序保障，依保訓會組織法第2條規定，該會職掌公務人員身分、工作條件、官職等級、俸給與其他公法上財產權等有關權益保障研議及建議事項，以及公務人員保障事件審議、查證、調處及決定事項。

綜上，服公職權於機關內部保障組織，係由各機關內部之人事機構專責辦理，並由其組設機關內部之甄審委員會及考績委員會；在機關外部保障組織，考試院設置保訓會為常設專責保障機關，此雙重機關（構）保障組織建置，就組織保障功能形式而言，確實對於公務人員權益具有雙重保障價值。

---

　（市）政府，設人事處或人事室。總統府所屬各機關；各部、會、處、局、署所屬各機關；各省（市）政府廳處、局；各縣（市）政府；各鄉（鎮、市、區）公所等，設人事室或置人事管理員。

## 第二項　組織成員專兼任資格條件及迴避規定

### 一、資格條件

在機關內部各委員會組織成員資格條件方面，各人事機構組設甄審委員會及考績委員會，辦理公務人員甄審（選）、考績、選送公務人員進修事宜，其組織成員分別規定於公務人員陞遷法施行細則第7條及考績委員會組織規程第2條，二者之委員人數、性別比例、當然委員、指定委員、票選委員等規定完全相同，必要時並得合併辦理相關事宜。在委員人數部分，應置委員5人至23人；在性別比例部分，規定任一性別比例不得低於三分之一，但若機關人員任一性別較少，如比例未達三分之一，另計算該性別人數占本機關人員比例而有保障名額；在當然委員部分，規定各機關人事主管人員為當然委員；在指定委員部分，規定由機關首長就機關副首長及一級單位主管指定，並指定1人為主席，若機關已成立公務人員協會者，指定委員中應有1人為協會代表（由協會推薦3人經機關首長圈選）；在票選委員部分，規定依委員每滿4人應有2人票選產生，其產生方式得自行登記或經單位推薦為票選委員候選人，採普通、平等、直接及無記名投票選舉，並得採分組、間接、通訊等票選方式。由上規定可知，不論委員產生來源機制分有當然委員、指定委員、票選委員之不同，但組成委員均為機關內部一級主管或職員，是以，學者認為此一情形造成委員會獨立性不足，為去除主管長官威權或濫權，非不得於行政程序強化當事人基本權之規定。[41]

在機關外部之保訓會組織成員資格條件方面，依保訓會組織法規定，該會置主任委員1人、副主任委員2人、委員10人至14人，每月舉行一次委員會議，審議決定有關公務人員保障事件。「委員」於審議或決定有關公務人員保障事件時，應超出黨派，依據法律獨立行使職權。茲分就主

---

[41] 黃錦堂（2010），〈判斷餘地理論於公務員保障法之適用與檢討〉，《東吳公法論叢》，第3期，頁175。

任委員、副主任委員、委員之資格條件，說明如下。

　　首先，在主任委員部分，依保訓會組織法第3條規定置主任委員1人，特任，係爲應隨政黨更迭或政策變更而進退之政務人員，無任期保障，無資格條件限制規定，亦無須依法獨立行使職權。但依保訓會保障事件審議規則第13條第2項規定，委員會議由主任委員召集並爲主席，第3項規定：「……其決議以出席人過半數之同意行之，可否同數時，取決於主席。……」是以，主任委員對於公務人員保障事件具有實質參與決定權，因無資格條件限制，不須具有相關法律或人事行政專業。

　　其次，副主任委員部分，依保訓會組織法第3條規定置副主任委員2人，其中1人職務比照簡任第十四職等，另1人職務列簡任第十四職等。其中政務副主任委員無任期保障，無資格條件規定，無須依法獨立行使職權，係爲應隨政黨更迭或政策變更而進退之政務人員。但依保訓會保障事件審議規則第12條第2項規定，審查會由副主任委員召集並爲主席，第3項規定：「……其決議以出席人過半數之同意行之，可否同數時，取決於主席。……」由於審查會係委員會議前置實質審議會議，並由全體專任委員組成，共同擬具復審及再申訴決定書稿，對於公務人員保障事件具有實質影響權，但其並無資格條件限制，亦無須法律專業或人事行政背景資歷。至於常任副主任委員係依公務人員任用法相關規定認定其資格條件，職務歸列一般行政職系，[42] 依法出席委員會議，但不出席保障事件審查會。

　　再者，委員部分有二，一爲專任委員，依保訓會組織法第4條規定，置專任委員5人至7人，職務比照簡任第十三職等，由考試院院長提請總統任命之，任期爲三年，任滿得連任。具有同一黨籍者，不超過其總額二分之一。另一爲兼任委員，亦依組織法同條文（第4條）規定，置兼任委員5人至7人，由考試院院長聘兼之，任期爲三年，任滿得連任，但若爲有關機關副首長兼任者，其任期隨職務異動而更易。專兼任委員資格條件爲曾任簡任職六年以上，成績卓著，而有專門著作者；或曾任教育部審定合格

---

[42] 107年7月26日考試院第12屆第197次會議書面報告第八案，附公務人員保障暨培訓委員會107年7月13日派免令所載職系。

之公私立大學教授六年以上，對文官制度或法律學科著有研究者；或具有
人事行政或法學之相關學識專長，聲譽卓著，而有專門著作者；以及有關
機關副首長。以上「委員」於審議決定有關公務人員保障事件時，應超出
黨派，依據法律獨立行使職權。

　　然學者針對保訓會委員資格從不同角度提出質疑，第一，黨籍比例
規範不一：組織法有關專任委員任命設有政黨比例限制，兼任委員聘兼則
無，若此兼任委員是否會因無黨籍比例限制，有礙其決定之客觀性及獨立
性？[43] 第二，委員專業性不足：保障事件審議具高度專業性，此專業性
將影響案件合理判斷，但兼任委員對案件事實瞭解不足，常無法作出有力
批判，是否有存在之必要性，值得深究，建議廢除兼任委員名額，適當擴
充專任委員編制，或至少廢除有關機關副首長得為兼任委員之規定；[44]
第三，委員任命程序正當性不足：委員會議以專任及兼任委員共同組成，
並採合議制審理公務人員保障事件，且專任委員又有同一黨籍者不得超過
二分之一之規定，似有意定位為獨立機關模式的法制建置，[45] 但類此獨
立機關委員任命，均採兩機關提名同意方式，如中央選舉委員會、公平交
易委員會、國家通訊傳播委員會等委員，均由行政院院長提名經立法院同
意後任命之，爰保訓會委員任命程序，為確保其獨立性，允宜比照辦理；
第四，有關機關副首長兼任欠缺獨立性：依法「委員」須超出黨派，依據
法律獨立行使職權，但有關副首長既以機關代表身分兼任委員，如何獨立
行使委員職權，而非代表其所屬機關；又實務上，此「有關機關」為考試
院銓敘部及行政院人事行政總處，均為制定或執行人事法規主管機關，凡
涉及公務人員保障事件，均與其職掌工作相關，各該副首長既係各該機關
「政務」副首長，雙重角色定位，確實難以維持行使職權之獨立性。

---

[43] 廖義男主持，劉宗德、曾宛如協同主持（1999），《研究建立文官法庭制度，加強審
　　議程序專題研究》，公務人員保障暨培訓委員會委託研究計畫報告，頁34-35。

[44] 同註43。

[45] 郭介恒主持，王萱琳協同主持（2011），《公務人員保障事件審議組織與程序改進之
　　研究》，公務人員保障暨培訓委員會委託研究，頁17。

## 二、迴避規定

在機關內部之人事甄審委員會與考績委員會迴避規定方面，分依公務人員陞遷法第16條及其施行細則第15條，以及考績委員會組織規程第8條規定，凡涉本人、配偶及三親等以內血親、姻親之甄審（選）或考績案，應行迴避；如有違反，視情節予以懲處；若有應行迴避情事而不迴避者，得由與會其餘人員申請其迴避，或由主席依職權命其迴避；並均不得徇私舞弊、遺漏舛誤或洩漏秘密；另因二者辦理程序略有不同，考績委員會並在考績過程涉及考績評擬、初核、覆核及核定等程序，均應嚴守秘密，不得遺漏舛錯；同時在考績結果核定前，亦應嚴守秘密，不得洩漏。

在機關外部之保訓會迴避規定方面，依公務人員保障法第7條第1項規定，應自行迴避者：「一、與提起保障事件之公務人員有配偶、前配偶、四親等內血親、三親等內姻親、家長、家屬或曾有此關係者。二、曾參與該保障事件之行政處分、管理措施、有關工作條件之處置或申訴程序者。三、現為或曾為該保障事件當事人之代理人、輔佐人者。四、於該保障事件，曾為證人、鑑定人者。五、與該保障事件有法律上利害關係者。」若明知應迴避而不迴避者，應依法移送懲戒。至於有關機關副首長兼任委員者，不受第1項第2款迴避規定限制，也就是有關機關副首長兼任委員對於其曾參與涉及保障事件者亦無須迴避，僅依第4款規定涉及本機關有關保障事件之決定，無表決權。

## 第三項　公務人員保障暨培訓委員會職權

在組織職權方面，依保訓會組織條例第2條規定，保訓會包括公務人員保障及培訓事項之業務職掌，所涉保障事件審議相關職權者為有關公務人員保障事件之審議、查證、調處及決定事項；另依其處務規程第4條規定，審議公務人員保障事件由委員會議決定，該委員會議係由主任委員、副主任委員及委員組成，並由主任委員召集之。

在保障審議方面，依公務人員保障法第4條規定，公務人員權益之救

濟，依法所定復審、申訴、再申訴之程序行之，其中公務人員提起之復審及再申訴事件，由保訓會審議決定。是以，所謂「公務人員保障事件」係指依法提起之復審及再申訴事件，一般稱公務人員保障審議事件爲雙軌制或二元救濟制度。[46]首先，「再申訴」部分，依公務人員保障法第77條第1項規定：「公務人員對於服務機關所爲之管理措施或有關工作條件之處置認爲不當，致影響其權益者，得依本法提起申訴、再申訴。」以此，公務人員申訴先以書面向服務機關提起，服務機關對於申訴事件，就公務人員請求事項詳備理由依一般公文程序函復，若公務人員不服服務機關函復，再依法向保訓會提起再申訴，所以，再申訴之審議對象係因工作條件或管理措施依法經向服務機關申訴不服者；其次，「復審」部分，依公務人員保障法第25條第1項規定：「公務人員對於服務機關或人事主管機關（以下均簡稱原處分機關）所爲之行政處分，認爲違法或顯然不當，致損害其權利或利益者，得依本法提起復審。非現職公務人員基於其原公務人員身分之請求權遭受侵害時，亦同。」另依公務人員保障法第26條，公務人員因原處分機關對其依法申請之案件，於法定期間內應作爲而不作爲，認爲損害其權利或利益者，亦得提起復審，所以，復審之審議對象係因行政處分遭受侵害者。綜上，二者主要差異，[47]其一，「不服客體」不同：再申訴程序爲服務機關所提供之工作條件或所爲管理措施，解釋上認爲係指行政處分以外對機關內部生效之表意行爲或事實行爲，包括職務命令、內部措施、紀律守則等；復審程序爲行政處分，目前依行政程序法第92條第1項規定：「本法所稱行政處分，係指行政機關就公法上具體事件所爲之決定或其他公權力措施而對外直接發生法律效果之單方行政行爲。」其二，「決定效力」不同：再申訴決定，並非對具體權利義務關係

---

[46] 郭介恒主持，王萱琳協同主持（2011），《公務人員保障事件審議組織與程序改進之研究》，公務人員保障暨培訓委員會委託研究，頁19。

[47] 吳庚提出申訴與復審程序有適用範圍不同、不服之客體不同、處理之程序不同、決定之效力不同、能否救濟不同等五點不同，文內因研究重點擇其主要三點敘明。參閱吳庚（2008），《行政法之理論與實用》增訂十版，臺北：自版，頁271-273。

所作之裁決，其性質上屬行政內部行為，各關係機關雖亦受其拘束，但尚無行政處分之確認效力；然復審決定確定後有拘束各關係機關之效力，同時復審決定亦屬行政處分之一種。其三，「能否救濟」不同：再申訴決定依性質因分屬「違法」或「不當」管理措施或工作條件而有不同救濟方式，如屬「不當」者，再申訴決定後無爭訟途徑，亦即再申訴決定作成，全部程序業已結束，再申訴人不得聲明不服，但如屬「違法」者，依司法院釋字第785號解釋「認其權利遭受違法侵害，或有主張權利之必要，自得按相關措施與爭議之性質，依法提起相應之行政訴訟」；至於復審救濟依公務人員保障法得由復審人依法聲明不服，於決定書送達次日起二個月內，向該管司法機關請求救濟。

在審議程序方面，以上再申訴及復審之公務人員保障事件，依保訓會保障事件審議規則規定，審議程序分為三階段，第一，專任委員初審：先由承辦單位擬具處理意見，依序分案送請專任委員初審，專任委員於詳閱卷證、研析事實及應行適用之法規後，核提初審意見；第二，審查會審查：由政務副主任委員召集專任委員審查，應有過半數出席以及出席過半數同意，始得決議；第三，委員會議審查：由特任主任委員召集2位副主任委員及專兼任委員共同審查，委員會議亦須出席人過半數出席，出席人數過半數同意，始得決議。

綜上，服公職權組織保障功能，在機關內部組設甄審委員會與考績委員會及在機關外部設置保訓會，採雙重機關設置保障組織，據以執行各項公務員法制、共同審議決定公務人員保障事件，服公職權之保障組織設置尚稱健全完整。然於機關內部組設甄審委員會及考績委員會之組織成員因係機關內部現職公務人員或具單位主管身分，有關人事或考績案件如屬競爭性質案件，不免涉及個人利益因素，例如公務人員年度考績評擬因現行各機關設有固定比例限制，考績委員會成員本身亦為受考評對象，抑或考績初評或複評者，是以，於業務執行或審議時獨立性恐有不足。在機關外部保障組織成員，其獨立性更為欠缺不妥，有關特任主任委員、政務副主任委員、及有關機關政務副首長均係政治任命之職務，如何得以發揮獨立行使職權功能，不無疑慮，而其「政務任命」人員與「獨立行使職權」目

的，亦或有角色功能錯置之虞。

## 第三節　服公職權之程序保障功能

　　服公職權在人民進入公職之前具有工作權之選擇職業自由，而在進入公職後，重點在於「服公職本質目的」達成，憲法第18條係概括規定，國家考試權依憲法增修條文第6條第1項規定，由考試院研擬各種公務員法制度規範經立法院審議後具體化實踐，惟此公務員法制既作為服公職權之具體化規範，倘若以法律限制基本權仍自應受「合憲性」檢驗，以確保服公職權之合理保障。茲就服公職權之程序保障功能，包括保障對象及除外範圍界限、機關長官判斷或裁量餘地、不利人事資料閱覽禁制界限、保障事件審議類型差別待遇及複合身分公務人員行政訴訟權，分別說明如後。

## 第一項　保障對象及除外範圍界限

　　司法院釋字第42號解釋公職範圍與公務人員保障法之保障範圍不同，前者為凡各級民意代表、中央與地方相關之公務員，及其他依法令從事於公務者皆屬之，其範圍遠大於後者，然現係以公務人員保障法作為服公職權保障之法律規定；爰謹就公務人員保障法之適用對象、準用對象及明定除外範圍為主要說明，並輔以「服公職權範圍」參照觀察如下：

　　在公務人員保障適用對象方面，依該法第3條規定：「本法所稱公務人員，係指法定機關（構）及公立學校依公務人員任用法律任用之有給專任人員。」其中「法定機關（構）」，依中央行政機關組織基準法第3條規定，「機關」係指「就法定事務，有決定並表示國家意思於外部，而依組織法律或命令設立，行使公權力之組織」，「機構」係指「機關依組織法規將其部分權限及職掌劃出，以達成其設立目的之組織」。依此規定適用對象有法定機關者，及法定機構之「行政法人」依法律任用之公務人

員；[48] 其中「依公務人員任用法律」係指依公務人員任用法及其授權制定之法律如司法人員人事條例、審計人員任用條例、主計機構人員設置管理條例、關務人員人事條例、駐外外交領事人員任用條例、警察人員管理條例、政風機構人員設置條例等進用之公務人員及依專門職業及技術人員轉任公務人員條例轉任之公務人員等依法律任用人員，均為保障法適用對象，非僅限於依公務人員任用法任用者，若依公務人員任用法第32條及第34條授權制定法律而進用者，亦有保障法之適用；若依上開保障法適用對象界定「機要人員」亦為依法律任用之有給專任人員，然學者質疑認為，公務人員任用法第11條第2項規定，機要人員得由機關長官隨時免職，且隨機關長官離職時同時離職，並非得以適用保障法「身分保障」之規定，況且機要人員並非全數得以主張保障法之實體保障，若依適用對象與準用對象的區別實益，主要在於實體權益保障，則機要人員應改列為準用對象較為妥當；[49] 惟另以「服公職權範圍」而言，機要人員僅係非經「應考試」進用者，仍應有服公職權保障之權利。

　　在公務人員保障準用對象方面，所謂準用乃法定的類推適用，依公務人員保障法第102條第1項規定：「下列人員準用本法之規定：一、教育人員任用條例公布施行前已進用未經銓敘合格之公立學校職員。二、私立學校改制為公立學校未具任用資格之留用人員。三、公營事業依法任用之人員。四、各機關依法派用、聘用、聘任、僱用或留用人員。五、應各種公務人員考試錄取參加訓練之人員，或訓練期滿成績及格未獲分發任用之人員。」是以，以上準用對象均係依法無法辦理銓敘審查，但其任職權益仍有保障必要者。然學者認為目前公務人員保障法以公務人員進用方式區分

---

[48] 106年6月14日公務人員保障法部分條文修正通過，原第3條規定為「法定機關」，後改為「法定機關（構）」，是項建議意見參閱徐崑明主持，張錕盛協同主持（2015），《公務人員保障法面臨課題及解決之研究—以修法為中心》，公務人員保障暨培訓委員會委託研究，頁48。

[49] 同註48，頁51。

爲適用對象與準用對象缺乏實益；[50] 強調公務人員保障法應立足於「公法上職務關係」基礎之上，並以公務員服務法爲本，[51] 其理由係因公務人員任用法主要規範關係發生方式，公務員服務法規定公法上職務關係之義務具體內容，後者相對保障限縮公務人員權利之義務規範，更符合公務人員保障法之立法目的。[52] 以此，若以公法上職務關係爲基礎，上開準用對象均得爲適用對象予以保障，亦均涵括於服公職權保障範圍。

在公務人員保障除外範圍方面，106年6月14日前之公務人員保障法第3條第2項明定「不包括政務人員及民選公職人員」。修法理由說明，因政務人員及民選公職人員並非公務人員任用法之公務人員，本非公務人員保障法之適用對象，爰予刪除之。然若以司法院釋字第42號解釋公職範圍或公務員服務法適用對象而言，公務人員保障法除外範圍刪除前述政務人員及民選公職人員外，另亦不包括軍職人員、公立學校兼行政職教師、公營事業機構服務人員、依行政院暨所屬約僱人員僱用辦法約僱人員、機關駐衛警察等人員。[53] 以上有關軍職人員部分，依司法院釋字第555號解釋「是公務人員在現行公務員法制上，乃指常業文官而言，不含武職人員在內」，公務人員保障法第3條第1項規定亦係以文職人員爲限，而排除軍職人員，基於文武分治，軍職人員業於國防部下設國軍官兵權益保障委員會爲其保障組織，有其服公職權保障途徑；然有關公立學校兼行政職教師，

---

[50] 徐崑明主持，張錕盛協同主持（2015），《公務人員保障法面臨課題及解決之研究——以修法爲中心》，公務人員保障暨培訓委員會委託研究，頁51-53。

[51] 公務員服務法第24條規定：「本法於受有俸給之文武職公務員及其他公營事業機關服務人員，均適用之。」

[52] 同註50，頁61。

[53] 司法院釋字第308號解釋公立學校聘任教師兼行政職教師適用公務員服務法；銓敘部84年5月9日臺中法四字第1127887號函釋，聘任之社會教育機構專業人員及學術研究機構研究人員爲公務員服務法之適用對象；銓敘部75年9月8日75臺銓華參字第43193函釋依聘用人員聘用條例及行政院暨所屬約僱人員僱用辦法進用之聘僱人員爲公務員服務法之適用對象；銓敘部91年3月6日部法一字第0912114775號書函釋，駐衛警察爲公務員服務法之適用對象。

因司法院釋字第308號解釋，公立學校兼行政職教師適用公務員服務法，雖因其具有教師身分，已有教師法提供救濟途徑，但學者認為本於公教分途，其因行政職務之義務內容或違反義務後果所適用之法規自屬有別，若解釋兼行政職教師適用公務員服務法的公法上職務關係，相應權益保障應不同於公務人員，其配套措施亦須更為完備；[54] 此外，有關行政院暨所屬約僱人員僱用辦法僱用之約僱人員，亦有學者指出僱用人員負擔公法上義務，卻無法進入保障程序，二者並不平衡；[55] 公營事業機構服務人員及駐衛警察亦有相同類此負擔義務而無保障之不合理情形。[56]

　　綜上，服公職權之「公職」與公務人員保障法之「公務人員」二者並不完全相同，究服公職權及其衍生權範圍，包括身分保障權、公法上財產請求權、陞遷晉敘權、健康權或休假請求權等四項，非僅限於依公務人員任用法產生之「身分關係」，再且限制公務人員基本權之義務規範為公務人員保障之核心內容，為免公務人員權利義務不平衡，似應改以公法上職務關係為公務人員保障法之基礎關係，納入得以保障範圍；至於各該保障對象之保障內容，則依其身分性質而為相應對等之制度性設計，站在國家考試權組織保障人民服公職權之憲政職權，似不宜逐列除外範圍限縮保

---

[54] 徐崑明主持，張錕盛協同主持（2015），《公務人員保障法面臨課題及解決之研究—以修法為中心》，公務人員保障暨培訓委員會委託研究，頁78-79。

[55] 同註54，頁80-81。另參見公務人員保障暨培訓委員會90年9月21日公保字第9005601號書函：「茲以行政院暨所屬約僱人員僱用辦法進用之約僱人員，非屬公務人員保障法第3條所稱依法任用之人員，亦非同法第33條（現為第102條）所稱機關組織編制中依法僱用人員，尚非該法所保障之對象，自無公務人員障法之適用或準用。」

[56] 公務人員保障暨培訓委員會92年11月24日公保字第0920007619號書函：「查公務人員與國家或地方自治團體間所成立之關係，依大法官解釋稱為公法上職務關係，此一關係表現於公務人員為公共事務之執行。次查得依各機關學校團體駐衛警察設置管理辦法之規定，設置駐衛警察者，非僅限於行政主體，其所執行者為維護該機關或團體區域內之安全及秩序，與公務人員執行公法上之職務，尚屬有別。是以，各機關依該辦法僱用之駐衛警察隊隊員，與機關間並未成立公法上職務關係，應無公務人員保障法第102條第4款規定之適用，自不得依本法所定救濟程序提起救濟。」

障；若有除外範圍，其界限允宜由憲法保障基本權角度作合目的性規範。

## 第二項　機關長官判斷或裁量餘地

　　人事行政法律涉及不確定法律概念者，例以公務員服務法第1條「忠心努力」、第5條「誠實清廉」、第7條「力求切實」等，機關長官享有一定的判斷餘地，意指機關長官對於不確定法律概念之忠心努力、誠實清廉、力求切實，具有判斷餘地；涉及行政裁量者，例以公務人員陞遷法第2條「內陞與外補」擇一陞遷，機關長官享有選擇裁量餘地，意指機關長官在「內陞」與「外補」間得依職權選擇任一陞遷方式，具有裁量餘地；司法院釋字第298號解釋理由書：「懲戒爲維持長官監督權所必要，自得視懲戒處分之性質，於合理範圍內，以法律規定由長官爲之。」肯認機關長官處置人事行政案件「合理範圍內」之判斷或裁量餘地。至於判斷或裁量餘地是否有其區別問題，學者提出此爲「合久必分，分久必合」的歷史問題；在初期二者並無差別之意，後有主張「質的區別說」與「量的區別說」，[57] 其中「質的區別說」認爲判斷餘地發生於構成要件涵攝事實過程，而裁量餘地係於特定構成要件事實之下法律效果的選擇；其中「量的區別說」認爲對於構成要件之不確定性，本身即有裁量餘地，二者僅存相對意義；學者亦認爲二者存在本質差異，其理論發展分殊，內容各異，但在實務上是否截然有別，值得懷疑，此問題從憲法觀點言之，涉及行政與司法間之「權限界分」，若過分強調機關享有「終局決定權」，則人民訴訟權將受到無形縮減；[58] 亦有學者認爲二者雖非毫無差別，但不構成本質上之截然不同，僅有量的區別說；[59] 亦有學者指出在「高度屬人性事項的判斷同時，也是行政裁量的決定」。[60]

---

[57] 吳庚（2007），《行政法之理論與實用》，增訂十版，臺北：自版，頁124-128。

[58] 李建良等（2006），《行政法入門》，臺北：元照，頁137-139。

[59] 同註57，頁127-128。

[60] 李惠宗主持（2007），《行政法院裁判系列研究（十）—行政法院有關不確定法律概

　　一般而言，在人事行政範圍內機關首長享有判斷或裁量餘地，較之一般行政為大，機關得就其主觀判斷諸如效能、責任及功績等價值；[61]在裁量餘地方面，不論是「決定裁量」或「選擇裁量」，亦具有寬廣空間，其中「決定裁量」係為機關得自由決定是否採取法律效果措施之裁量權，其中「選擇裁量」係為機關對於多種法律效果選擇一種或數種之裁量權；[62]二者在公務員法規定者甚多，惟此裁量既係基於法律條款授權，自不得違反其授權目的或範圍，違反者將產生裁量瑕疵；學說將裁量瑕疵分為裁量逾越、裁量濫用、裁量怠惰、裁量縮減至零（或裁量萎縮）等四種類型。[63]學者認為由於人事行政裁量多屬於處分種類的選擇裁量，只要不涉及裁量逾越、裁量濫用及裁量怠惰即屬合法，然重點應置於決定或選擇法律效果種類時，必須遵守比例原則、平等原則、信賴保護及行政自我拘束等一般法律原則。[64]

　　按依考試院主管公務員法制涉及機關長官判斷或裁量餘地者，茲以機關內部保障組織之甄審委員會及考績委員會辦理實務作業例舉說明。

　　在甄審委員會辦理公務人員陞遷實務方面，各機關於職務出缺時至補實間，機關首長具有之裁量餘地主要有四。第一，決定陞遷方式：依公務人員陞遷法第2條及其施行細則第3條規定，各機關於職務出缺時，依法由機關首長決定採行「內陞」或「外補」人員之選擇裁量；[65]第二，決定

---

念判斷之審查研究成果報告（精簡版）》，行政院國家科學委員會專題研究計畫成果報告，頁4。

[61] 法治斌（2002），〈論行政法院對人事行政裁量及不確定法律概念之審查權限—從公務人員制度之多元複合價值談起〉，《行政訴訟論文彙編—人事行政爭訟》，頁35。

[62] 李建良等（2006），《行政法入門》，臺北：元照，頁126。

[63] 吳庚（2007），《行政法之理論與實用》，增訂十版，臺北：自版，頁129-132。

[64] 同註61，頁32。

[65] 公務人員陞遷法第2條規定：「公務人員之陞遷，應本人與事適切配合之旨，考量機關特性與職務需要，依資績並重、內陞與外補兼顧原則，採公開、公平、公正方式，擇優陞任或遷調歷練，以拔擢及培育人才。」再依公務人員陞遷法施行細則第3條前段：「……各機關職缺如由本機關人員陞遷時，應辦理甄審。如由本機關以外人員遞補

評分方式：依公務人員陞遷法第7條第1項規定，機關長官在決定採取內陞或外補人員之後，除依擬陞任職務所需知能，就考試、學歷、職務歷練、訓練、進修、年資、考績（成）、獎懲及發展潛能等項目，訂定標準，評定分數外，可決定符合資格者「舉行」或「不舉行」面試或測驗之選擇裁量；[66] 第三，決定圈定人選：依公務人員陞遷法第9條第1項規定，針對擬陞遷職務任用資格人員，依積分高低順序或資格條件造列名冊，先經機關首長交付甄審委員會評審，再報請機關首長就前3名擇一圈定之選擇裁量；[67] 第四，退回重行辦理：機關首長針對以上3名圈定陞補人員不同意時，得退回改依其他甄選方式辦理之決定裁量。[68] 由上可知，公務人員陞遷制度充分尊重機關首長用人權，機關首長因有合法裁量權，具有寬廣的裁量餘地。然就擬陞遷職務者而言，機關首長裁量選擇固為「合法」，是否「有當」值得探究分析。首先，決定陞遷方式部分，「內陞」或「外補」進用人員各有優缺點，然因無進用比例限制規定，機關首長若全然採取職缺「外補」，將剝奪機關內部擬陞遷職務者之陞遷機會，似有機關首長裁量濫用之虞；其次，決定評分方式部分，依行政程序法第6條規定，行政行為非有正當理由，不得為差別待遇，是為行政行為之平等原則

---

時，應公開甄選，……於辦理陞遷前，應依本法第二條所定原則，簽報機關首長決定職缺擬辦內陞或外補後再行辦理。」

[66] 公務人員陞遷法第7條第1項規定：「各機關辦理本機關人員之陞任，應注意其品德及對國家之忠誠，並依擬陞任職務所需知能，就考試、學歷、職務歷練、訓練、進修、年資、考績（成）、獎懲及發展潛能等項目，訂定標準，評定分數……。必要時，得舉行面試或測驗。……」第2項規定：「各機關職缺擬由本機關以外人員遞補時，得參酌前項規定訂定資格條件辦理之。」

[67] 公務人員陞遷法第9條第1項規定：「各機關辦理公務人員之陞遷，應由人事單位就具有擬陞遷職務任用資格人員，分別情形，依積分高低順序或資格條件造列名冊，並檢同有關資料，報請本機關首長交付甄審委員會評審後，依程序報請機關首長就前三名中圈定陞補……。」

[68] 公務人員陞遷法第9條第2項規定：「機關首長對前項甄審委員會報請圈定陞遷之人選有不同意見時，得退回重行依本法相關規定改依其他甄選方式辦理陞遷事宜。」

要求，其平等原則要求自應包括人事行政行為，但目前機關首長針對選擇「舉行」或「不舉行」面試或測驗係逐次簽陳辦理，若於短期內隨意或因人而更動評分方式，亦將影響擬陞遷職務者之機會均等，若此更動評分方式是否在一定期間應有裁量萎縮之限制；再者，決定圈定人選部分，簽陳機關首長就擬陞遷職務者前3名圈定陞補，依規定排名係按個人資績評分排序，序位在前者意謂其資績評分較高，若未經機關首長勾選陞補，未經勾選之選擇裁量是否應附註理由，以免恣意；最後，退回重行辦理部分，機關首長行使不同意圈定陞補名單退回重行辦理，既無須規定依據，亦無有次數限制，且得退回重新改由其他甄選方式，不僅遠超出人事裁量空間，甚或已達人事空白授權程度。

在考績委員會辦理公務人員考績實務方面，例以各機關辦理「年終考績」說明機關長官判斷或裁量餘地，依公務人員考績法第3條第1款規定：「一、年終考績：係指各官等人員於每年年終考核其當年一月至十二月任職期間之成績。」其年度考績評定在我國學者與實務向採功能法觀點，認為：「由於考績評定涉及高度屬人性之人格評價，且因需長時間之行為觀察始得以形成印象，故自由與受考人在職務執行上最具緊密關聯性之單位主管或是機關首長進行考核，始屬功能最適。」[69] 其考績流程包括主管人員評擬、考績委員會初核、機關長官覆核、主管機關核定、銓敘部銓敘審定等五個階段，其中前三者屬長時間觀察受考人所為判斷階段，考評者計有主管人員、考績委員會、機關長官；至於所為判斷結果，依年終考績分有甲、乙、丙、丁等共四個等次，學者認為在甲、乙、丙等之考績處

---

[69] 引自臺北高等行政法院106年訴更二字第19號行政判決，有關原告不服公務人員保障暨培訓委員會復審決定之考績丙等事件，第194行至第198行。該案係職掌公務人員保障事件之公務人員保障暨培訓委員會，其機關內部之保障處專員於101年年終考績考列丙等案，該案考績流程中在主管人員評擬79分，考績委員會初核79分，機關長官覆核時，機關長官不同意初核分數退回考績委員會復議，考績委員會仍決議維持79分；再送機關長官覆核時，機關長官仍不同意考績委員會初核之分數，加註受考人「辦事效率不彰，且常有拖延情事。因公涉訟輔助辦法修正草案延宕近一年。但上班仍認真，能力可能不足，有待磨練」理由，將受考人之分數變更為69分（丙等）。

分，對於法律構成要件中所使用之不確定法律概念，有其判斷餘地；[70]
換言之，就公務人員年終考績規定之評核項目如工作、操行、學識、才能
等，得基於客觀事實基礎而享有其主觀判斷餘地，並同時裁量選擇考績甲
乙丙等次。實務上，年度考績係採絕對分數制之80分以上甲等、70分至79
分爲乙等、60分至69分爲丙等，機關長官原得以依評核項目內容涵攝事實
而爲合理判斷評分，但因受限於考績固定比例限制，年度考績亦採相對分
數之甲等不超過機關受考人百分之七十五，或丙等至少爲機關受考人百分
之一，[71] 機關長官勢必依原涵攝事實配合固定比例規定，修改其考評項
目內容涵攝事實，進而修改其考績評語內容，爰此機關內部年度考績評分
之「比例邊緣受考人」將遭受不合理之評價過程，公務人員考績因輕忽客
觀事實存在之主觀判斷餘地，在甲乙丙等選擇裁量間變易不定。雖有學者
認爲考績委員會在考績評定程序中，居於核心地位，[72] 但面對此不合理
事實評價且與個人利害相關，又能如何處之呢？

　　綜上，不論公務人員陞遷或考績實務，法制度規範向充分尊重機關首
長用人權與考核權，而使其享有不同之判斷或裁量餘地，特別在人事行政
範圍因多屬機關首長之選擇裁量權，而更具有寬廣之合法裁量餘地，然若
以其爲人民基本權之「合憲性」檢驗，憲法第7條平等權強調形式平等與
實質平等。就公務人員陞遷實務而言，機關首長固在「內陞」或「外補」
擇一陞遷方式、「舉行」或「不舉行」面試或測驗、圈選名單三擇一勾選
之選擇裁量具有合法性，但爲符合憲法平等原則，於內陞或外補之擬陞遷

---

[70] 陳淑芳（2016），〈公務人員考績事件之司法審查密度〉，《行政訴訟制度相關論文彙編第8輯》，頁236。

[71] 現行公務人員考績法並無考績甲等人數比例上限規定。自90年起銓敘部及行政院人事行政局（總處）以首長箋函以，各機關考績考列甲等人數比例限制以50%爲原則，最高不得超過75%；另考試院前爲試辦一定比例丙等政策，定有「考試院暨所屬機關落實辦理98年考績作業注意事項」，規定考績評列丙等人員以各該機關受考人數總額1%爲原則。以上二考績比例設限規定均違反法律保留原則，並有危害人民服公職基本權之虞。

[72] 同註70，頁241。

職務者自應併同評價其適任性，使二者機會平等；於辦理職缺評分方式理應具有一致性，使擬陞遷職務者有可預期性及其信賴保護；更於退回陞遷名單應有行政自我拘束之一般法律原則適用；就公務人員考績實務而言，「高度屬人性之評分」因須長時期觀察方得給予評價，自應予以尊重，而享有主觀的判斷餘地，但受考人工作表現之客觀事實存在係是非有無存在，而非優劣評價選擇，惟有基於客觀事實爲其考評標準基礎之後，機關長官方得擁有判斷或裁量餘地。換言之，機關長官在主觀判斷或裁量餘地之前提要件，應基於客觀事實判斷的存在。

## 第三項　不利人事資料閱覽禁制界限

　　公務人員服公職期間自考試及格分發任用至退休離職長達數十年，具有各種大量人事資料，依各機關人事資料管理規則第3條規定：「……人事資料範圍如下：一、機關資料：（一）組織編制及員額資料。（二）職務歸系及官等職等資料。二、個人資料：（一）基本資料：公務人員履歷表各項資料。（二）異動資料：1.派免遷調核薪、動態登記及任用審查資料。2.訓練進修、平時考核獎懲及考績（成）資料。3.勳章、獎章、模範公務人員、刑事處分及懲戒處分資料。4.留職停薪、停職、復職、免職、退休（職）、死亡、資遣及其他離職資料。5.國民身分證統一編號、姓名變更及出生年月日更正資料。6.其他異動資料。」以上人事資料分別或同時適用行政程序法、檔案法、政府資訊公開法、個人資料保護法等規定；以下謹就涉及公務人員重大權益之不利人事資料，在機關內部閱覽程序及公務人員保障事件閱覽程序，分別說明各該閱覽禁制規定及其應有之界限。

## 一、機關內部閱覽程序

政府機關資料閱覽依性質適用不同法律規定，可分為三類：[73] 一為政府資訊主動公開，依政府資訊公開法第6條規定：「與人民權益攸關之施政、措施及其他有關之政府資訊，以主動公開為原則，並應適時為之。」以保障人民知的權利，增進人民對公共事務之瞭解；二為政府資訊被動公開，依政府資訊公開法第9條第1項規定：「具有中華民國國籍並在中華民國設籍之國民及其所設立之本國法人、團體，得依本法規定申請政府機關提供政府資訊。持有中華民國護照僑居國外之國民，亦同。」再依檔案法第17條規定：「申請閱覽、抄錄或複製檔案，應以書面敘明理由為之，各機關非有法律依據不得拒絕。」是以，任何人或第三人得依規定申請政府公開資訊或檔案；三為當事人請求閱覽政府資訊或檔案，依行政程序法第46條第1項規定：「當事人或利害關係人得向行政機關申請閱覽、抄寫、複印或攝影有關資料或卷宗。但以主張或維護其法律上利益有必要者為限。」再依個人資料保護法第10條規定：「公務機關或非公務機關應依當事人之請求，就其蒐集之個人資料，答覆查詢、提供閱覽或製給複製本。但……」以確保當事人或利害關係人維護自身權益之必要所需。

然若以不利人事資料而言，以上三種資訊公開閱覽，各有其禁制規定，在政府資訊主動公開部分，依行政程序法第18條第1條第1款規定，經依法核定為國家機密或其他法律、法規命令規定應秘密事項應限制公開或不予公開，以此政府機關內部人事資料因係「其他法律」應秘密事項，依法不主動公開；在政府資訊被動公開部分，依政府資訊公開法第18條規定，限制公開或不予提供經依法規命令規定應秘密事項者，再依檔案法第

---

[73] 湯德宗將「資訊公開」與「卷宗閱覽」係兩種截然不同概念，其中資訊公開又可分為「主動公開」與「被動公開」兩種，前者係指行政機關有主動公開特定資訊予全民知悉之義務，後者係任何人皆可申請公開行政資訊。參閱湯德宗（2005），〈論資訊公開與卷宗閱覽—行政法院相關判決評釋〉，湯德宗、劉淑範主編，《2005行政管制與行政爭訟》，臺北：中央研究院法律學研究所籌備處，頁146-148。

18條第5款規定，有關人事及薪資資料各機關得拒絕申請調閱，另行政程序法第46條第2項亦規定，凡涉及一般公務機密，依法規規定有保密必要者，得拒絕申請閱覽，以此政府機關內部人事資料因係「其他法律」應秘密事項，依法對第三人亦不被動公開；至於當事人基於維護權益請求閱覽卷宗部分，依行政程序法第46條第1項原作為不利人事資料閱覽請求權基礎，但因行政程序法第3條第3項第7款規定，對於公務員所為之人事行政行為不適用行政程序法之程序規定，而第46條為行政程序法之程序規定，因此無法適用，[74] 換言之，行政程序法有二條禁制規定，一為第3條第3項第7款之人事行政行為之程序排除適用，二為第46條第2項之保密必要排除適用。唯若依個人資料保護法第10條規定，當事人或應可蒐集其個人資料並閱覽複製，然但書卻另規定「妨害該蒐集機關或第三人之重大利益」限制請求，[75] 依法務部函釋是否屬於但書情形，涉及事實認定問題，宜由主管機關本於職權審認。[76] 綜上，政府雖各有公開政府資訊規定，但各有禁制規定，以依法有保密必要之人事資料，在現行規定不論屬主動公開、被動公開、當事人權益申請均限制閱覽影印。[77]

---

[74] 法務部89年7月12日（89）法律字第008393號針對行政程序法第3條第3項第7款對公務員所為之人事行政行為不適用本法程序之疑義函釋：「（一）凡構成行政處分之人事行政行為，因於事後當事人仍可依訴願、行政訴訟程序或其相當之程序請求救濟，故行政機關於為此類行政處分時，即應依行政程序法之規定為之。至於非屬行政處分之其他人事行政行為則視個案情形，由主管機關自行斟酌。（二）改變公務員之身分或對公務員權利或法律上利益有重大影響之人事行政行為或基於公務員身分所產生之公法上財產請求權遭受侵害者，仍應依行政程序法之規定為之。」

[75] 個人資料保護法施行細則第18條規定：「本法第十條但書第三款所稱妨害第三人之重大利益，指有害於第三人個人之生命、身體、自由、財產或其他重大利益。」

[76] 法務部99年8月19日法律決字第0999028404號函：「公務機關除有依規定不予公告事項、或有妨害公務執行或第三人重大利益之虞之情事外，應依當事人之請求，就其保有之個人資料檔案，答覆查詢、提供閱覽或製給複製本；至有無前述除外情形，涉及事實認定問題，宜由主管機關本於職權審認。」

[77] 參見考試院108考臺訴決字第117號訴願決定書：「本院秘書長108年2月22日考臺人字第1080001277號函回復略以，公務人員平時考核紀錄表中之主管評價（包括評分及評

　　有關依法有保密必要之人事資料，例如以公務人員陞遷法第16條
規定：「各機關辦理陞遷業務人員，不得徇私舞弊、遺漏舛誤或洩漏秘
密……」；例如以公務人員考績法第20條規定：「辦理考績人員，對考績
過程應嚴守秘密，並不得遺漏舛錯，違者按情節輕重予以懲處。」考績委
員會組織規程第7條規定：「考績委員會委員、與會人員及其他有關工作
人員對考績評擬、初核、覆核及核定等考績過程應嚴守秘密，並不得遺漏
舛錯，對考績結果在核定前亦應嚴守秘密，不得洩漏……」因此，實務上
擬陞遷職務者或受考人在行政程序中禁止申請閱覽相關人事資料卷宗，包
括其作為利害關係人之不利人事資料。[78]

## 二、保障事件閱覽程序

　　若公務人員於機關內部無法閱覽不利人事資料，其於依法提出公務人
員保障事件之閱覽程序，依公務人員保障法第42條第1項規定：「復審人
或其代理人得向保訓會請求閱覽、抄錄、影印或攝錄卷內文書，或預納費
用請求付與繕本、影本或節本。但以維護其法律上利益有必要者為限。」
第2項對於其他依法律或基於公益，有保密之必要者，得拒絕復審人或代
理人請求。換言之，其中「依法律」包括公務人員陞遷法及公務人員考績
法所為保密規定，以致公務人員於機關內部無法閱覽不利人事資料，於公
務人員保障事件時亦有相同禁制規定。

　　綜上，公務人員不利人事資料不論在機關內部或機關外部之保障事
件，因行政程序法、檔案法、政府資訊公開法等有禁制規定，若經依法
認定應嚴守秘密，而得以拒絕申請閱覽，自亦無影印卷宗之可能，據此，
當事人在請求公務人員保障程序因無閱覽卷宗權，勢必難以查覺可能違誤
之處。然基於憲法第7條平等權及第16條訴訟權保障，司法院釋字第482

---

語）部分，依法屬應嚴守秘密事項，爰提供非屬應嚴守秘密之基礎事實資料。」
[78] 陳淑芳（2016），〈公務人員考績事件之司法審查密度〉，《行政訴訟制度相關論文
　　彙編第8輯》，頁280。

號解釋理由書提及程序上之平等權「確保兩造當事人能立於平等、公正之程序下進行訴訟」，[79] 若以「公務人員所爲之人事行政行爲不適用行政程序法」或「依法律保密」爲由，所有不利人事資料均採限制公開方式處理，在「武器不平等」之下，公務人員權益難以有效保障。學者有云：「基本權利的保障作爲一種原則，從來就不是全有或全無的零和遊戲條款。」[80] 如何讓當事人之「閱覽卷宗權」與人事機構之「保密條款」適度平衡，在在考驗國家考試權組織之決策選擇智慧。

## 第四項　保障事件審議類型差別待遇

依公務人員保障法規定，公務人員保障事件分爲「復審」及「再申訴」二種不同審議類型，稱爲雙軌制或二元救濟制度。茲分別說明其差別待遇如下。

首先，在「復審」案件審議方面，公務人員保障法第25條第1項規定：「公務人員對於服務機關或人事主管機關（以下均簡稱原處分機關）所爲之行政處分，認爲違法或顯然不當，致損害其權利或利益者，得依本法提起復審。非現職公務人員基於其原公務人員身分之請求權遭受侵害時，亦同。」其構成要件爲違法或顯然不當行政處分，然於公務人員保障法中並未明定「行政處分範圍」，依其歷來實務見解係參考行政程序法第92條行政處分界定，並參照司法院相關解釋認以有改變公務人員之身分

---

[79] 88年4月30日司法院釋字第482號解釋理由書：「憲法第16條規定，人民有請願、訴願及訴訟之權。所謂訴訟權，乃人民司法上之受益權，即人民於其權利受侵害時，依法享有向法院提起適時審判之請求權，且包含聽審、公正程序、公開審判請求權及程序上之平等權等。民事訴訟法中再審程序爲特別救濟程序，係對於確定終局判決重新再次審理，爲確保兩造當事人能立於平等、公正之程序下進行訴訟及對已確定終局判決之穩定性，故對民事再審之提起有較嚴格之限制，並不違背憲法保障人民訴訟權利之意旨。」

[80] 謝碩駿（2013），〈「訴訟當事人閱覽卷宗權」與「公文書內容保密」之間的保障衝突—行政訴訟法如何回應此一兩難問題？〉，《中研院法學期刊》，第9期，頁169。

或對公務員權利或法律上利益有重大影響之人事行政行為，或基於公務人員身分所產生之公法上財產請求權遭受侵害者，[81] 然此構成要件與範圍界定容有值得探究之處。第一，範圍不確定性：行政處分在法客觀定義為「行政機關就公法上具體事件所為之決定或其他公權力措施而對外直接發生法律效果之單方行政行為。」以此，例如考績通知書並非行政處分，但考績通知評列丁等因涉改變公務人員身分關係，歸「行政處分範圍」，考績通知評列丙等原依法客觀定義非行政處分，但依最高行政法院104年8月25日104年8月份第2次庭長法官聯席會議（二）之決議，亦歸為「行政處分範圍」，但相同之考績通知書若評定為甲等或乙等，原非「行政處分範圍」，保訓會於109年9月22日委員會議決議將甲等／乙等考績通知書改認行政處分，此同類型人事行政行為僅能以主觀判斷「行政處分範圍」，而無法就法客觀定義「行政處分」觀察。第二，重大影響無法明確判斷：由於重大影響係一不確定法律概念，造成有權解釋者即有判斷餘地，在公務人員保障事件同涉保訓會及後續行政救濟程序行政法院職權，二者倘若見解不一，將侵害公務人員保障救濟權益，例如公務人員主管人員調任同官等職等之非主管職務，保訓會認為有重大影響，但最高行政法院104年8月25日104年8月份第2次庭長法官聯席會議（一）決議認為未損及公務員身分、官等、職等及俸給等權益。以上是否「重大影響」涉及是否為「行政處分範圍」，因若認定屬之，得依法提起復審案件，進而得依公務人員保障法第72條第1項規定，對於復審決定如有不服者，得據以向行政法院提起行政訴訟，以為救濟，反之則否。第三，「顯然不當」限縮保障範圍：人事行政行為多為選擇裁量而屬合法，「適當性」端視保訓會之合理審查，原92年5月28日以前公務人員保障法規定人事行為「不當」即有保障審議機會，修法理由說明，為免審理復審事件之範圍過廣，產生侵害原處分機關行政權之疑慮，改為「顯然不當」，學者質疑：「基於行政自我省察理應審及不當，試問保訓會非顯然不當由誰自我省察，保訓會該不會以

---

[81] 參見公務人員保障暨培訓委員會92年11月17日公保字第0920008309號書函。

法院自居吧！」[82]

在「再申訴」案件審議方面，公務人員保障法第77條第1項規定：「公務人員對於服務機關所為之管理措施或有關工作條件之處置認為不當，致影響其權益者，得依本法提起申訴、再申訴。」其構成要件係因管理措施或工作條件處置不當，實務上採取排除法，凡非屬依復審程序救濟事項即為「申訴、再申訴」範圍，依保障法第84條程序並未準用第72條規定，是以，「不當」管理措施或工作條件之再申訴決定乃終局決定，一經作成並送達當事人，即已確定，使其並無司法救濟管道；至於「違法」者依司法院釋字第785號解釋，得按相關措施與爭議性質提起行政訴訟，「保障法上述規定所定之申訴、再申訴程序，並不當然排除公務人員於申訴、再申訴之後，或根本不經申訴、再申訴程序，直接針對非行政處分之其他公權力措施，提請相關類型行政訴訟之權利」。[83]

綜上，公務人員「復審」及「再申訴」雙軌制或二元救濟制度差別待遇，關鍵有二。第一，在於「重大影響說」的「行政處分範圍」，若「是」則有較完整程序保障及事後行政救濟；若「否」則有所限制。然人事行政行為複雜多樣，爰於人事實務有其寬廣人事行政授權或裁量餘地，其間之「是」或「否」難有絕對標準答案，若一線之隔之人事行政行為有著截然不同的權益保障，似與憲法第7條平等權相違且有其不容之處。第二，在於「違法」或「不當」之復審案或再申訴案件，依類型可能有四種情形：違法行政處分復審案、不當行政處分復審案、違法行政措施再申訴案、不當行政措施再申訴案。其中「違法行政處分復審案」依公務人員保障法得有後續行政救濟；「不當行政處分復審案」雖依公務人員保障法得提請後續行政救濟，但因係「不當」之非「違法」行政處分，爰非屬於行政訴訟法範圍；「違法行政措施再申訴案」依司法院釋字第785號解釋得提起行政訴訟；「不當行政措施再申訴案」依公務人員保障法不得有後續

[82] 法治斌（2002），〈論行政法院對人事行政裁量及不確定法律概念之審查權限—從公務人員制度之多元複合價值談起〉，《行政訴訟論文彙編—人事行政爭訟》，頁37。

[83] 引自司法院釋字第785號解釋黃昭元大法官部分協同部分不同意見書。

行政救濟。其間規定混淆不清，再以人事行政行為「違法」或「不當」又豈非一念之間，公務人員保障法恐面臨重新檢討法制定位的重要時點。

## 第五項　複合身分公務人員行政訴訟權

憲法第16條規定人民有訴訟之權，憲法第18條人民有服公職之權，公務人員基於人民訴訟權具有基本權主體地位，基於人民服公職權具有功能主體地位，學者稱此為複合身分公務人員，二者身分關係微妙。[84] 所謂基本權主體地位，係指基於包括服公職權在內的所有憲法基本權地位；所謂功能主體地位係立於執行職務之地位，乃服公職權作為廣義參政權之具體展現。[85] 然此二者如影隨形，學者認為公務人員隨時保持基本權主體地位與功能主體地位，即使下班後之職務外行為仍非毫無限制，如規定公務人員不得公開為特定候選人站臺。[86] 若此複合身分公務人員或有三種權利侵害可能涉及行政訴訟權。

首先，居於功能主體地位之服公職權受有侵害者：以憲法服公職權及其衍生權攸關公務人員「服公職權本質目的」之達成，凡服公職權受有侵害，依現行公務人員保障法之重大影響行政處分，得以「復審」審議程序尋求救濟，若不服審議決定者，仍得依法提請行政訴訟。

---

[84] 徐崑明主持，張錕盛協同主持（2015），《公務人員保障法面臨課題及解決之研究──以修法為中心》，公務人員保障暨培訓委員會委託研究，頁114。

[85] 同註84，頁114-115。

[86] 同註84，頁115。另公務人員行政中立法第9條第1項規定：「公務人員不得為支持或反對特定之政黨、其他政治團體或公職候選人，從事下列政治活動或行為：一、動用行政資源編印製、散發、張貼文書、圖畫、其他宣傳品或辦理相關活動。二、在辦公場所懸掛、張貼、穿戴或標示特定政黨、其他政治團體或公職候選人之旗幟、徽章或服飾。三、主持集會、發起遊行或領導連署活動。四、在大眾傳播媒體具銜或具名廣告。但公職候選人之配偶及二親等以內血親、姻親只具名不具銜者，不在此限。五、對職務相關人員或其職務對象表達指示。六、公開為公職候選人站臺、助講、遊行或拜票。但公職候選人之配偶及二親等以內血親、姻親，不在此限。」

　　其次，居於功能主體地位之機關內部管理措施致權利受有侵害者：
以國家與公務人員對於其非涉服公職權之內部關係得以內部規範管理，所
涉權利保障事項，以往因深受「特別權力關係」概念支配，學者曾謂人民
因「志願因素」成為公務人員而負有隸屬義務，因而具有附屬性而無主張
個人權利之餘地。[87] 然自司法院釋字第187號解釋產生變化，原屬機關內
部人事處分，在程序上不得提起訴願或行政訴訟者，歷經司法院大法官解
釋而有改變，迄至司法院釋字第785號解釋區分不當或違法之內部人事處
分，若「認其權利遭受『違法』侵害」仍得按相關措施與爭議性質，依法
提起相應行政訴訟，依解釋內涵，無疑漸次揚棄特別權力關係理論。

　　再者，居於基本權主體地位因違反職務外活動限制致權利受有侵害
者：以公務人員居於基本權主體地位而與人民同享有憲法保障不受國家違
憲干預的私人活動自由，同時公務人員亦因公務員服務法定有職務義務規
範而於職務外活動受有限制。例如公務員服務法第4條規定非經許可不得
以私人名義任意發表有關職務之談話、第5條規定應誠實清廉及謹慎勤勉
（保持品位義務），此職務義務限制職務外活動自由，但其限制範圍係不
確定法律概念，機關長官得享有一定判斷餘地。若認定違反義務，得依公
務人員考績法或公務員懲戒法予以懲處或懲戒，依公務人員考績法之懲處
規定，分有申誡、記過、記大過、一次記二大過；其中除一次記二大過涉
及免職處分剝奪公務人員「身分保障」之服公職權，依公務人員保障法規
定得依法提起復審程序審議外，其餘申誡、記過、記大過部分，學者及以
往實務認為對於服公職權並無直接或重大影響，僅得依「申訴、再申訴」
審議程序。[88] 倘若係機關長官所為不確定法律概念之判斷餘地，針對

---

[87] 此為吳庚引述德國學者Laband及Mayer之看法。參閱吳庚（2007），《行政法之理論與
實用》增訂十版，臺北：自版，頁221-222。保訓會於109年9月22日經委員會議決議通
過「人事行政行為一覽表」將申誡、記過、記大過定性改認行政處分，得依規定提起
復審程序。若不服審議決定，依法得提請行政訴訟。至若為其他管理措施如書面警告
等，則依規定仍為「申訴、再申訴」範圍。

[88] 張桐銳（2009），〈公務員職務外行為之懲戒責任〉，《臺灣法學雜誌》，第132期，

「不當」不服再申訴決定者並無後續合理保障之機會。司法院釋字第785號解釋之後，保訓會於109年9月22日經委員會議決議通過「人事行政行為一覽表」將申誡、記過、記大過定性改認行政處分，得依規定提起復審程序。若不服審議決定，依法得提請行政訴訟。至若為其他管理措施如書面警告等，則依規定仍為「申訴、再申訴」範圍。

由上可知，複合身分公務人員不論係居於功能主體地位或基本權主體地位，職務內或職務外，均可能受有權利侵害，並以公務人員保障法作為行政訴訟之前置法定程序；其中「復審」審議程序尚有後續行政訴訟機會，「再申訴」依其屬「違法」或「不當」有不同審議程序，「違法行政措施再申訴案」尚有後續行政訴訟機會，甚至若未經申訴程序亦可提請行政訴訟，至於「不當行政措施再申訴案」則無後續救濟管道。然若探究行政訴訟前置程序設置目的功能，以「訴願前置主義」旨在「提供人民行政救濟之途徑，並給予行政機關自我省察及行政監督之機會，藉以確保依法行政原則之貫徹。」[89] 其程序功能包括維護人民權益、確保行政合法性及適當性，以及司法權尊重行政權等，而復審程序既為訴願相當（取代）程序，[90] 具有「訴願前置主義」立法意旨之參照，亦即復審程序係給予國家考試機關自我省察及行政監督機會。

若以行政訴訟前置程序審視複合身分公務人員保障程序，值得再議處有三。第一，保障事件二元救濟制度阻止公務人員權利受損之救濟管道：有關保障事件審議類型差別待遇因是否為「重大影響說」或「行政處分範圍」而異其後續行政訴訟提出之可否，然其界定無法明確且具不確定性，以此限制公務人員基於基本權主體地位之訴訟權，似有違憲之虞。第

---

頁69。

[89] 有關公務人員復審程序相當訴願程序規定，係依司法院釋字第243號解釋：「公務員已依法向該管機關申請復審及向銓敘機關申請再復審或以類此之程序謀求救濟者，相當於業經訴願、再訴願程序，如仍有不服，應許其提起行政訴訟」之見解。另參閱李建良等（2006），《行政法入門》，臺北：元照，頁447。

[90] 同註89李建良等（2006），頁493。

二，侷限審理「顯然不當」保障事件，棄守機關自我省察及監督機會：參考訴願法第1條規定，違法或「不當」行政處分致損害時，得依法提起訴願，何以作為複合身分公務人員僅能以違法或「顯然不當」方得由保障機關審理，又「當」與「不當」與「顯然不當」並非等距，也難以判斷，莫非係以特別權力關係思維，而無庸檢視機關內部管理措施之合法性與適當性。第三，前置程序以司法權尊重行政權，但卻造成消極公務人員保障審議程序：現行司法權之行政訴訟法對程序事項多採取民事訴訟法之程序保障，[91] 而民事訴訟法係以憲法層次基本權規定程序包括合法聽審（知悉權、陳述權、法院審酌義務、突襲性裁判禁止）、武器平等、公正程序、有效權利保護請求權。[92] 觀之公務人員保障事件審理之當事人權利，依公務人員保障法第50條規定，復審就書面審查決定之，必要時得通知或有正當理由經許可得到會陳述意見。試究連申請閱覽卷宗權均屬不可為，何以踐行武器平等及公正程序原則，甚且享有有效權利保護請求權。

　　綜上，複合身分公務人員之訴訟基本權，不因居於功能主體地位或基本權主體地位，在司法院釋字第785號解釋之後，有關「適法性審查」部分，其於行政審查及司法審查均享有之，有關「適當性審查」部分，行政審查有之，司法審查則無；換言之，行政審查適法性及適當性，司法審查僅有適法性審查，無適當性審查。又學者認為在踐行程序之後，雖無法保證基本權的正確結果，但機關必然可以作出合於基本權利的正確決定，程序保障至少可提高基本權保障的蓋然性。[93] 期以國家考試權組織作為服公職權保障者之角色期待，能在完備複合身分公務人員權益程序保障功能之後，使合於公務人員基本權及服公職權實體保障成為可能。

---

[91] 吳庚（2007），《行政法之理論與實用》增訂十版，臺北：自版，頁634。

[92] 姜世明（2019），《民事訴訟法（上冊）》六版，臺北：新學林，26-40。

[93] 李建良引述德國學者Alexy論述程序可作為保護基本權利的工具。參閱李建良（2004），〈論基本權利之程序功能與程序基本權—德國理論的借鑑與反思〉，《憲政時代》，第29卷第4期，頁507。

## 第四節　小結

　　服公職權係憲法位階規範之人民基本權，分由立法權、考試權、司法權三者基於各自權力基礎而共同構築其權利內涵。考試院基於憲定職權研議公務員法規範，經立法院審議通過作為服公職權具體化實踐。於司法院釋字第546號解釋界定服公職權外，並以釋字第312、575、611、785號解釋內容填補服公職權之衍生權範圍，分有身分保障權、公法上財產請求權、晉敘陞遷權、健康權或休假請求權等。究其各權利內涵均有連結憲法其他人民基本權。若以平等權而言，併與服公職權競合為複數基本權，提供服公職權之平等原則量尺；若以工作權而言，與服公職權競合有雙重意義，在進入公職之前具有工作權之選擇職業自由，在進入公職之後著重於「服公職本質目的」達成；若以財產權而言，與服公職權競合導引出公法上財產請求權，藉以保障其基本生活所必需。

　　服公職權之組織保障功能，國家考試權以各項公務員法作為制度性保障規範，並分別依據人事管理條例、公務人員陞遷法、公務人員考績法、保訓會組織法等規定，採取雙重組織保障功能設置。在機關內部設人事機構執行人事職權，並組設甄審委員會與考績委員會作為機關內部保障組織；在機關外部設保訓會審議公務人員保障事件，作為機關外部常設專責保障機關。然為完備服公職權組織保障功能，保障組織雖均依法律制定，但在機關內部之甄審或考績委員會成員部分，因屬現職人員或具單位主管身分，難免涉及個人利益；在機關外部之保訓會成員部分，因具實質決定或影響權者多屬政務任命人員，難免無法獨立行使保障職權。若任二者由適任性不足者為之，勢將影響服公職權保障功能健全及程序公正。

　　服公職權之程序保障功能，以服公職權內涵複雜且德日特別權力關係理論深植其中，使得確保服公職權合理保障至為重要但不易。一方面人民要有據以請求選擇職業自由之權利；另一方面具有複合身分公務人員得要有據以請求合理公平保障之權利；再一方面，受基本權拘束之公權力主體，應建立相應服公職權實質與程序保障之制度。

　　首先，在保障對象及除外範圍界限方面，服公職權「公職範圍」與公

務人員保障「保障對象」二者並不相同。不同者為政務人員、民選公職人員、軍職人員、公立學校兼行政職教師、公營事業機構服務人員、依行政院暨所屬約僱人員僱用辦法約僱人員、機關駐衛警察等人員，扣除其中另享有其他保障制度者外，若以權利義務平衡觀之，應將公務人員保障對象改以公法上職務關係為範圍，亦即如有限制公務人員基本權之義務規範，理應相應提供公務人員權益保障制度。至於保障對象之保障內容，依其身分性質而為不同規範，而不以「除外範圍」限縮服公職權保障範圍。

其次，在機關長官判斷或裁量餘地方面，現行公務員法規範基於尊重機關首長權限，賦予機關首長合法裁量權，但在裁量範圍內仍有比例原則、平等原則、信賴保護及行政自我拘束等一般法律原則之適用。由於公務員法涉及人事專業判斷及其「高度屬人性」特性，須長時期觀察方得給予評價，機關長官判斷或裁量餘地自應予以尊重，但公務人員之客觀工作表現亦屬事實存在，機關長官固得擁有主觀判斷或裁量餘地，其前提應基於客觀事實判斷。

再者，不利人事資料閱覽禁制界限方面，政府資訊依性質適用不同法律規定分為主動公開、被動公開、當事人權益申請等三類。現行之行政程序法、檔案法、政府資訊公開法、個人資料保護法等雖各有公開政府資訊規定，但各有禁制規定，以依法有保密必要之人事資料規定，均授權各該主管機關認定是否應嚴守秘密或任由主管機關本於職權審認，而得以拒絕申請閱覽卷宗。有關人事行政行為再以公務人員陞遷法或公務人員考績法認定人事資料應予保密，此規定同時適用於機關內部保障組織，及機關外部保障組織之保訓會。因此，當事人因無閱覽卷宗權，在「武器不平等」之下，無法發現可能違失或違法致權益難以有效保障，基於憲法第7條平等權及第16條訴訟權保障，當事人之「閱覽卷宗權」與銓敘機關之「保密條款」應適度平衡，並符合比例原則。

最後，在保障事件審議類型差別待遇及複合身分公務人員行政訴訟權方面，公務人員「復審」及「再申訴」程序為公務人員保障法之法律規定，但其一關鍵之「重大影響說」或「行政處分範圍」，係由主管機關認定，若「是」則有較完整程序保障及事後行政救濟；若「否」則有所限

制。然人事行政行為複雜多元，人事實務有寬廣人事授權或裁量餘地，其間之「是」或「否」難有絕對答案，保障機關亦難有客觀標準，若此而有截然不同的權益保障，似與憲法第7條平等權相違且有所不容。另一關鍵之「違法」或「不當」復審或再申訴案件，復審案件不分違法或不當，雖依公務人員保障法均得提起後續行政救濟，但不當復審案件，並非行政訴訟法範圍；違法再申訴案件，依司法院釋字第785號解釋得提起行政訴訟，但不當再申訴案件，依公務人員保障法不得有後續行政救濟，其間之「違法」或「不當」又豈非一念之間，保障機關亦面臨憲法平等權之合憲性檢驗。至於公務人員保障審議程序係作為行政訴訟法之前置程序；若依其設置目的審視可知，保障事件二元救濟制度業已阻止公務人員權利受損救濟管道，保障事件侷限審理「顯然不當」亦已棄守機關自我省察及監督機會，同時因司法權尊重行政權結果造成消極公務人員保障審議程序，公務人員若連最基本之申請閱覽卷宗權均屬不可為，遑論踐行武器平等、公正程序及有效權利保護請求權。

　　憲法學者黑塞（K. Hesse）指出，憲法所保障的法益發生衝突時，不應為實現一方法益而全然犧牲他方，憲法一體性的原則要求，必須為相互衝突的法益劃定界限，界限的劃定必須符合比例原則的要求。是以，為建立衝突法益的調合，不能對他方作過度的限制，即所謂「實踐性調合原則」。[94] 國家考試權基於維護服公職權作為人民基本權之當事人權益，對於各機關判斷或裁量餘地、銓敘機關人事保密規定、保障機關審議程序限縮，期待在衝突中展現實踐性調和原則，以符合憲法明定憲政機關之功能期許。

---

[94] 此處K. Hesse的內容轉引自陳愛娥（2003），〈憲法作為政治之法與憲法解釋──以德國憲法學方法論相關論述為檢討中心〉，《全國律師》，第7卷第2期，頁35。

# 國家權力與人民權利保障

綜觀國家考試權與人民應考試服公職權百餘年間，自孫中山先生民國前6年初始五權憲法理想提出，歷經憲法草案版本各有主張，政治協商憲法公布施行、憲法增修條文、大法官解釋內容，國家權力與人民權利保障漸次演化衍生出各種法制度規範，經觀察歸納如下。

## 國家考試權

若以歷史視角言，元年三權分立體制考試權歸屬於行政權之下，訓政時期遵循孫中山先生遺教確立五權分立政府體制設置考試院，考試權正式獨立於行政權之外。然其範圍各有廣狹且爭議不斷，以25年五五憲草最廣、36年憲法次之、55年第三次動員戡亂時期臨時條款再次之，81年第二次憲法增修條文迄今更次之。惟各期均認同「考選權」獨立於行政權，爭議點在於「銓敘權」歸屬及限縮範圍。

若以大法官解釋言，國家考試權範圍雖有廣狹不同，從憲法機關地位觀之，大法官解釋肯認「五權分治，平等相維」體制，強調機關地位平等，各憲法機關具有憲法忠誠義務，各應遵守憲法界限而享有自有權限，國家權力分立體制之五權並無高低論。

若以組織定位言，國家考試權為憲法層級獨立性機關設置，在客觀法理論具有組織獨立性、人員獨立性及受委託執行憲法職權之機關獨立性等三種意義。換言之，考試院為憲法層級獨立性機關，其所屬人員依法行使憲法職權具有獨立性，其所屬機關依法執行考試院委託憲法職權亦具獨立

性。參照各國政府體制，如德國聯邦人事委員會、美國聯邦人事管理局、日本人事院等類似我國國家考試權者均屬獨立機關，考試權組織以獨立機關設置型態，不分中外是為常態。然實務面，考試院雖以考試院會議採合議制獨立行使職權，惟下設二部一會「政治任命」部會首長，依任免權屬總統（並依總統任期屆滿總辭），是為行政權組織之人員任免程序，若此依政治考量而定進退之人員，似難以其獨立性執行憲法委託職權。

## 人民應考試權保障

　　若以歷史視角言，考試制度向為我國任官選才方式，元年應考試範圍僅為傳統文官考試，隨著社會變遷以個案規定增加人民應考試範圍，包括6年公布律師考試令，31年制定專門職業與技術人員考試專法十五種，至108年擴增為八十二種，應考試範圍倍增。至於應考試資格限制則逐漸取消或縮小，例如元年應考試者以男子為限，17年取消文官考試性別限制，僅性質特殊考試依性質為其限制，109年全面取消性別限制，亦僅有監獄官及監所管理員因男女分別監禁設性別錄取名額；例如13年規定為宗教之宣教師及18年反革命行為者不得應試，早於22年刪除，人民應考試權逐步符合基本保障規定。

　　若以大法官解釋言，應考試權為憲法人民基本權，依憲法第23條規定，其限制應由法律定之，然我國人民應考試資格限制者，有以法律直接規定、法律授權考試院訂定、法律轉授權其他法律規定等方式；司法院基於權力分立與制衡基礎，凡於考試院職權範圍除有法律優位外，尊重國家考試權享有自我決定權限，包括應考試基本條件體格限制及積極條件學經歷資格限制。至於應考試成績評定亦採寬鬆標準，凡應考試成績評定判斷除依形式觀察有顯著錯誤外，不應再任意評閱，以維持考試客觀公平。

　　若以組織保障功能言，考試院基於應考試權組織保障，在客觀法規範依據典試法設置典試委員會、規定典試委員資格條件、明定各典試執行細節如「典試人力資料庫建置運用及管理辦法」等縝密完備法規體系。然實務面，典試委員長遴聘程序及產生方式卻任由考試院會議抽籤決定，或因

考試類科與個人專長差距過大而影響適切主持典試工作之疑慮，亦難免影響組織健全有效運作。

若以程序保障功能而言，應考試權程序保障須提供得以實踐人民基本權之制度環境，其制度環境兩造，一為考試院建立公平考試制度，一為人民得以請求參與公平考試程序。然在應考試權制度環境，由於考試院自我認定且大法官解釋內容肯認，考試本質具專業判斷空間，得形成自我負責核心領域，所以在考試評分判斷餘地、考試資訊閱覽禁制及應考人訴訟權等事項，相對之人民或應考人因無相對作答餘地空間、無試題參考答案、無申請試卷閱覽影印權，造成應考人程序不公平與訴訟不平等。

## 人民服公職權保障

若以歷史視角言，公務人員身分保障是一「從無到有」的變遷過程，2年訂有「文官保障法草案」未經參議院審議通過，36年憲法雖明定公務人員保障為考試院職權，但直至85年始有公務人員保障法公布施行，明定公務人員身分、官職等級、俸給、工作條件、管理措施等有關權益之保障事項，得依法提起復審、申訴、再申訴程序。至於公務人員兼職禁制規定如2年官吏服務令、14年兼職條例、20年官吏服務規程、28年公務員服務法，明定公務員不得兼職始終如一，其中亦有多項公務人員權利限制或義務規範。

若以大法官解釋言，服公職權為憲法人民基本權，依憲法第23條規定，其限制應由法律定之，但在傳統特別權力關係理論桎梏之下，大法官解釋本身即界定服公職權無法律保留，得由考試權規範人事內部管理事項，歷經國家與公務員關係轉為公法上職務關係，至司法院釋字第785號解釋始要求考試院訂定符合憲法服公職權「框架性規範」。以此觀之，司法院向來基於權力分立與制衡基礎，尊重考試院享有憲法賦予權限。在個別服公職權之衍生權亦採相同立場，例如公法上財產請求權之優惠存款等得以行政命令或措施規定；例如晉敘陞遷權賦予人事行政機關一定權限裁量；即令在兼職限制或退休再任範圍限制影響服公職權，大法官解釋亦認

考試院合憲，縱使規定前後不同各界評價寬嚴不一，亦復如是。

若以組織保障功能言，考試院基於服公職權組織保障，在客觀法規範分別依據人事管理條例、公務人員陞遷法、公務人員考績法、公務人員保障暨培訓委員會組織法等規定，採取雙重組織保障功能設置，於機關內部設人事機構並組設甄審委員會與考績委員會，於機關外部設公務人員保障暨培訓委員會，組織建制尚稱完備。然實務面，在機關內部之甄審委員會或考績委員會成員因屬現職人員或具單位主管身分，難免涉及個人利益而無法客觀公正，特別是在人事競爭或考績固定比例案件尤然。在機關外部之公務人員保障暨培訓委員會成員因具實質決定或影響權者多屬政務任命人員，難免無法獨立行使保障職權。若任二者由適任性不足者為之，勢將影響服公職權保障功能健全及程序公正。

若以程序保障功能而言，服公職權程序保障亦須提供得以實踐人民基本權之制度環境，制度環境兩方，一方為考試院應建立服公職權實質與程序保障制度，一方為複合身分公務人員得請求合理公平保障程序。然在服公職權制度環境，考試院因深受特別權力關係理論影響，公務員法規範多向國家機關傾斜。所以在機關長官判斷或裁量餘地、不利人事資料閱覽禁制、保障事件差別待遇、複合身分公務人員行政訴訟權等事項，相對之人民或公務人員或因機關長官輕忽客觀事實存在之主觀恣意而權利受損、或因銓敘機關人事資料保密而無申請卷宗閱覽影印權、或因保障機關二元救濟制度阻止權利受損救濟管道，林林總總造成複合身分公務人員程序不公平與訴訟不平等。

## 考試權層級化保留原則

國家考試權為國家五權分立政府體制之組織職權，人民應考試服公職權係憲法明定人民基本權，考試院為憲法委託保障人民應考試服公職權之憲法機關。凡涉及國家考試權者若由憲法角度觀察「保留」原則，可分為憲法明定與憲定職權二大類，各類細分後共有六種層級化保留原則之可能。

　　第一，憲法明定：憲法第18條人民應考試服公職權、增條條文第6條第1項前段考試院為最高考試機關、增修條文第6條第1項後段規定考試院十項組織職權、增修條文第6條第2項考試院設院長副院長及考試委員、憲法第85條公務人員選拔應實行公開競爭考試制度、憲法第86條公務人員任用資格與專門職業及技術人員執業資格應經考試院依法考選銓定、憲法第88條考試委員須超出黨派依據法律獨立行使職權、憲法第89條考試院組織以法律定之等合計六條文，具有八項主要內涵。分有三種保留原則：（一）憲法保留：由於制憲者或修憲者將特定事項在憲法業予明確規範，而該憲法規範，禁止全國各機關或人民違反，其於考試權者：1.憲法最高考試機關地位；2.憲法機關組織職權；3.憲法明定職位；4.依據法律獨立行使職權。（二）合憲性法律保留：由於制憲者或修憲者將特定事項於憲法規定憲政原則，並定另由法律規範，此法律規範應符合憲政原則意旨，其於考試權者：1.人民應考試服公職權限制；2.考選銓定公務人員任用資格與專門職業及技術人員執業資格；3.考試院組織規定。（三）合憲性考試保留：由於制憲者或修憲者將特定事項於憲法規定憲政原則，未規定由法律定之，而係依權力分立憲定權限規範，其於考試權者僅為公開競爭考試。

　　第二，憲定職權：增修條文第6條第1項後段規定考試院十項組織職權，包括考試、公務人員銓敘、公務人員保障、公務人員撫卹、公務人員退休、公務人員任免法制、公務人員考績法制、公務人員級俸法制、公務人員陞遷法制、公務人員褒獎法制。上開職權管轄權並非來自其他權力機關授權，而係憲法原生賦予而為，其「保留」蘊含有權力分立「權限劃分」意涵，歷年大法官解釋內容基於權力分立與制衡基礎，肯認並尊重考試院享有自我決定權限。分有三種保留原則：（一）合目的性考試保留：由於制憲者或修憲者架構五權分立政府體制，認定某些事項保留予以考試權，而考試權在職權範圍事項具有專屬管轄權限，惟所為應符合原保留之目的性意旨，其於考試權者：1.考試內容程序；2.考試成績評定判斷；3.考試及格標準決定；4.其他考試行政行為。（二）合目的性法律保留：由於制憲者或修憲者架構五權分立政府體制，認定某些事項保留予以考試

權，除增修條文第6條第1項考試院職權外，尚有憲法第18條人民服公職權制度性保障規範，其於考試權者得制定框架性規範：1.公務人員權利法制；2.公務人員義務法制；3.公務人員保障法制；4.其他公務人員法制。（三）合目的性行政保留：基於五權分立保留考試權者及其框架性法律規範之下，凡涉及法律實施細節或人事事項決定，得由各機關依內部規章規範，其於考試權者得由各機關執行：1.公務人員陞遷決定；2.公務人員考績評定；3.公務人員執行職務安全；4.其他人事行政行為。

## 後續五點建議意見

憲法考試權在國家權力與人民權利保障之間求取動態平衡，莫論三權或五權，實應究何者能最適保障人民應考試服公職之基本權。以上歸納國家考試權與人民應考試服公職權保障所呈現之不同價值，綜觀之，「明確考試任用範圍」、「公開競爭考試程序」、「服公職基本權保障」是為憲法考試權關鍵核心所在。以下試圖就制度規範與後續議題提供若干建議意見提供參考。

（一）建議憲法考試權由原依國家組織職權性質分為考選權、銓敘權、保障權，改依法律規範密度及應考試服公職基本權身分性質分為國家考試任用權、人事制度保障權：前者關係人民應考試基本權，用以取得公務人員任用資格或專門職業及技術人員執業資格，應採取較嚴格公開競爭考試程序規範；後者關係公務人員取得任用資格後服公職權利義務與保障，應採取重要事項框架式立法，彈性化政府人事管制規定，授權機關自主管理空間，僅於事後救濟審認事件之合法性或合宜性。

（二）建議國家考試任用權應依功能歸屬同一權力基礎之上，明確界定公務人員考試任用範圍：憲法考試權向有須獨立或與行政權保持一定距離的問題，肯認者由權力分立原則觀察，認為權力若過度集中，恐有恣意大量進用私人疑慮；否認者從人力資源管理著眼，主張機關用人自主彈性，須符合人與工作適配（Person-Job fit，簡稱P-J fit）或人與組織適配（Person-Organization fit，簡稱P-O fit）。然由政府實務運作經驗發現，關鍵不在考試權是否獨立於行政權，而在考試用人範圍是否明確，以憲法層級獨立機關考試院而言，過去曾實施「資格考試」賦予機關彈性選才用人，但招致「考試無法任用」或人情關說滿天之情事；亦曾放寬「任用不經考試」管道進用（如政務、機要或聘僱人員），限縮應考試服公職範圍，而迭生非議。回歸憲法本旨，依憲法第15條保障人民工作基本權，凡各該職業法律明定須經應考試取得執業資格者，始應參加考試；依憲法第18條人民應考試服公職權，除非法律保留明定排除者外，凡服公職者一律應經考試取得任用資格。

（三）建議人事制度保障權揚棄特別權力關係重新定位國家與公務員基礎關係：由於司法院釋字第785號解釋之後，理論學說或實務見解朝向全面揚棄特別權力關係理論，改以建構國家與公務員「公法上法律關係」。然現有各項公務員法規範仍多具有程度不一之相對不公平或不平等情形，如公務人員陞遷法、公務人員考績法、公務人員保障法、公務員服務法似有向國家機關傾斜之規範內容，應由「人民應考試服公職權保障者」立場，全面盤點人事法制之權力不對等關係或差別待遇，禁止公務職場不公平或歧視行為，提供公務人員健康安全的工作環境。

（四）建議考試院內設自我控管機制：由於憲法五權分立架構之下考試院享有憲法機關自我決定權限，大法官解釋內容亦基於權力分立與制衡基礎，肯認並尊重考試院職權。若為避免權力濫用，基於合憲性職權委託，建議內部設置類似權力分立制衡組織設計，或者得以所屬機關之考選部、公務人員保障暨培訓委員會轉型為獨立機關性質之國家考試人力資源委員會及複合身分公務人員權益保障委員會，藉由自我控管或獨立行使職權有效保障人民應考試服公職權。

（五）建議憲法機關尊重憲法忠誠義務，由於國家設置「國家最高行政、立法、司法、考試、監察機關」，任一國家權力有其各自獨立權

限，由於均爲「最高」機關，並無「更高」機關得以限制其權力。
雖有學者認爲忠誠義務是「脆弱的概念內涵」，然若缺乏基本尊重
而無憲法忠誠義務，憲法又能如何限制憲法的最高機關權力呢？

# 參考文獻

## 一、政府報告

United States Office of Personnel Management (2020), *Annual Performance Report*，參閱美國聯邦人事管理局網站：https://www.opm.gov/about-us/budget-performance/performance/2019-annual-performance-report.pdf。

中華民國開國五十年文獻編纂委員會（1962），《中華民國開國五十年文獻第二編第二冊－開國規模》，臺北：正中。

司法院大法官書記處（2014），《德國聯邦憲法法院裁判選輯（十五）》，臺北：司法院。

司法院秘書處（1990），《日本國憲法判例譯本第一輯》再版，臺北：司法週刊雜誌社。

江美容、劉秀英、陳明珠（2006），《義大利憲法法院暨梵蒂岡座聖璽最高法院考察報告》，司法院2006年8月12日至8月23日國外考察報告。

考試院考銓叢書指導委員會（1984），《戴季陶先生與考銓制度》，臺北：中正。

考試院研究發展委員會（2002），《考試院研究發展委員會專題研究報告彙編（四）》，臺北：考試院。

考試院院史編撰委員會（2020），《中華民國考試院院史》，臺北：考試院。

考試院編纂室（2019），《中華民國一〇八年國家考試暨文官制度報告書》，臺北：考試院。

行政院人事行政局（2008），《日本國家公務員人事法令彙編》，臺北：行政院人事行政局。

行政院人事行政局（2009），《德國公務員人事法令彙編》，臺北：行政院人事行政局。

李惠宗主持（2007），《行政法院裁判系列研究（十）—行政法院有關不確定法律概念判斷之審查研究成果報告（精簡版）》，行政院國家科學委員會專題研究計畫成果報告。

周志宏主持，黃昭元、劉靜怡、陳耀祥協同主持（2006），《我國獨立行政委員會組織建制與相關憲法問題之研究》，行政院法規委員會委託研究。

林文淵、墜柏廷、賀怡嘉（2015），《日本抑制國家公務員人數策略考察報告》，行政院人事行政總處2015年9月7日至9月12日國外考察報告。

林佳和主持，徐婉寧協同主持（2012），《公務人員執行職務安全保障法制之研究》，公務人員保障暨培訓委員會委託研究。

林明鏘主持（2005），《國家考試應考資格之探討》，考試院委託研究。

徐崑明主持，張錕盛協同主持（2015），《公務人員保障法面臨課題及解決之研究—以修法為中心》，公務人員保障暨培訓委員會委託研究。

高永光主持（2002），《考試權獨立行使之研究》，考試院研究發展委員會委託研究。

國民大會秘書處編印（1946），《國民大會實錄》，臺北：國民大會。

郭介恒主持，王萱琳協同主持（2011），《公務人員保障事件審議組織與程序改進之研究》，公務人員保障暨培訓委員會委託研究。

湯德宗主持，賴宇松協同主持（2005），《論複查考試成績之資訊公開限

制—典試法第二十三條之檢討》，考試院委託研究。

楊戊龍主持（2004），《美國（聯邦）人事行政組織與職權分工》，考試院委託研究。

廖義男主持，劉宗德、曾宛如協同主持（1999），《研究建立文官法庭制度，加強審議程序專題研究》，公務人員保障暨培訓委員會委託研究。

蔡宗珍（2017），《德國公務人員考選制度、法律考試與醫藥考試制度考察報告》，考選部2017年4月17日至4月30日國外考察報告。

蔡政文主持，黃錦堂協同主持（2009），《「我國憲政體制問題及改革方向」憲法層級獨立機關之再檢討子計畫》，行政院研究發展考核委員會委託研究。

## 二、專書

Santayana, George (1905), *The Life of Reason Vol. One: Reason in Common Sense*, New York: Charles Scribner's Sons.

Scott, W. Richard (1998), *Organizations: Rational, National, and Open Systems*, U.S.A: Prentice-Hall.

王泳（1977），《五權憲法論》，臺北：國立臺灣師範大學國父思想教學研究會。

吳定（1985），《公共行政論叢》增訂再版，臺北：天一。

吳庚（2004），《憲法的解釋與適用》三版，臺北：自版。

吳庚（2008），《行政法之理論與實用》增訂十版，臺北：自版。

吳庚、陳淳文（2017），《憲法理論與政府體制》增訂五版，臺北：自版。

吳瓊恩、李允傑、陳銘薰（2001），《公共管理》，臺北：智勝文化。

李建良、陳愛娥、陳春生、林三欽、林合民、黃啓禎（2006），《行政法入門》，臺北：元照。

李惠宗（2015），《中華民國憲法概要─憲法生活的新思維》，臺北：元照。

肖如平（2008），《國民政府考試院研究》，北京：社會科學文獻出版社。

亞里斯多德著，淦克超譯（1987），《亞里斯多德的政治學》，臺北：水牛。

孟德斯鳩著，彭盛譯（2003），《論法的精神》，臺北：華立。

林紀東（1978），《中華民國憲法逐條釋義第二冊》三版，臺北：自版。

林紀東（1982），《中華民國憲法逐條釋義第一冊》修訂初版，臺北：三民。

林紀東（1982），《中華民國憲法逐條釋義第三冊》修訂初版，臺北：三民。

法治斌、董保城（2003），《憲法新論》，臺北：自版。

姜世明（2019），《民事訴訟法（上冊）》六版，臺北：新學林。

洛克著，李永久譯（1969），《政府論》，臺北：帕米爾。

美濃部達吉著，陳固亭譯（1951），《日本新憲法釋義》，臺北：正中。

徐有守（1999），《考試權的危機─考銓制度的腐蝕與改進》，臺北：臺灣商務。

殷嘯虎（1997），《近代中國憲政史》，上海：上海人民出版社。

秦孝儀主編（1989），《國父全集》，臺北：近代中國。

耿雲卿（1982），《中華民國憲法論》上冊，臺北：華欣文化。

馬基維里著，閻克文譯（1998），《君王論》，臺北：臺灣商務。

張玉法（1982），《中國現代史》，臺北：東華。

張潤書（1991），《行政學》再修訂四版，臺北：三民。

陳春生（2003），《憲法》，臺北：翰蘆。

陳慈陽（1997），《基本權核心理論之實證化及其難題》，臺北：翰蘆。

陳新民（2008），《憲法導論》六版，臺北：新學林。

陳新民（2018），《憲法學釋論》，臺北：三民。

湯德宗（2005），《權力分立新論卷二違憲審查與動態平衡》，臺北：元照。

黃耀南（1988），《考試院組織及職能之研究—考試院第七屆院會》，國立政治大學公共行政研究所碩士論文（未出版）。

董翔飛（2000），《中國憲法與政府》大修訂四十版，臺北：自印。

管歐（2006），《中華民國憲法論》修訂十版，臺北：三民。

劉性仁（2005），《中國歷代考選制度與考試權之發展》，臺北：時英。

劉慶瑞（1985），《中華民國憲法要義》修訂十三版，臺北：三民。

蔡良文（2001），《人事行政學》，臺北：五南。

繆全吉主編（1989），《中國制憲史資料彙編—憲法篇》，臺北：國史館。

顧不先（1983），《五權憲法的政治制度》，臺北：三民。

## 三、專書論文

李建良（1999），〈國家高權行為與公法訴訟制度—論德國「政府行為」理論與「不受法院管轄之高權行為」概念〉，《憲法理論與實踐（一）》，臺北：學林文化，頁321-392。

李建良（1999），〈基本權利理論體系之構成及其思考層次〉，《憲法理論與實踐（一）》，臺北：學林文化，頁55-101。

李建良（2004），〈「制度性保障」理論探源—尋索卡爾·史密特學說的大義與微言〉，《公法學與政治理論吳庚大法官榮退論文集》，臺北：元照，頁219-265。

李建良（2017），〈憲政主義與人權理論的移植與深耕—兼從形式平等與

實質平等的語辯闡析比較憲法學方法論的諸課題〉，李建良主編，《憲政主義與人權理論的移植與深耕—憲法解釋之理論與實務第九輯》，臺北：中央研究院法律學研究所，頁1-104。

李震山（2018），〈國家考試救濟事件與正當法律程序〉，《義薄雲天、誠貫金石—論權利保護之理論與實踐—曾華松大法官古稀祝壽論文集》，臺北：元照，頁415-435。

法治斌（2002），〈論行政法院對人事行政裁量及不確定法律概念之審查權限—從公務人員制度之多元複合價值談起〉，《行政訴訟論文彙編—人事行政爭訟》，頁1-39。

曹伯一（1992），〈考試權獨立完整纔能適應政黨政治潮流〉，《國父遺教研究會會員大會》，錄自考試院秘書處輯印之第二階段修憲「考試院定位」問題考試院意見及同仁論述與有關新報導評論剪輯資料，頁11-23。

許宗力（2007），〈權力分立與機關忠誠—以德國聯邦憲法法院裁判為中心〉，《法與國家權力（二）》，臺北：元照，頁291-339。

陳淑芳（2016），〈公務人員考績事件之司法審查密度〉，《行政訴訟制度相關論文彙編第8輯》，頁223-281。

陳慈陽（2007），〈從權力分立原則論修憲後監察委員之定位〉，《憲法規範性與憲政現實性》二版，臺北：自印，頁221-224。

陳慈陽（2007），〈論憲法核心部分理論之實證化及其難題〉，《憲法規範性與憲政現實性》二版，臺北：自印，頁1-124。

陳新民（2007），〈憲政僵局的解決模式—兼評「機關忠誠」的概念〉，《法治國家原則之檢驗》，臺北：元照，頁1-53。

陳新民（2011），〈論憲法人民基本權利的限制〔1987〕〉《法治國家公法學的理論與實踐—陳新民法學論文自選集》上冊，臺北：三民，頁269-350。

湯德宗（2005），〈論資訊公開與卷宗閱覽—行政法院相關判決評釋〉，

湯德宗、劉淑範主編，《2005行政管制與行政爭訟》，臺北：中央研究院法律學研究所籌備處，頁123-164。

黃昭元（2017），〈從平等理論的演進檢討實質平等觀在憲法適用上的難題〉，李建良主編，《憲政主義與人權理論的移植與深耕—憲法解釋之理論與實務第九輯》，臺北：中央研究院法律學研究所，頁271-312。

董保城（2015），〈從平等原則探討公務人員考試〉，《考試權之理論與實務》，臺北：元照，頁57-82。

董保城（2015），〈從組織與程序之保障探討考試權〉，《考試權之理論與實務》，臺北：元照，頁123-173。

蘇俊雄（1997），〈從「整合理論」之觀點論個案憲法解釋之規範效力及其界限〉，劉孔中、李建良主編，《憲法解釋之理論與實務》，臺北：中央研究院社科所，頁1-31。

## 四、期刊論文

王鵬翔（2007），〈基本權作為最佳化命令與框架秩序—從原則理論初探立法餘地（gesetzgeberische Spielräume）問題〉，《東吳法律學報》，第18卷第3期，頁1-40。

李以德（2004），〈由比例原則析論我國國家考試消極應考資格規定之合憲性基礎〉，《通識研究集刊》，第6期，頁233-259。

李俊良（2003），〈論我國大法官解釋中「保留」領域的劃分基準—擺盪於民主原則與專業統治之間〉，《憲政時代》，第39卷第2期，頁113-169。

李建良（2003），〈基本權利的理念變遷與功能體系—從耶林內克「身分理論」談起（上）〉，《憲政時代》，第29卷第1期，頁1-30。

李建良（2004），〈論基本權利之程序功能與程序基本權—德國理論的借鑑與反思〉，《憲政時代》，第29卷第4期，頁481-540。

李建良（2009），〈專門職業人員之依法考選與記帳士之執業資格／釋字第六五五號解釋〉，《臺灣法學雜誌》，第124期，頁187-194。

李惠宗（2003），〈憲法工作權保障系譜之再探─以司法院大法官解釋為中心〉，《憲政時代》，第29卷第1期，頁121-158。

林子儀（1996），〈憲政體制與機關爭議之釋憲方法之應用─美國聯邦最高法院審理權力分立案件之解釋方法〉，《憲政時代》，第27卷第4期，頁32-65。

林全發（2012），〈論公務人員特種考試限制應考資格對人民基本權之影響〉，《文官制度季刊》，第4卷第2期，頁37-58。

施能傑（2009），〈考試權獨立機關化定位的新討論─民主責任政治的檢驗〉，《臺灣民主季刊》，第6卷第1期，頁135-168。

柯三吉（2008），〈我國國家公務員選用制度變革之策略性議題：美英日三國改革經驗與啓示〉，《考銓季刊》，第54期，頁1-13。

范姜真媺（2014），〈有關國家考試之個人資料保護與公開〉，《國家菁英》，第10卷第2期，頁21-30。

張桐銳（2009），〈公務員職務外行為之懲戒責任〉，《臺灣法學雜誌》，第132期，頁59-73。

陳淑芳（2006），〈獨立機關之設置及其人事權─評司法院大法官釋字第六一三號解釋〉，《月旦法學雜誌》，第137期，頁41-59。

陳淳文（2002），〈行政保留之比較研究─以半總統制之行政命令權為中心〉，《中研院法學期刊》，第10期，頁1-80。

陳淳文（2009），〈從法國法論獨立行政機關的設置緣由與組成爭議：兼評司法院釋字第613號解釋〉，《臺大法學論叢》，第38卷第2期，頁235-292。

陳愛娥（1998），〈大法官憲法解釋權之界限─由功能法的觀點出發〉，《憲政時代》，第24卷第3期，頁170-222。

陳愛娥（2002），〈閱卷委員的學術評價餘地與應考人的訴訟權保障─最

高行政法院九十年度判字第一四三三號判決評析〉，《月旦法學雜誌》，第82期，頁217-230。

陳愛娥（2003），〈憲法作為政治之法與憲法解釋—以德國憲法學方法論相關論述為檢討中心〉，《全國律師》，第7卷第2期，頁22-38。

陳愛娥（2010），〈德國初任文官甄選制度—由法學角度出發的觀察〉，《國家菁英》，第6卷第1期，頁77-91。

陳榮坤（2011），〈國家考試試題疑義處理之探討〉，《考選論壇季刊》，第1卷第2期，頁105-115。

陳靜慧（2017），〈一般警察人員特考年齡限制之合憲性—評北高行一○三年度訴字第一五七六號判決並借鏡歐盟法觀點〉，《月旦法學雜誌》，第261期，頁237-252。

陳靜蘭（2008），〈國家考試榜示後公布命題委員名單之評議〉，《國家菁英》，第4卷第3期，頁47-64。

程明修（2008），〈資訊公開之界限與典試人員隱私之保障—從典試法第23條加以觀察〉，《國家菁英》，第4卷第3期，頁21-30。

程明修（2013），〈法治國中「特別權力關係理論」之殘存價值？〉，《中原財經法律》，第31期，頁1-54。

黃程貫（2003），〈德國勞動法上關於工作權保障之討論〉，《憲政時代》，第29卷第1期，頁69-94。

黃錦堂（2008），〈德國獨立機關獨立性之研究—以通訊傳播領域為中心並評論我國釋字第613號解釋〉，《中研院法學期刊》，第3期，頁1-54。

黃錦堂（2010），〈公務人員特種考試應考年齡、體能設限與考試無障礙之研究—兼論釋字第626號解釋〉，《法令月刊》，第61卷第2期，頁21-41。

黃錦堂（2010），〈判斷餘地理論於公務員保障法之適用與檢討〉，《東吳公法論叢》，第3期，頁151-182。

黃錦堂（2010），〈權力分立之憲法解釋─兼評釋字第520、585、613、645號解釋〉，《法令月刊》，第61卷第9期，頁4-25。

黃錦堂、黃婷婷（2016），〈國家考試命好題得有的組織安排─比較行政的觀察〉，《國家菁英》，第12卷第3期，頁3-14。

董保城（2003），〈機關權限爭議解釋之拘束力〉，《憲政時代》，第28卷第3期，頁88-98。

董保城（2005），〈應考試權與實質正當程序之保障：釋字第319號解釋再省思〉，《國家菁英》，第1卷第2期，頁143-168。

董保城（2009），〈從大法官釋字第六五五號解釋論憲法第八六條專門職業資格專業證照之建構〉，《月旦法學雜誌》，第172期，頁269-286。

董保城（2010），〈從大法官法律保留之解釋論憲法考試權〉，《國家菁英》，第6卷第4期，頁127-145。

董保城（2016），〈國家考試排除行政程序之探討〉，《國家菁英》，第12卷第1期，頁102-120。

劉如慧（2016），〈開放閱覽試卷以後其他典試禁制法制之探討〉，《國家菁英》，第12卷第3期，頁64-84。

蔡宗珍（2005），〈我國憲法解釋中的權力分立圖像〉，《憲政時代》，第40卷第4期，頁491-558。

蕭文生、黃彥翔（2015），〈論警察人員考試雙軌制之憲法爭議〉，《國立中正大學法學集刊》，第47期，頁163-217。

蕭文生、謝文明（2008），〈應考試權之價值與保障〉，《國家菁英》，第4卷第1期，頁43-56。

繆全吉（1991），〈為吏之道─秦竹簡良吏與惡吏比較〉，《人事月刊》，第12卷第3期，頁42-46。

謝碩駿（2013），〈「訴訟當事人閱覽卷宗權」與「公文書內容保密」之間的保障衝突─行政訴訟法如何回應此一兩難問題？〉，《中研院法

學期刊》，第9期，頁111-182。

謝碩駿（2015），〈國家考試試務資訊公開—兼評最高行政法院一〇三年度判字第九七號判決與新修正之典試法〉，《月旦裁判時報》，第40期，頁5-23。

懷敘（2011），〈公務人員特種考試特殊應考資格設限之研究〉，《國家菁英》，第7卷第2期，頁59-74。

蘇永欽（2008），〈我國憲政體制下的獨立行政機關（上）〉，《法令月刊》，第59卷第1期，頁4-30。

蘇永欽（2008），〈我國憲政體制下的獨立行政機關（下）〉，《法令月刊》，第59卷第3期，頁4-25。

國家圖書館出版品預行編目資料

憲法考試權——國家職權與人民基本權保障
／吳瑞蘭著. －－初版.－－臺北市：五南，
2020.11
　面；　公分
ISBN 978-986-522-276-5（平裝）

1.中華民國憲法　2.憲法解釋

581.24　　　　　　　　　109013697

4U24

# 憲法考試權——<br>國家職權與人民基本權保障

作　　　者 ― 吳瑞蘭（57.8）

發 行 人 ― 楊榮川

總 經 理 ― 楊士清

總 編 輯 ― 楊秀麗

副總編輯 ― 劉靜芬

責任編輯 ― 黃郁婷、吳肇恩

封面設計 ― 姚孝慈

出 版 者 ― 五南圖書出版股份有限公司

地　　　址：106台北市大安區和平東路二段339號4樓

電　　　話：(02)2705-5066　　傳　真：(02)2706-6100

網　　　址：https://www.wunan.com.tw

電子郵件：wunan@wunan.com.tw

劃撥帳號：01068953

戶　　　名：五南圖書出版股份有限公司

法律顧問　林勝安律師事務所　林勝安律師

出版日期　2020年11月初版一刷

定　　　價　新臺幣380元